EDICIÓN AC

ROMPIENDO
LAS
CADENAS

Venciendo:
- ► Pensamientos negativos
- ► Sentimientos irracionales
- ► Costumbres pecaminosas

Neil T. Anderson

EDITORIAL UNILIT

Publicado por
Editorial Unilit
Miami, Fl. 33172
Derechos reservados

Primera edición 2001
© 1990, 1993 por Harvest House Publishers
© 2000 por Neil T. Anderson
Originalmente publicado en inglés con el título:
The Bondage Breaker
por Harvest House Publishers,
Eugene, Oregon 97402

Traducido al español por: Rev. Pedro Vega

Citas bíblicas tomadas de la Santa Biblia, revisión 1960
© Sociedades Bíblicas Unidas
Usada con permiso.

Los nombres de algunas de las personas mencionadas
han sido cambiados para proteger su identidad.

Producto 497630
ISBN 0-7899-1624-2

Impreso en Colombia
Printed in Colombia

Contenido

Reconocimientos

Estoy muy agradecido de Harvest House por haber aceptado hacer una segunda edición, al cumplirse el décimo aniversario de este libro. Ha pasado mucha agua debajo del puente, desde que *Cristo rompe las cadenas* fue publicado hace diez años atrás. Nunca imaginé que este libro y *Victoria sobre la oscuridad*, iniciarían el lanzamiento de un ministerio internacional que gestaría la publicación de más de treinta libros, incluidas ediciones juveniles y guías de estudio, especialmente desde el hecho de que nunca quise escribir un libro.

En estos diez años he adquirido mucha más experiencia y espero, madurez en el Señor. Por tal razón, creo que esta segunda edición es mucho mejor que la primera. El mensaje básico es el mismo, pero ahora puedo decir que mejorado porque ha pasado a través de centenares de estudiantes doctorales y colegas en el ministerio.

Ninguna ayuda ha sido más valiosa que la de mi querido colega, el doctor Robert Saucy. Tengo plena conciencia de mi responsabilidad ante los demás, no solo por razones morales, sino por hacer llegar el mensaje y mantener la integridad del ministerio. Bob, ha sido mi timón (y a veces mi ancla, cuando estuve tentado a proceder sin la debida reflexión) en el mar de los conflictos espirituales. Tengo una deuda con él y así mismo con el cuerpo de Cristo. Tuve el privilegio de ser coautor de Bob en *Lo común hecho santo* (Editorial Unilit). Me ayudó a cristalizar mi pensamiento acerca de la santificación.

También quiero agradecer al doctor Bruce Ware, doctor Millard Erickson y doctor Bruce Demarest, que bondadosamente accedieron a leer cinco de mis libros relacionados con este tema. Me ofrecieron importantes sugerencias y me ayudaron a refinar el mensaje de libertad en Cristo.

También quiero reconocer a todas las buenas personas que conversaron conmigo acerca de sus vidas. Tuve el privilegio de ver cómo Dios las libertaba, como también de compartir muchos momentos emotivos, recordando el dolor y el tormento que habían sufrido. Pude aprender de cada uno de ellos, a medida que me hablaban acerca de su peregrinación espiritual. ¡Qué maravilloso es ver cuando Dios muestra su gracia abundante en nuestras vidas!

Carolina, una estudiante de la Escuela de Teología Talbot, mecanografió el contenido original del manuscrito y lo puso en un disco. Ed Stewart ayudó enormemente en la primera edición. El equipo editorial de Harvest House me ayudó y apoyó mucho, como lo han hecho con todos mis libros.

No hay dos personas que hayan sido más útiles en este ministerio que Jerry y Sally Friesen. Ellos son mis compañeros de ministerio y a quienes dedico este libro. Gracias por creerme y comprometerse con tanta fidelidad al Ministerio Libertad en Cristo. Los amo.

Neil T. Anderson

Para información concerniente a
entrenamiento y material escriba a:

Freedom in Christ Ministries
491 East Lambert Road
La Habra, CA 90631
95620 691-9128
E-mail: info@ficm.org
Página de Internet: www.ficm.org

¡Finalmente libre!

Hace algunos años estaba en una iglesia del sur de California, hablando acerca del movimiento de la Nueva Era. Mi versículo bíblico fue 1 Timoteo 4:1 que dice: «Pero el Espíritu dice claramente que en los postreros tiempos algunos apostatarán de la fe, escuchando a espíritus engañadores y a doctrinas de demonios». Después de finalizado mi mensaje, cuando me disponía a salir del templo, me vi rodeado de una gran cantidad de gente dolida.

Más hacia el centro del templo, había una joven de veintidós años de edad, que desde finalizado el servicio lloraba de manera incontrolable. Varias personas trataron de acercarse, pero ella no se los permitía. Finalmente, uno de los líderes de la iglesia, atravesó el grupo de gente que me rodeaba y dijo: «Lo siento amigos, pero necesitamos al doctor Anderson ahora mismo».

A medida que me acercaba a la joven, la oía decir entre sollozos: «¡Él entiende! ¡Él entiende!». Cuando logramos sacarla del templo, la llevamos a una oficina privada. Esperamos a que la joven se calmara y después, programé una cita con ella para la semana siguiente.

Llegó el día programado, y Nancy llegó a la cita con el rostro marcado por feos rasguños, cuyas heridas estaban abiertas.

—Me he estado rascando de esta manera desde la semana pasada y no puedo controlarlo —reconoció tímidamente.

Nancy comenzó a describir su horrible niñez. Víctima de un padre abusivo y junto a una abuela que decía practicar la magia negra.

—A los tres años recibí mis espíritus guardianes —continuó diciendo—. Eran mis compañeros y guías. Me decían cómo vivir y qué decir. Nunca cuestioné nada acerca de ellos, hasta que mi madre me llevó a la escuela dominical. A partir de ese momento, comencé a sospechar que mis espíritus guardianes no eran buenos para mí. Se lo dije a mis padres y mi padre me golpeó. Nunca más volví a preguntar.

Para hacerle frente a los tormentos que los espíritus guardianes trajeron a su vida, Nancy recurrió a una rígida disciplina personal. Durante sus años de escuela secundaria, confió en Cristo como su Salvador. Pero sus espíritus guardianes continuaban atormentándola en lugar de abandonarla.

Finalizada la secundaria, Nancy se decidió por lo máximo de la disciplina, la Infantería de Marina. Había determinado ser la más dura de las infantes de marina y ganó premios por su conducta. No obstante, los espíritus continuaron atormentando su mente y emociones. De tal manera que la empujaron hacia la orilla del abismo. Nunca quiso hablar de su batalla mental con nadie; por miedo a que la calificaran de demente. Pero finalmente, vencida por la presión que la atormentaba, la joven se quebró. A partir de ese momento, Nancy aceptó sin reparos una licencia médica, por lo cual se resignó a una vida solitaria y de profundo dolor. En esa condición fue que Nancy llegó a la iglesia y me oyó hablar de los espíritus engañadores.

—¡Finalmente alguien me entiende! —gritó Nancy entre lágrimas.

—¿Quisieras que los espíritus guardianes se vayan? —le pregunté. Hubo una larga pausa.

—¿Qué realmente se vayan para siempre o volveré a mi casa para ser torturada por ellos nuevamente?

—Nancy, serás libre para siempre —le aseguré.

Dos horas más tarde, Nancy estaba libre y nos abrazaba con una paz que nunca antes había conocido.

—¡Ahora sí puedo invitar gente a mi casa! —exclamó llena de júbilo.

La realidad del lado oscuro

Por algún tiempo pensé que la experiencia de Nancy era un caso excepcional. Aunque escapaba de toda norma por la complejidad del problema, pude comprender lo que el apóstol Pablo quiso decirle a cada creyente cuando escribió: «Porque no tenemos lucha contra sangre y carne, sino contra principados, contra potestades, contra los gobernadores de las tinieblas de este siglo, contra huestes espirituales de maldad en las regiones celestes» (Efesios 6:12). Después de más de treinta años de ministerio como pastor, profesor de seminario y conferencista, he ministrado a miles de cristianos a través de todo el mundo. Personas engañadas que vivían derrotadas en lugar de gozar la verdadera libertad y plenitud en Cristo. Nunca elegí llegar a esta esfera del ministerio. Más bien, era un incrédulo ingeniero espacial, antes de que Dios me llamara. Y aun como cristiano laico, nunca me atrajo el conocimiento esotérico ni tuve interés en la actividad demoníaca o el poder de lo oculto. Por otra parte, siempre estuve dispuesto a creer lo que la Biblia dice acerca del mundo espiritual, aunque parezca conflictivo con el racionalismo y naturalismo del mundo occidental. Como resultado, durante los últimos veinticinco años el Señor ha traído a creyentes como Nancy para consultarme. Personas dominadas por pensamientos y hábitos de conducta que les impidieron vivir libre y plenamente en Cristo. El seminario no me dio la preparación adecuada para ayudarles. Si no que en medio de una cantidad de fracasos en mis primeros intentos de ministrarles, adquiría nuevas experiencias e ideas. Entonces volvía una y otra vez a las Escrituras para buscar la verdad que les daría la libertad.

A lo largo de años de aprendizaje y servicio, he logrado comprender mejor que la verdad nos hace libres y de la necesidad de resistir al diablo y someterse a Dios (Santiago 4:7). Los ministerios psicoterapéuticos que ignoran la realidad del mundo espiritual, no tienen una respuesta adecuada y tampoco desarrollan ministerios de liberación, por ver el problema solo como espiritual. Dios es una realidad y se relaciona con nosotros como personas completas. Su Palabra proporciona una respuesta amplia y total a todos los que viven en este mundo caído.

Dios quiere que seas libre y crezcas en Cristo

Desde la primera edición de este libro, también he sido coautor (con el doctor Robert Saucy) de un libro sobre la santificación titulado *Lo común hecho santo* (Editorial Unilit). Es fundamental comprender el proceso de santificación, puesto que la voluntad de Dios es nuestra santificación (1 Tesalonicenses 4:3). «...crezcamos en todo en aquel que es la cabeza, esto es, Cristo..., a un varón perfecto, a la medida de la estatura de la plenitud de Cristo» (Efesios 4:15, 13). Si Dios nos ha dado todo lo que necesitamos para madurar en Cristo (2 Pedro 1:3), ¿por qué no hay más cristianos que crezcan en Cristo? Los cristianos de hoy, no son más semejantes a Cristo que hace 20 años atrás. Pablo dijo: «Pues el propósito de este mandamiento es el amor nacido de corazón limpio, y de buena conciencia, y de fe no fingida» (1 Timoteo 1:5). Al paso de cada año de nuestra vida cristiana, debiéramos ser capaces de decir: «Mi fe ha crecido, ahora amo a Dios y a otros, más que el año pasado». Si no podemos decirlo, entonces no estamos creciendo.

Parte de la razón para esta carnalidad la podemos ver en 1 Corintios 3: 2 y 3: «Os di a beber leche, y no vianda; porque aún no erais capaces, ni sois capaces todavía, porque aún sois carnales; pues habiendo entre vosotros celos, contiendas y disensiones, ¿no sois carnales, y andáis como hombres?» Según Pablo, algunos cristianos ni siquiera tienen la capacidad de recibir una buena instrucción bíblica, debido a los conflictos no resueltos en sus vidas. Necesitan alguna manera de resolver sus conflictos personales y espirituales, por medio de la fe y un genuino arrepentimiento en Dios. Ese es el propósito de este libro; sin embargo, su enfoque va más hacia el lado espiritual del problema.

Mi primer libro, *Victoria sobre la oscuridad* (Unilit), se concentra en el aspecto personal de la vida del creyente en Cristo y su andar por fe. Trata los problemas fundamentales de la identidad en Cristo y plantea pasos prácticos acerca de cómo vivir por fe, caminar en el Espíritu, renovar la mente, administrar las emociones, y resolver los traumas emocionales del pasado por medio de la fe y el perdón. Para tener un panorama completo, sugiero enfáticamente que uses la segunda edición de *Victoria sobre la oscuridad* al mismo tiempo que estudias este libro. Cualquiera de los libros se puede acompañar con el video o la serie de cintas titulada *Resolving Personal and Spiritual Conflicts*, que puede comprarse en librerías cristianas o en las oficinas de Ministerios Libertad en Cristo.

Antes de recibir a Cristo éramos esclavos de pecado. Ahora, gracias a la obra de Cristo en la cruz, el poder del pecado sobre nosotros ha sido roto. Satanás no tiene derecho ni autoridad sobre nosotros. Es un enemigo derrotado, pero tiene el compromiso de impedir que nosotros lo sepamos. El padre de mentiras puede bloquear tu eficacia como cristiano. Puede engañarte para que creas que no sirves para otra cosa que ser producto de tu pasado, sumergido en el pecado, totalmente fracasado y controlado por tus hábitos.

Pablo dice: «Estad, pues, firmes en la libertad con que Cristo nos hizo libres, y no estéis otra vez sujetos al yugo de esclavitud» (Gálatas 5:1). Tú eres libre en Cristo, pero serás derrotado si el diablo logra engañarte. Satanás no puede hacer nada en relación con tu posición en Cristo, pero puede engañarte para que creas que no es verdad lo que la Biblia dice. La persona es esclava de la mentira que cree. Por eso Jesús dice: «y conoceréis la verdad, y la verdad os hará libres» (Juan 8:32).

No creo en la madurez instantánea. Pasaremos el resto de la vida renovando nuestro entendimiento y asemejándonos a la imagen de Dios. Pero no toma tanto tiempo ayudar a las personas a resolver sus conflictos personales y espirituales, para que hallen la libertad en Cristo. El ser libre en Cristo es parte de la santificación personal. En otras palabras, no estamos tratando *de llegar a ser* hijos de Dios; *somos* hijos de Dios que estamos llegando a ser semejantes a Cristo. Una vez que la persona es libre en Cristo por medio de la fe y un arrepentimiento genuino, ¡verán cómo crece! Tendrá una renovada sed por la Palabra de Dios. Sabrá quién es en Cristo porque «El Espíritu mismo da testimonio a nuestro espíritu, de que somos hijos de Dios» (Romanos 8:16).

En este libro he tratado de aclarar la naturaleza de los conflictos espirituales y bosquejar la manera de resolverlos en Cristo. La Primera parte explica tu posición de libertad, protección y autoridad en Cristo. La segunda parte, advierte tu vulnerabilidad a la tentación, la acusación y el engaño. La tercera parte, presenta los pasos hacia la liberación en Cristo, lo que te capacitará para someterte a Dios y resistir al diablo (Santiago 4:7).

El contraste entre la esclavitud y la libertad en la vida de un creyente, quizás quede mejor ilustrado en la siguiente carta de un profesional. A diferencia de Nancy, todo el aspecto de este hombre era normal. Un cristiano que aunque parecía vivir con éxito su vida familiar y su carrera, no disfrutaba de su libertad en Cristo.

> *Querido Neil:*
>
> *Me puse en contacto contigo porque estuve sufriendo una serie de «relacionados ataques psicológicos» aparentemente inexplicables. Mis problemas emocionales, probablemente están arraigados a experiencias de la niñez con películas de terror, tableros Ouija y cosas por el estilo. Claramente recuerdo que temía la visita de fuerzas diabólicas después de ver la película «La Sangre de Drácula».*
>
> *Mi padre era de muy mal genio y dado a las explosiones emocionales. Mi reacción siempre fue de acusarme a mí mismo por perturbarlo. Encubrir mis emociones se convirtió en mi modo de vida. Siendo ya adulto, seguí culpándome por cualquier fracaso e infortunio.*
>
> *Entonces acepté a Cristo como mi Salvador personal. Crecí espiritualmente durante varios años, pero nunca disfruté de completa paz. Siempre había dudas sobre mi relación con Dios, a quien veía distante y severo. Tenía dificultades para leer la Biblia y prestar atención a los sermones del pastor. Dudaba seriamente acerca del propósito en la vida. Experimentaba horribles pesadillas que me hacían despertar gritando.*
>
> *Durante mi tiempo de oración fue que encontré finalmente la libertad en Cristo. Comprendí que Dios*

*no es un castigador rígido, áspero y lejano, sino un pa-
dre de amor que se deleita en mis logros. Disfruté de
una gran libertad cuando oré según el paso final.*

*Ahora, cuando leo la Palabra de Dios, la entiendo
como nunca antes. He desarrollado una actitud más
positiva y toda mi relación con el Señor ha cambiado
completamente. Desde nuestra reunión no he tenido
más pesadillas.*

*Neil, temo que hay muchos cristianos como yo que
viven en silenciosa desesperación debido a los ataques
de las fuerzas demoníacas. Si yo pude ser presa de esas
fuerzas mientras daba la impresión de que todo andaba bien, lo mismo puede ocurrir con otros.*

¿Eres tú uno de esos cristianos que viven esclavos del temor, la
depresión y hábitos que no puedes cortar. Pensamientos o voces
interiores que no puedes evitar, o de conductas pecaminosas de las
cuales no puedes escapar? Dios preparó una completa provisión
para que vivas libremente en Cristo. A lo largo de estas páginas,
quiero presentarte a alguien que ya ha vencido a las tinieblas y ha
asegurado tu libertad: Jesucristo, ¡el que rompe las cadenas!

¡SÉ VALIENTE!

No tienes que vivir en las tinieblas

CAPÍTULO UNO

EN MIS PRIMEROS AÑOS de estudio, un consejero cristiano me pidió dar asesoría espiritual a una de sus pacientes. Él le había hecho varias pruebas sicológicas, pero nunca pudo llegar a la raíz del problema. Finalmente, después de cuatro años de orientación sin resultados, consideró que posiblemente, ella estaba bajo algún tipo de esclavitud espiritual. Durante el tiempo de consejería, aquella mujer escribió una oración a Dios que leerán a continuación. Pero diez minutos más tarde de terminarla, trató sin éxito, de quitarse la vida con una sobredosis de pastillas:

> Querido Señor:
>
> ¿Dónde te encuentras? ¿Cómo puedes solo mirar y no ayudarme? Me siento tan mal y a ti no te importa. Si te importara un poco aliviarías mi dolor o simplemente me dejarías morir. Te amo, pero pareces tan lejano. No puedo oírte, ni sentirte, ni verte, pero debo creer que tú estas aquí. Señor, los siento y los escucho. Ellos están aquí. Señor, sé que tú eres real, pero en este momento, para mí, ellos lo son más que tú. Por favor, logra que alguien me crea, Señor. ¿Por qué no haces que paren? ¡Por favor, Señor, por favor! Si me amas, me dejarás morir.
>
> - Una oveja perdida

Para esta mujer, el reino de las tinieblas era mucho más real que la presencia de Dios.

Durante más de 20 años, he conocido la desgarradora realidad de cientos de cristianos como ella. Aunque la mayoría no llegó hasta el punto de atentar contra su vida, muchos me hablaron sobre las oscuras impresiones que les dejó el mundo de las tinieblas. Casi todos admitieron la presencia de quienes llamaban «ellos». Voces en su interior que los acosaban, tentaban o se burlaban de ellos amenazándolos. Muchas veces atendía a personas que hacían citas conmigo solo para contarme los «mensajes que oían». Por ejemplo: «No vayas, él no podrá ayudarte» o también hacían que pensar de manera nociva en primera persona como: «no quiero ir» o «ya he tratado antes y sé que no funciona».

Una persona me escribió: «Cada vez que trato de hablar contigo o pienso en hablarte, me cierro completamente. Siento voces en mi interior que literalmente me gritan: "¡No!" Hasta he pensado en matarme para terminar de una vez con esta terrible batalla interior. ¡Necesito ayuda!».

Otros cristianos con los que he tratado, no se quejan de escuchar voces como esas, sino que sus mentes están llenas de confusión. Su caminar diario como cristianos no es satisfactorio ni productivo. Cuando tratan de orar, comienzan a pensar en cualquier otra cosa. Cuando se sientan a leer la Biblia o un buen libro cristiano, no logran concentrarse; leen durante unos minutos, pero se dan cuenta que su pensamiento estuvo alejado. Si tienen la oportunidad de servir al Señor de alguna manera, se retienen debido a pensamientos desalentadores provenientes de sus propias dudas: «Soy un cristiano débil», «conozco muy poco sobre la Biblia», «estoy lleno de malos pensamientos» o «no tengo dones espirituales». En lugar de sentirse victoriosos, productivos y llenos de alegría, caminan con dificultad por la vida. Andan bajo una nube y solo tratan de aferrarse hasta que Jesús venga. En parte, algo de esto se debe a una carencia de disciplina mental y debilidad ante la carne, pero también puede reflejar el engaño del enemigo. He visto sufrir a miles de personas bajo la presión de estos tormentos mentales.

Errores comunes sobre la esclavitud

¿De dónde provienen estas «voces»? ¿Cuál es la causa de toda esa confusión mental que atormenta tantas vidas? Una de las razones principales por la que tropecé y fallé tratando con personas esclavizadas durante mis primeros tiempos en el ministerio, fue porque no tenía respuestas a esas preguntas. Tuve que moverme de mi visión humanista a la manera bíblica de ver las cosas y eso requirió el cambio de muchos paradigmas. Manejaba un número de conceptos equivocados sobre el mundo espiritual, que debieron desaparecer. Posiblemente, estás luchando con algunos de los siguientes errores que logran mantener a los cristianos bajo oscuridad:

1. *Los demonios estuvieron activos durante el tiempo que Cristo vivió en la tierra; pero ahora su actividad ha disminuido.*

Los cristianos que sostienen este concepto, no enfrentan la realidad y no se ajustan a la Palabra de Dios que dice: «Porque no tenemos lucha contra sangre y carne, sino contra principados, contra potestades, contra los gobernadores de las tinieblas de este siglo, contra huestes espirituales de maldad en las regiones celestiales» (Efesios 6:12).

Pablo detalla las piezas de la armadura espiritual, con las que el creyente cuenta para defenderse de «los dardos de fuego del maligno» (Efesios 6: 13-17).

En 2 Corintios 10:3-5, Pablo nuevamente especifica que los creyentes están sumidos en una batalla espiritual en contra de fuerzas que se oponen al conocimiento de Dios.

Por lo tanto, si los poderes espirituales de las tinieblas no atacan a los creyentes, entonces ¿por qué Pablo nos alerta e insiste para que nos armemos contra ellos? Seguramente, la armadura de Dios es para los que creen, no para los que no creen.

Los poderes y fuerzas sobre los que Pablo escribe en el siglo primero, aún son evidentes en el siglo veintiuno. Todavía se realizan cultos y prácticas ocultas, somos testigos del surgimiento del movimiento de la Nueva Era. Sus prácticas no son diferentes a las mismas que se realizaban en los ritos espirituales mencionados en

el Antiguo Testamento. Lo único que cambia el término médium
por canalizador, y el diablo por espíritu guía.

El tema principal de la Biblia es el Reino de Dios, pero para
entenderlo debemos hacer contraste con el reino de las tinieblas.

La batalla que se sostiene desde Génesis hasta Apocalipsis es
entre esos dos reinos, entre Cristo y el anticristo, entre el Espíritu
de verdad y el padre de mentiras, entre los profetas de Dios y los
falsos profetas, entre el trigo (hijos del reino) y la cizaña (hijos del
maligno) (ver Mateo 13:38) Por lo tanto, la lucha entre las fuerzas
espirituales no es un fenómeno del siglo primero y tampoco una
opción para el cristiano de hoy. El reino de las tinieblas aún está
presente y el diablo «...como león rugiente, anda alrededor buscando a quien devorar» (1 Pedro 5: 8). A la luz de esto, Pedro nos
ordena «Sed sobrios, y velad... resistid firmes en la fe, sabiendo que
los mismos padecimientos se van cumpliendo en vuestros hermanos en todo el mundo» (1 Pedro 5:8,9). Si tu visión actual del mundo no incluye el reino de las tinieblas, entonces toda la corrupción
que Satanás ha depositado en ti y en el mundo entero deberá pro-
venir de Dios o de ti mismo.

2. *Aquello que la Iglesia Primitiva denominaba «actividad demoníaca», en el presente se le llama enfermedad mental.*

Tal afirmación destruye la credibilidad en las Escrituras. La
revelación divina es infalible. La primera cristiana endemoniada
que traté y orienté, estaba diagnosticada con «Esquizofrenia paranoica». Después de muchos tratamientos médicos y varias hospitalizaciones, los médicos se dieron por vencidos. Su diagnóstico fue
basado en sus síntomas y ella se encontraba paralizada por el miedo. Estaba llena de pensamientos condenatorios, como nunca antes había visto en nadie.

Todo diagnóstico que esté basado en la observación o revelación de los síntomas del enfermo, no explica la causa de la enfermedad. Términos como: esquizofrenia, paranoia, psicosis y otros
tantos, son solo una clasificación de los niveles de los síntomas.
Pero ¿cuál es la causalidad de estos síntomas? ¿Será una causa espiritual, psicológica, hormonal o neurológica? Ciertamente, todas

estas opciones deben ser examinadas, pero ¿qué pasa si no se encuentra ninguna explicación física o mental para el problema?

Los psicólogos seculares no deberíamos sorprendernos por su limitada visión natural del mundo. Tratan de ofrecer una explicación natural para los problemas mentales, debido a que el alcance de su visión no incluye a Dios ni a lo bueno. Por otra parte, muchos cristianos que hablan en contra de las explicaciones científicas, fácilmente aceptan una explicación psicológica para una enfermedad mental. Estudios basados en el método científico de investigación de los problemas espirituales de la humanidad son correctos, pero incompletos, ya que ignoran la influencia del mundo espiritual. Debido a que ni Dios ni el Diablo son sometidos a los actuales métodos de investigación.

Para una orientación cristiana eficaz, debemos saber distinguir una enfermedad orgánica de una psicológica mental y una batalla espiritual en la mente. Eso es lo que he tratado de explicar en mi reciente libro sobre la depresión, *Reencuentro con la Esperanza* (Editorial Unilit*)*. La depresión es un problema del cuerpo, del alma y del espíritu. Lo que requiere de un balance en las respuestas del cuerpo, del alma y del espíritu.

3. *Algunos problemas son físicos y otros espirituales.*

Considero que este pensamiento implica una división entre el alma humana y el espíritu. No existe ningún conflicto interno que no sea psicológico, porque en todo momento tu mente, emociones y voluntad están involucradas. De igual manera, no hay problema que no sea espiritual y no hay momento en que Dios no esté presente: «...quien sustenta todas las cosas con la palabra de su poder...» (Hebreos 1:3).

La Biblia nos muestra el mundo espiritual que no podemos ver, tan real como el mundo natural que vemos con nuestros propios ojos. «... pues las cosas que se ven son temporales, pero las que no se ven son eternas» (2 Corintios 4:18).

La Biblia tampoco nos manda a quitarnos la armadura de Dios en ningún momento.

Durante el tiempo que vivamos en la tierra, la posibilidad de ser tentados, acusados o engañados está siempre presente. Si aceptamos este pensamiento, dejaremos de polarizar las respuestas médicas, psicológicas o las espirituales.

El doctor Paul Hiebert, profesor de Escuela Evangélica de Divinidad Trinidad, afirma que si los creyentes siguen aceptando «una doble visión acerca de Dios, con relación a lo sobrenatural y el mundo natural que opera sobre las leyes autónomas de la ciencia, los cristianos continuarán siendo una fuerza secular en el mundo».[1]

4. *Los cristianos no pueden ser afectados por demonios.*

Algunos cristianos creen que los cristianos no pueden ser afectados por demonios. Incluso la sugerencia de una influencia demoníaca, puede ser totalmente descartada ante la precipitada declaración: «¡Imposible, soy cristiano!». Estos pensamientos impiden que la iglesia tenga respuestas adecuadas para ayudar a quienes están bajo ataque. Siendo la única ayuda para estas personas, solo logran dejarlas sin esperanza.

Nada puede causar más daño al diagnóstico de un problema espiritual que esta mentira. Si Satanás no pudiera tocar a la iglesia, entonces ¿por qué debemos usar la armadura de Cristo para resistir al demonio, estar firmes y alertas? Suponiendo que no pudiéramos ser heridos o atrapados por Satanás, ¿por qué Pablo describe nuestra relación con los poderes de las tinieblas como un combate?

Aquellos que niegan el poder de destrucción del enemigo, son los más vulnerables al mismo (nuestra vulnerabilidad a la influencia demoníaca, se encuentra desarrollada en la segunda parte de este libro).

5. *Las influencias demoníacas son solo evidentes en extremos, comportamientos violentos y abominables pecados.*

Trabajé bajo este tipo de concepto durante varios años cuando fui pastor. Por lo tanto, tropezaba con el sutil engaño que hace a muchos cristianos infructuosos. Aunque hoy existen algunos casos de endemoniados, como el llamado «Legión» en Lucas 8; la mayoría de los cristianos engañados llevan una vida relativamente normal, aunque con problemas personales e interpersonales y no encuentran una causa o solución para ellos. Como consideran que Satanás se involucra solo con los asesinos de sangre fría y los violentos criminales sexuales, estos individuos ordinarios, plagados con problemas, se preguntan qué les pasa y por qué simplemente "no pueden mejorar".

El engaño es la única y principal estrategia de Satanás. Pablo nos alerta: «... Satanás se disfraza como ángel de luz. Así que, no es extraño si también sus ministros se disfrazan como ministros de justicia ...» (2 Corintios 11:14,15).

No son las pocas fuerzas demoníacas las que hacen que la iglesia no pueda cumplir su propósito. Satanás invade sutilmente sobre la vida de los creyentes «normales».

Un sicoterapeuta cristiano que asistió a una conferencia que dicté, titulada «Vivir libre en Cristo» me dijo: «Durante mis quince años de orientador nunca había visto ni siquiera un caso de posesión demoníaca hasta que escuché tu conferencia». Cuando volví a mi trabajo, me di cuenta que los dos tercios de mis pacientes sufrían de un engaño mental, ... y yo también.

6. *La libertad de la esclavitud espiritual es el resultado de un enfrentamiento poderoso con las fuerzas demoníacas.*

La libertad de la esclavitud y de los conflictos espirituales no es un enfrentamiento de fuerzas, sino un encuentro con la verdad.

Satanás engaña y trabaja encubierto, pero la verdad de la palabra de Dios, lo descubre a él y sus mentiras. Sus demonios son como cucarachas que se esconden en la oscuridad cuando hay luz.

Cuando era niño y vivía en la granja, mi papá, mi hermano y yo visitábamos a nuestros vecinos para compartir la producción y el trabajo. Recuerdo que el vecino tenía un perro que siempre ladraba y me asustaba tanto que salía corriendo mientras mi papá y mi hermano se quedaban firmes en su lugar. Si el perro me perseguía, me precipitaba aun más hasta que subía a lo alto de nuestra furgoneta, mientras el pequeño perro me ladraba desde abajo.

Todo el mundo, menos yo, sabía que el perro no tenía poder sobre mí, excepto el poder que yo mismo le daba.

No había poder ninguno en que yo me trepara a la furgoneta, era mi opción de ponerme a salvo. Yo decidí creer en la mentira y permití que el perro usara mi mente, mis emociones, mi voluntad y mis músculos, motivado por mi miedo.

Al final, junté todo mi coraje, bajé de la furgoneta, le lancé una piedra y ¡el perro salió corriendo!

Satanás es como ese pequeño perro amenazador; engaña a la gente, haciendo que le teman más que a Dios. Su poder radica en el engaño, es el padre de mentiras (Juan 8:44), quien engaña al mundo entero (Apocalipsis 12:9) y por consecuencia todo el mundo está bajo la influencia del maligno (1 Juan 5:19).

No puede hacer nada con respecto a nuestra posición en Cristo, pero sí puede engañarnos y hacernos creer sus mentiras sobre nosotros mismos y sobre Dios. Si le creemos, malgastaremos demasiado tiempo creyéndonos a salvo, sobre una furgoneta.

Para estar libres de su influencia, solo debemos quitarle veracidad, creer, manifestar y actuar según la Palabra de Dios. De esta manera podremos desbaratar los planes de Satanás.

Todo este concepto tuvo efectos terribles en mi trabajo como consejero. Antes, cuando descubría una influencia demoníaca en alguien, en un momento determinado de la sesión, eso se convertía en un encuentro de poderes. Con este proceso, he visto pacientes en estado catatónico, salir corriendo de la sala o de repente, desorientarse por completo. Mi primer acercamiento de autoridad sobre el demonio, fue tratar que se delatara a sí mismo y luego le ordené irse. Por lo general, estas situaciones resultan traumáticas para el consejero. A pesar de que algo progresamos, la situación tuvo que repetirse en varias ocasiones.

He aprendido de las Escrituras, que la verdad es el agente liberador y lo he comprobado con éxito en cada sesión de consejería. Jesús es la verdad y el único que hace libre a los cautivos.

El poder de los creyentes proviene del conocimiento y la elección de la verdad. Debemos seguir esta verdad, porque ya somos suficientemente poderosos en Cristo (ver Efesios 1:18,19).

La gente bajo esclavitud, no es liberada por mi buen o mal desempeño como pastor o consejero, sino por lo que ellos eligen creer, confesar, renunciar y perdonar. Noten la lógica progresiva de las Escrituras:

*...Conoceréis la verdad y la verdad os hará libres
(Juan 8:32).*

...Soy el camino, y la verdad, y la vida...
(Juan 14:6).

*Pero cuando venga el Espíritu de verdad, él os
guiará a toda la verdad... (Juan 16:13)*

*No ruego que los quites del mundo, sino que los
guardes del mal.... Santifícalos en tu verdad; tu
palabra es verdad (Juan 17:15,17).*

*Estad, pues, firmes, ceñidos vuestros lomos con
la verdad ... (Efesios 6:14).*

*Por lo demás, hermanos, todo lo que es verdade-
ro... en esto pensad (Filipenses 4:8).*

Cuando Dios disciplina a la primera iglesia en Hechos 5, lo hizo de una forma terrible. ¿Cuál fue el problema: drogas, sexo? No, el problema fue la verdad o la falta de esta. Pedro confronta a Ananías y Safira: «...¿por qué llenó Satanás tu corazón para que mintieses al Espíritu Santo...?» (v. 3). Dios quería que la iglesia conociera a Satanás, el engañador que puede arruinarnos si logra que le creamos y vivamos en su mentira. Por eso es tan importante para nosotros que llevemos «...cautivo todo pensamiento a la obediencia a Cristo» (2 Corintios 10:5). Si yo me infiltrara en una iglesia, un grupo o en una persona de manera inadvertida y los engañara para que crean en mi mentira, en alguna medida pasaría a tener control sobre sus vidas.

¿Podría un verdadero cristiano ser engañado? Aunque nunca hubiese pecado, podría serlo, y así creer la mentira.

El último libro de la Biblia describe la batalla de los últimos días. No es un libro sobre familias destruidas, adicción sexual, abuso de drogas, crímenes o algún otro tipo de corrupción. En realidad, la palabra pecado ni siquiera se encuentra en el libro de

Apocalipsis. La batalla entre Cristo y el Anticristo, aparece nuevamente y la mentira es la estrategia del diablo.

Entre las dos partes de la historia de la iglesia es «... la iglesia
del Dios viviente, columna y baluarte de la verdad» (1 Timoteo
3:15). Más nosotros la iglesia, somos llamados a contar la buena
noticia «... siguiendo la verdad en amor...» (Efesios 4:15).

Liberar a los cautivos

Debido a que lo único que se conoce sobre el ministerio de hacer libres a los cautivos es lo desarrollado por Jesús y los apóstoles,
no existe suficiente instrucción acerca del tema en las epístolas. En
mi conocimiento no hay una sola manera específica de cómo sacar
los demonios fuera de alguien. Por lo tanto, les daré una opinión
que puede aclarar el tema; y voy a sugerir un método para enfrentar las influencias demoníacas en nuestras vidas y atender a los que
están en esclavitud.

Antes de la cruz, los agentes divinos habilitados «como Jesús y
sus apóstoles», necesitaban tener autoridad sobre los poderes demoníacos del mundo. Observemos las primeras palabras de Jesús
cuando encomendó a los 12 discípulos, ir a una misión de capacita-
ción: «Habiendo reunido a sus 12 discípulos, les dio poder y autoridad sobre todos los demonios y para sanar enfermedades» (Lucas 9:1). En ese tiempo, Satanás no era un enemigo vencido y los
creyentes no estaban sentados con Cristo en los lugares celestiales.

Pero lo ocurrido en la cruz y la resurrección, fue el hecho radi-
cal que cambió la naturaleza de los conflictos espirituales para
siempre.

En primer lugar, la muerte y resurrección de Jesús fue el
triunfo que despojó los principados y poderes del reino de las tinieblas (Colosenses 2:15). «Y Jesús se acercó y les habló diciendo:
Toda potestad me es dada en el cielo y en la tierra» (Mateo 28:18).

Gracias a la cruz, Satanás es un enemigo vencido y ya no tiene
poder sobre los que viven con Cristo y se sientan en los lugares celestiales con Él (Efesios 2:5,6).

Sostener la verdad de la victoria de Cristo y la derrota de Satanás, es el primer paso para el éxito contra las amenazas del enemigo.

En segundo lugar, desde que vivimos con Cristo y nos sentamos junto a él en los lugares celestiales, no necesitamos agentes externos de poder para nosotros. Porque ahora, vivimos en Cristo quien tiene todo el poder. Para oponernos al demonio, primero necesitamos entender nuestra identidad, posición y poder en Cristo. La libertad en Él, es nuestra herencia como cristianos, por eso Pablo dice:

> *Alumbrando los ojos de vuestro entendimiento, para que sepáis cuál es la esperanza a que él os ha llamado, y cuáles las riquezas de la gloria de su herencia en los santos y cuál la supereminente grandeza de su poder para con nosotros los que creemos, según la operación del poder de su fuerza, la cual operó en Cristo, resucitándole de los muertos y sentándole a su diestra en los lugares celestiales, sobre todo principado y autoridad y poder y señorío, y sobre todo nombre que se nombra, no sólo en este siglo, sino también en el venidero* (Efesios 1:18,21).

Los cristianos no necesitamos derrotar al demonio, tan solo tenemos que creer la verdad de que Cristo ya terminó con esa tarea. Cuando leemos las epístolas, Pablo nos transmite la buena noticia en su oración y es obvio que Jesús nos liberó de Satanás y del pecado. Dios ya ha hecho todo lo que necesitábamos para que tengamos una vida victoriosa en Cristo. Ahora, debemos asumir nuestra cuota de responsabilidad y es deber de cada uno como creyente, arrepentirnos y creer la verdad que nos hará libres. Nadie más podrá hacer esto por nosotros, puesto que yo no podría usar la Armadura de Cristo por ti, creer por ti, arrepentirme por ti, perdonar a los demás por ti ni llevar cada pensamiento cautivo a la obediencia de Cristo por ti. Lo que sí puedo hacer es acompañarte en el camino para llevar a cabo todo esto.

Encontrar nuestra propia libertad en Cristo y ayudar a los demás a hacer lo mismo, es el tema principal de la tercera parte de este libro.

La mujer que se llamó a sí misma «una oveja perdida», al final ganó algo de libertad. Estaba sentada en la iglesia un domingo, cuatro años después que escribiera esa desesperada oración, cuando sintió una respuesta de Dios para su angustia:

> Mi amada oveja perdida:
>
> Preguntaste dónde me encontraba. Hija mía, estoy junto a ti y siempre lo estaré. Eres débil, pero conmigo serás fuerte. Te amo tanto que no podría dejarte morir y me encuentro tan cerca de ti que puedo sentir todo lo que sientes.
>
> Sé por lo que estás pasando y es por eso que yo te acompañaré. Ya te liberé, ahora es tu tarea estar firme. No necesitas una muerte física para que mis enemigos se vayan, solo necesitas ser crucificada conmigo para que yo viva en ti y tú vivas en mí. Te guiaré en el camino de la rectitud. Hija mía, yo te amo y nunca te abandonaré, porque tú eres realmente mía.
>
> Con amor,
> Dios.

Encuentra tu camino
en el mundo

Hace algunos años, hablé ante un grupo de universitarios de Estados Unidos y Canadá. Se habían distribuido volantes invitando a los estudiantes para asistir a conferencias sobre las influencias demoníacas en el mundo actual. El propósito del evento fue compartir la verdad de Cristo. Para mi sorpresa, cientos de estudiantes se inscribieron para ingresar al auditorio. No eran estudiantes malcriados ni jóvenes que iban con el propósito de discutir (aunque un grupo de satánicos se reunieron fuera del auditorio para reclamar). Tampoco habían ido a escuchar a Neil Anderson, porque ellos no tenían la más mínima idea de quién era yo. Aquellos jóvenes tenían curiosidad sobre las influencias demoníacas.

El mundo occidental ha mostrado un desplazamiento masivo con relación a su visión, mejor reflejada por la aceptación de movimientos como la Nueva Era, la parasicología como una ciencia, el crecimiento popular de lo sobrenatural, y el aumento de casos satanistas en nuestra cultura. El misticismo de la Nueva Era, que se fortaleció durante la oleada de las religiones orientales en la década de los 60, se ha popularizado a través de muchas celebridades. Basta con encender el televisor tarde en la noche, para encontrarnos con un gran número de líneas psíquicas que ofrecen toda clase de promesas cristianas; excepto el perdón de los pecados y una nueva vida en Cristo.

El movimiento de la Nueva Era, no es solamente un problema de celebridades. Este grupo ha ganado terreno en mi país en el campo de los negocios, la educación e incluso la religión.

Dos estudiantes del seminario asistieron (en busca de información) a una conferencia de este movimiento, la que se realizó a tan solo dos calles de la Universidad de Biola. Cuando llegaron a la entrada y se dieron cuenta que cada uno debía pagar 65 dólares para ingresar, decidieron irse. Pero luego, dos extraños se acercaron a ellos, diciendo: «nos dijeron que debíamos darles estas entradas». Fue así, como los sorprendidos estudiantes las aceptaron e ingresaron al lugar. Al contar lo que sucedió en la reunión, dijeron que uno de los oradores principales invitó a los participantes a realizar un ejercicio de meditación, el que consistía en imaginar a un espíritu guía acercándose desde un costado y al concluir dijo: «Ahora, inviten al espíritu guía a entrar». Yo apenas podía creerlo, ¡el demonio estaba siendo llamado a un altar, a solo dos calles de distancia de la Universidad de Biola!

La visión del mundo en dos niveles

El mundo occidental ve la realidad (ver figura 2 a) en dos niveles. La parte superior es el mundo trascendental, donde están Dios, los espectros y los espíritus malignos; o sea, un mundo que comprende a la religión y el misticismo. El nivel inferior es el mundo empírico, que comprende la ciencia y los sentidos físicos.

En la mentalidad de dos niveles, el mundo espiritual tiene poco, o nada que ver con el mundo natural, ya que prácticamente no lo relacionamos con la realidad. Los humanos rechazan la parte superior, la mayoría trata de mezclar lo teológico con lo psicológico, incluyendo a Dios y a la humanidad (caída y redimida), pero excluyendo la tarea de Satanás y sus demonios.

En oposición al racionalismo y naturalismo de occidente existen otras culturas del mundo, que tienen una perspectiva diferente de la realidad, puesto que el mundo espiritual es parte de su cultura y de su visión del mundo. Las culturas animistas y espiritistas satisfacen a sus dioses con ofrendas de paz y rituales religiosos para mantener lejos a los espíritus malignos.

En muchas naciones del tercer mundo, las prácticas religiosas o las supersticiones tienen más relevancia en el diario vivir que la misma ciencia.

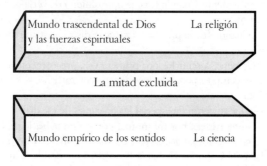

Figura 2a

Para una persona educada en los Estados Unidos de Norteamérica, es fácil menospreciar la visión y forma de vida del mundo oriental, basada en el avanzado desarrollo tecnológico y económico en el que vive. Por lo tanto, ¿por qué el país más poderoso del mundo tiene la mayor tasa de crímenes y distribución pornográfica comparado a cualquier otra nación industrializada? Esta perspectiva del mundo tampoco refleja la realidad bíblica.

Entre estos dos mundos, el trascendental y el empírico, existe lo que el doctor Paul Hiebert llama, «la mitad excluida», o sea, el mundo real de las fuerzas espirituales en la tierra. En nuestra forma de ver el mundo, debemos incluir el reino de las tinieblas, porque en la realidad no existe la mitad excluida.

Cuando Pablo nos habla de la batalla espiritual en el cielo, no se refiere a un lugar distante, como Marte o Plutón. Se está refiriendo a la esfera espiritual, el reino de las tinieblas que rodea y gobierna las leyes de este mundo.

Para demostrar cómo esta doble y secular mentalidad ha afectado el pensamiento de algunos cristianos de occidente, le contaré

sobre una joven brillante e hija de pastor llamada Dora. Tuvo síntomas físicos, los que al pasar el tiempo llevaron a diagnosticarle
una escoliosis múltiple. Cuando me enteré de su enfermedad y lo
rápido que la iba debilitando, sentí la profunda tristeza por el sufrimiento de sus padres; entonces oré por ella, pero no podía sacarla de mi mente. Cuando tuve la oportunidad de verla otra vez
le pregunté:

—¿Cuándo fue la primera vez que te diste cuenta de tus síntomas?

—Comencé a sentirlos por primera vez, precisamente al terminar un tiempo especial de devocionario con mi Señor —respondió Dora.

—¿Qué tuvieron de especial las oraciones de ese día?

—Sentía tristeza por mí misma, porque no había logrado el
mismo nivel espiritual de mis padres. Mis oraciones estuvieron enfocadas en 2 Corintios 12, había leído el pasaje donde el apóstol
habla del aguijón en la carne. Pablo dice que el poder de Dios era
perfeccionado en su propia debilidad, entonces yo también quise
el poder de Dios en mi vida y le pedí a él que me diera un aguijón
en la carne.

—¿Tú le pediste a Dios un aguijón en la carne?

—Sí.

—¿Sabes lo que era el aguijón en la carne de Pablo?

—Alguna clase de problema físico, ¿o no?

—Bueno, no se sabe la forma en que se manifestaba, pero en
2 Corintios 12:7, claramente se lee que era «un mensajero de Satanás», literalmente un ángel de Satanás, ¡un demonio! Pablo nunca
lo pidió; en realidad, él oró tres veces para que lo dejara. Dora, te
recomiendo firmemente que renuncies a la petición de un aguijón
en la carne y que ores para que cualquier influencia satánica se aleje de tu vida.

Dora aceptó mi consejo, oramos juntos y comenzó a sentirse
mejor casi al momento.

Al final, los síntomas desaparecieron y ella pudo retornar a su
vida normal. Varios meses después, los síntomas comenzaron a
reaparecer. Entonces yo la dirigí por los Pasos hacia la libertad en

Cristo (los «Pasos»), descritos en la tercera parte de este libro, específicamente en el capítulo 13. Hoy Dora es libre.

Muchos doctores y psicólogos ni siquiera considerarían que la condición de Dora fuera causada por un problema espiritual y dirían que su «recuperación» se debió a la remisión de una enfermedad física y no a la liberación de una opresión demoníaca. Pero aunque la medicina moderna argumente que la mayoría de la gente se enferma por razones psicosomáticas, decir que no hay una base espiritual para esas razón es bíblicamente injustificado.

Estos problemas psicosomáticos se originan en nuestra mente y más tarde, sentiremos que la principal batalla espiritual se encuentra en ella misma.

Muchos cristianos tampoco excluyen lo sobrenatural de sus vidas o lo llevan a lo trascendental, donde no tendrá ningún efecto para sus vidas. Al hacer esto, no solo niegan el poder de Dios, de su teología y práctica, sino que también explican todo el fracaso de la humanidad. En esto podemos incluir los que están influenciados por fuerzas demoníacas como en el caso de los síntomas de Dora, como también el resultado de una causa psicológica o natural.

La vida en la mitad excluida

Los cristianos perciben la vida a través de la Biblia y no a través de la cultura o la experiencia. Las Escrituras nos enseñan claramente lo sobrenatural, las fuerzas espirituales activas en este mundo. Por ejemplo, aproximadamente un cuarto de todas las sanidades registradas en el Evangelio de Marcos, fueron realmente liberaciones. La mujer que Jesús sanó en Lucas 13:11,12 había sido víctima de un «espíritu de enfermedad» durante 18 años.

A menudo, en sesiones de consejería, la gente se queja de síntomas físicos, los que desaparecen al resolver sus conflictos espirituales y personales al encontrar la libertad en Cristo. Los síntomas más comunes que he escuchado son los dolores de cabeza, mareos y un dolor general en todo el cuerpo; incluso, algunos sienten ganas de vomitar. He aconsejado a tres personas a las que se le ha diagnosticado escoliosis múltiple (EM), y al recorrer los Pasos para la libertad en Cristo, estas personas fueron libres por Él.

Al parecer, existen dos clases de EM. Una es la progresiva y degenerativa, que personalmente creo que proviene de un problema físico. La otra parece tener síntomas que van y vienen, este era el caso de las tres personas mencionadas anteriormente.

Algunos casos, obviamente son físicos, como una pierna quebrada. En estas situaciones, se debe visitar al doctor para que arregle el problema y pedir a la iglesia que ore por una pronta recuperación. Otros casos son espirituales, como la amargura, la culpabilidad y la vergüenza. En esta oportunidad se debe visitar al pastor y arreglar cuentas con Dios. La dificultad surgirá cuando los doctores puedan observar los síntomas físicos, pero no puedan encontrar ninguna causa física para su enfermedad. Por ejemplo, ¿te acuerdas cuando todos estaban luchando con la hipoglucemia hace veinte años? Debo confesar que como pastor fui atrapado con ello. A cada cuatro personas que aconsejaba les recomendé que se sometieran a un examen de tolerancia a la glucosa. Ellos volvían y me contaban que estaban casi por sobre los niveles de glucosa. Entonces, ¿qué pasó con la hipoglucemia? Luego, apareció el síntoma de la fatiga crónica y ahora, tanto niños como algunos adultos tienen desorden y déficit de la atención.

Estoy seguro que la batalla contra los síntomas físicos de algunos cristianos no es exitosa, porque la esencia y la solución del problema son psicológica y espiritual. En nuestro mundo occidental, hemos sido condicionados a considerar las posibles explicaciones naturales o físicas primero y si esto no resulta, entonces decimos: «No queda otra cosa por hacer más que orar». Jesús dice : «Mas buscad primeramente el reino de Dios y su justicia, y todas estas cosas os serán añadidas» (Mateo 6:33). ¿Por qué primero no nos sometemos a Dios y resistimos al diablo (Santiago 4:7)? Lo que un cristiano debe hacer antes que cualquier otra cosa, es orar. ¿Por qué no sometemos nuestros cuerpos a Dios en sacrificio vivo (Romanos 12:1)? *«Y si el Espíritu de aquel que levantó de los muertos a Jesús mora en vosotros, el que levantó de los muertos a Cristo Jesús vivificará también vuestros cuerpos mortales por su Espíritu que mora en vosotros»* (Romanos 8:11).

El hecho de que Jesús nos haya dejado «en el mundo» (Juan 17:11) para luchar contra «huestes espirituales de maldad en las regiones celestes» (Efesios 6:12), es una realidad del diario vivir. Las fuerzas sobrenaturales están activas en el planeta Tierra. Nosotros vivimos en un mundo natural, pero constantemente nos envuelve una guerra espiritual. La «mitad excluida» solo es excluida en nuestras mentes secularizadas, no en la realidad.

Espiritualidad sin Dios

Desde hace más de cuatro décadas, la gente del mundo cristiano Occidental, viene creyendo que hay más en la vida de lo que la ciencia puede explicar y de lo que se puede percibir a través de los cinco sentidos. A primera vista, esto puede sonar alentador para nosotros, con una visión cristiana del mundo. Pero en realidad, hay mucha gente cristiana que está desilusionada del mundo materialista y de la religión también. En lugar de volverse a Cristo y a su iglesia, llenan su espiritualidad vacía con ocultismo pasado de moda, vestido de parapsicología moderna, medicina holística, misticismo oriental y numerosos cultos bajo la marca del movimiento de la Nueva Era.

Que la gente trate de satisfacer sus necesidades espirituales, sin tomar en cuenta a Dios no es nada nuevo. Durante su ministerio en la tierra, Cristo se encontró con una forma secular del judaísmo, que estaba más ligado a las tradiciones que al Dios de Abraham, Isaac y Jacob.

Los líderes religiosos de la época no reconocieron al Mesías como un mensajero espiritual. Creyeron que su opresor era Roma, no Satanás. Pero Jesús contaba con ambas visiones cuando «...aquel Verbo fue hecho carne...» (Juan 1:14), porque Él apareció «...para deshacer las obras del diablo» (1 Juan 3:8) y no de César.

Ahora, que el centro de la visión del mundo secular es uno mismo como persona, ¿qué puedo obtener de esto? ¿Quién llenará mis necesidades? Yo me basto solo. Incluso, los cristianos, son motivados por la propia ambición y el orgullo.

El apóstol Pedro nos presenta la lucha entre uno mismo y Cristo como centro de la vida. Después de confesar la gran verdad, afirmando que Jesucristo es el Mesías, el Hijo del Dios viviente (Mateo 16:13,16), Pedro se ve ligado al poder de las tinieblas.

Habiendo acabado de bendecir a Pedro por confesar esta verdad, Jesús les anuncia, tanto a él como a sus otros discípulos, que la muerte lo aguardaba en Jerusalén. «Entonces Pedro, tomándolo aparte, comenzó a reconvenirle, diciendo: Señor, ten compasión de ti; en ninguna manera esto te acontezca» (versículo 22). «Pero Él, volviéndose, dijo a Pedro: ¡Quítate de delante de mí, Satanás! me eres tropiezo, porque no pones la mira en las cosas de Dios, sino en la de los hombres» (versículo 23).

La manera en que Jesús responde a Pedro, parece ser muy severa. Lo que pasa es que Jesús reconoce a Satanás en las palabras de Pedro, su consejo era satánico, puesto que el principal objetivo de Satanás es el interés en uno mismo y solo tiene como meta final al hombre.

Satanás es conocido como el príncipe de este mundo, y la fuerza que rige al mundo es el interés personal. También se le llama el acusador de hermanos, porque cree que el servicio propio es mucho más importante que cualquier Hijo de Dios.

Casi podemos oírlo decir: «A toda costa sálvate a ti mismo». Satanás trabaja para modificar la causa de Cristo a tu propia conveniencia e interés. Todos los hombres son egoístas y tienen su precio, algunos resisten más tiempo que otros, pero finalmente todos optan por su propio beneficio en vez de optar por Dios.

Este es el credo de Satanás y desdichadamente muchas personas escuchan sus demandas, sujetando sus vidas a ellas.

Satanás los insta a servirse a sí mismos, pero en realidad este es el servicio al mundo, a la carne y al diablo.

No obstante, el objetivo del mundo cristiano tiene una perspectiva muy diferente. Jesús toma nuestro sentido de autosuficiencia y lo lleva a otro plano, el de la cruz. Solo cuando vivimos enfocados hacia Dios, podemos escapar de la esclavitud del que tiene como único interés « ...hurtar y matar y destruir... » (Juan 10:10).

Desde la perspectiva de la cruz

Adán fue el primer mortal con la noción de que podía ser «como Dios» (Génesis 3:5). Esto es exactamente lo que Satanás fomenta. Muchos, además de Adán, fueron seducidos por Satanás a creer que ellos son sus propios dioses. Actualmente, el movimiento de la Nueva Era está divulgando esta mentira con un alcance internacional.

La Biblia establece claramente que el único Creador es el verdadero Dios. Por lo tanto, no existen dioses antes de Adán y al igual que él, todos hemos sido creados como seres que no pueden existir sin Dios.

La existencia de Adán comenzó cuando Dios sopló aliento de vida en él. A partir de ese momento, estuvo vivo física y espiritualmente, pero no era dios.

Dios le advirtió que si comía del árbol del conocimiento, del bien y del mal, moriría. Pero Satanás lo engañó diciendo que Dios no sabía de lo que hablaba y que si comía del fruto de ese árbol prohibido, sus ojos se abrirían. Entonces, Adán comió, por lo tanto, murió espiritualmente. Su pecado lo separó de Dios y fue expulsado del Jardín del Edén. Desde ese momento, todos nacemos físicamente vivos, pero muertos en espíritu (Efesios 2:1).

Al ser separados de Dios, los seres humanos buscaron hacer las cosas por sí mismos y determinaron propósitos de orden natural para sus vidas.

Llegaron a ser sus propios y pequeños dioses que rigieron sus vidas por el orgullo, la propia gloria y la falta de Dios, quien los había creado. Dijeron: «Somos los capitanes de nuestras almas y los gobernadores de nuestro destino». La idea diabólica de que somos nuestro propio dios es lo que da vida a la humanidad caída y es el eslabón fundamental en la cadena de esclavitud espiritual del reino de las tinieblas.

El problema de tratar de ser dioses es que no fuimos diseñados para tal efecto. Carecemos de los atributos necesarios para dirigir nuestro destino. Incluso, Adán en el Jardín del Edén, sin pecado y espiritualmente vivo, no estaba dotado para esto y mucho menos sus descendientes, quienes viven físicamente en el mundo, pero espiritualmente están muertos.

En oposición a lo que establece la Nueva Era, nosotros nunca hemos podido, ni jamás podremos, ser Dios, ni siquiera, un dios. Existe un único creador infinito, todo lo demás es creación finita.

Si deseas vivir libre de la esclavitud del mundo, de la carne y del diablo, el principal eslabón de la cadena deberá ser destruido. La visión del mundo que ofrece Satanás y sus emisarios, centralizada en uno mismo, debe ser reemplazada por la perspectiva que Jesús entrega, la disciplina tras la reprimenda a Pedro.

> «Entonces Jesús dijo a sus discípulos: Si alguno quiere venir en pos de mí, niéguese a sí mismo, y tome su cruz, y sígame. Porque todo el que quiera salvar su vida, la perderá; y todo el que pierda su vida por causa de mí, la hallará. Porque ¿qué aprovechará al hombre, si ganare todo el mundo, y perdiere su alma? ¿O qué recompensa dará el hombre por su alma? Porque el Hijo del Hombre vendrá en la gloria de su Padre con sus ángeles, y entonces pagará a cada uno conforme a sus obras» (Mateo 16:24,27).

Este pasaje constituye el mensaje central de los cuatro Evangelios. A la falta de conocimiento de este texto, yo le llamo «el gran descuido». Cuando escribí junto al doctor Elmer Towns el libro *Ríos de avivamiento* (Editorial Unilit), llegué a la conclusión de que la autosuficiencia es la primera compuerta que detiene los ríos del avivamiento. Tratamos de hacer el trabajo de Dios a nuestra propia manera, con nuestros propios recursos e incluso así no nos resulta.

Las siguientes seis guías que Jesús nos entrega son la perspectiva de la cruz para los que quieren ser libres de la esclavitud del sistema del mundo y de quien lo inspira, el diablo.

Aférrate a la cruz y tendrás éxito al encontrar tu camino dentro del mundo de tinieblas.

Niégate a ti mismo

La negación de sí mismo no es igual que la propia negación. Por ejemplo, cada estudiante, atleta o devoto a algún culto, practica negación de sí mismo, ya que se someten continuamente a sustancias y actividades que los mantienen alcanzando sus metas. Como resultado, la única meta de este tipo de negación de sí es el ascenso personal; llegar a la cima, romper el récord, alcanzar estatus y reconocimiento.

Negarnos a nosotros mismos es negarnos a ser nuestro propio director. Acabar con el «yo» es la batalla fundamental en la vida, ya que la carne lucha por el trono y por llegar a ser Dios. Aquí es importante recordar que Jesús no pelea en esa batalla, porque Él ya triunfó. Cristo ocupa su lugar en el trono y por su misericordia nos ofrece compartirlo con Él. Pero por alguna razón nosotros queremos ser reyes y señores de nuestras propias vidas. Hasta que no nos neguemos a nosotros mismos, nunca estaremos en paz con Dios, con nuestro propio ser ni tampoco lograremos ser libres.

No fuimos creados para vivir alejados de Dios, tampoco nuestra alma está diseñada para funcionar como señor. «Ninguno puede servir a dos señores... » (Mateo 6:24). Cuando nos negamos a nosotros mismos, estamos invitando a Dios a tomar el trono de nuestra vida, para ocupar lo que legítimamente es de Él. Entonces así, podremos vivir como personas vivas espiritualmente. La negación de sí mismo es esencial para la libertad espiritual.

Toma tu cruz diariamente

La cruz que debemos tomar no es nuestra, es la cruz de Cristo. Pablo escribe: «Con Cristo estoy juntamente crucificado, y ya no vivo yo, mas vive Cristo en mí; y lo que ahora vivo en la carne, lo vivo en la fe del Hijo de Dios, el cual me amó y se entregó a sí mismo por mí» (Gálatas 2:20).

Esta cruz nos provee el perdón por lo que hemos hecho y nos libera de lo que éramos hasta ese momento. Fuimos perdonados, porque Cristo murió en nuestro lugar; fuimos liberados, porque morimos con Él. Como resultado de la cruz somos justificados y santificados.

Llevar la cruz cada día es recordar diariamente que pertenecemos a Dios y que fuimos comprados por la sangre del Señor Jesucristo (1 Pedro 1:18,19). Cuando llevamos la cruz estamos afirmando que nuestra identidad no se basa en nuestra existencia física, sino en nuestra relación con Dios. También afirmamos que somos hijos de Dios (1 Juan 3:1,3) y que nuestra vida es en Cristo, porque Él es nuestra vida (Colosenses 3:3,4).

Sigue a Cristo

Procurar vencer el «yo» a través del propio esfuerzo es una batalla sin esperanzas de triunfo. El yo no puede ser destruido con otro yo, ya que la batalla estaría motivada por la carne, y esta tiene tiene como objetivo ser dios. Debemos seguir a Cristo y dejarnos guiar por el Espíritu Santo. Desde el camino de muerte y vieja naturaleza que teníamos con Adán, a la nueva naturaleza con Cristo. «Porque nosotros que vivimos, siempre estamos entregados a muerte por causa de Jesús, para que también la vida de Jesús se manifieste en nuestra carne mortal» (2 Corintios 4:11). Esto se asemeja a un desolador sendero por transitar, pero les puedo asegurar que no es así. Ser vistos en todo momento por el Pastor y el hecho de que lo podamos seguir como sus ovejas, es una grandiosa experiencia (Juan 10:27). Ser guiados por el Espíritu Santo, aunque resulte en la muerte del yo, nos da la seguridad de que somos sus hijos (Romanos 8:14). No hemos sido creados para vivir alejados de Dios. Solo cuando dependemos de él y le seguimos, somos completamente libres para probar que la voluntad de Dios es buena, agradable y perfecta (Romanos 12:2).

Sacrifica la vida inferior para ganar una superior

Si queremos salvar nuestra vida natural (encontrando identidad y valor en posiciones, títulos, realizaciones y pertenencias) la perderemos. Podríamos obtener un valor temporal de estas cosas, pero lo perderíamos en la eternidad. Aún más, en nuestros esfuerzos por alcanzar todos estos tesoros en la tierra, podríamos perder nuestro tesoro en Cristo. Pero si nos esforzamos por acumular para el otro mundo, Dios nos entregará «ahora», todos los beneficios de conocerlo. Pablo lo dice de la siguiente manera: «Porque el ejercicio corporal para poco es provechoso, pero la piedad para todo aprovecha, pues tiene promesa de esta vida presente, y de la venidera» (1 Timoteo 4:8).

Sacrifica el placer de las cosas para obtener el placer de la vida

¿Qué trato aceptarías para tener en tu vida el fruto del Espíritu Santo? ¿Qué posesión material, cantidad de dinero, posición o título, darías a cambio de amor, compañía, paz, paciencia, ternura, bondad, fe, gentileza y dominio propio? Creer que los bienes y posiciones mundanas nos proveen de amor, compañía, paz, etc., es creer la mentira de este mundo. Por cierta razón preferimos ser felices en el plano humano que ser bendecidos como hijos de Dios, pero el fruto del Espíritu solo es posible por cuanto estemos en Cristo.

Jesús enfrentó este problema con dos de sus amigas más cercanas, María y Marta (Lucas 10:38,42). Marta estaba «...afanada y turbada con ...muchas cosas» (verso 41), concentrada en la preparación y el servicio de alimentos, mientras María ponía toda su atención en Jesús y sus palabras.

Marta amaba hacer cosas y servir a la gente, pero Jesús le hizo notar que María había elegido «... la buena parte ...» (versículo 42).

Todos ganamos un grado de victoria sobre el «yo» cuando aprendemos a amar a Dios y a nuestro prójimo.

Sacrifica lo temporal por lo eterno

Probablemente la mayor señal de madurez espiritual sea la habilidad de no esperar recompensa. Hebreos 11:24,26 dice: «Por la fe de Moisés, hecho ya grande, rehusó llamarse hijo de la hija de Faraón, escogiendo antes ser maltratado con el pueblo de Dios, que gozar de los deleites temporales del pecado, teniendo por mayores riquezas el vituperio de Cristo que los tesoros de los egipcios; porque tenía puesta la mirada en el galardón».

Es mejor saber que somos hijos de Dios que ganar algo en este mundo que podríamos perder. Incluso, si los resultados de seguir a Cristo son duros en esta vida, Él nos recompensará en la eternidad.

El recurso de Satanás es la gran mentira de que nosotros somos capaces de ser nuestro propio dios en la vida y hacernos esclavos de que vivamos su mentira como verdad.

Satanás quiere usurpar el lugar de Dios y todo su esfuerzo se traduce en tentaciones para llevarnos a vivir una vida sin Él.

Si nos enfocamos en nosotros mismos en lugar de hacerlo en Cristo o preferimos lo material y las posesiones temporales, hacemos que el tentador triunfe. El mensaje de esta humanidad caída es de darnos gloria a nosotros mismos y negarle a Dios la oportunidad de tomar su lugar como Señor. Entonces Satanás estaría satisfecho, porque ese fue su plan desde el comienzo.

Tienes derecho
de ser libre

LIDIA, UNA MUJER DE MEDIANA EDAD, había tenido que pasar por muy malas experiencias. Los recuerdos de los abusos sexuales de su padre la atormentaban y la habían hecho sufrir durante toda su vida cristiana.

Cuando vino a visitarme, su autoestima estaba tan dañada que parecía no tener remedio. Después de contarme su historia, Lidia parecía poco emocionada, pero sus palabras reflejaban mucha desesperación.

—Lidia, ¿quién piensas que eres? Quiero decir, ¿cuál es la percepción que tienes de ti misma?

—Creo que soy una persona malvada —respondió definidamente—, no soy buena ante nadie. La gente me dice que soy mala y todo lo que sé hacer es causar problemas.

—Como hija de Dios, no eres malvada. Quizás hayas hecho cosas malas, pero en el fondo de tu corazón deseas hacer lo correcto, si no fuera así, no estarías aquí —respondí.

Seguidamente le entregué la siguiente lista de pasajes de las Escrituras que nos enseñan quienes somos en Cristo[1]:

En Cristo

Tengo aceptación

- Juan 1:12   Soy Hijo de Dios
- Juan 15:15   Soy amigo de Dios

- Romanos 5:1 — Soy justificado.
- 1 Corintios 6:17 — Estoy unido con el Señor y soy uno con Él en espíritu
- 1 Corintios 6:20 — Fui comprado por precio. Yo pertenezco a Dios
- 1 Corintios 12:27 — Soy miembro del cuerpo de Cristo
- Efesios 1:1 — Soy santo
- Efesios 1:5 — Fui adoptado como Hijo de Dios
- Efesios 2:18 — Tengo acceso directo a Dios a través del Espíritu Santo
- Colosenses 1:14 — Fui redimido y perdonado de todos mis pecados
- Colosenses 2:10 — Estoy completo en Cristo

Tengo seguridad

- Romanos 8:1-2 — Estoy libre de condenación
- Romanos 8:28 — Estoy seguro de que todo saldrá bien
- Romanos 8:31-34 — Estoy libre de toda condenación en mi contra
- Romanos 8:35-39 — Nada puede separarme del amor de Dios
- 2 Corintios 1:21-22 — Fui confirmado, ungido y sellado por Dios
- Colosenses 3:3 — Estoy escondido con Cristo en Dios
- Filipenses 1:6 — Estoy seguro que la buena obra que Dios ha comenzado en mí, será perfecta
- Filipenses 3:20 — Soy ciudadano del cielo
- 2 Timoteo 1:7 — No tengo un espíritu de temor, sino de poder, amor y dominio propio
- Hebreos 4:16 — Puedo encontrar gracia y misericordia en tiempo de necesidad
- 1 Juan 5:18 — Soy nacido de Dios y el maligno no puede tocarme

	Soy importante
• Mateo 5:13	Soy la sal de la tierra y la luz del mundo
• Juan 15:1-5	Soy un racimo de la vid verdadera, un canal de su vida
• Juan 15:16	Fui elegido y señalado para llevar fruto
• Hechos 1:8	Soy testigo personal de Cristo
• 1 Corintios 3:16	Soy templo de Dios
• 2 Corintios 5:17-20	Soy ministro de reconciliación
• 2 Corintios 6:1	Soy colaborador de Dios
• Efesios 2:6	Estoy sentado con Cristo en lugares celestiales
• Efesios 2:10	Estoy en la obra de Dios
• Efesios 3:12	Puedo llegar a Dios con libertad y confianza
• Filipenses 4:13	Todo lo puedo en Cristo que me fortalece

—¿Podrías leer esta lista en voz alta ahora mismo? —le pregunté.

Lidia tomó la lista y comenzó a leer el primer punto en voz alta: «Soy Hi-Hi-Hija de Di...», de repente su comportamiento cambió y comenzó a gritar: «¡No, de ninguna manera, tu maldito, hijo de ....!»

No es nada agradable ver al demonio revelándose de esa horrible manera, usando a Lidia como víctima. Con calma, ejercité la autoridad de Cristo y guié a Lidia a través de los Pasos para la libertad en Cristo. Finalmente, logró ganar una nueva percepción de quién es ella en Cristo realmente. Lidia pudo darse cuenta de que ella no es más que un producto de su pasado, pero que más allá de eso, es una nueva criatura en Cristo. Así fue capaz de romper la cadena de esclavitud espiritual y comenzar a vivir de acuerdo a lo que es en realidad en Cristo.

Más tarde, me contó que la lista que le pedí que leyera, parecía estar en blanco a medida que iba leyendo. ¿Había algo especial en el papel o en el contenido impreso en la lista? No, solo era tinta

sobre el papel. Pero había algo infinitamente importante para que
Lidia se percatara de quién era ella en Cristo. Satanás la había llevado a creer que era una persona malvada y despreciable, lo que
por supuesto era mentira, ya que él no quería que ella supiera la
verdad ni que Jesús satisficiera sus necesidades de vida; identidad,
aceptación, seguridad, e importancia.

Satanás sabe que la verdad de Dios destruiría su mentira de
forma tan certera como que la luz disipa la oscuridad; y obviamente, él no se rendiría sin luchar.

Eres hijo de Dios

No hay nada más importante para tu liberación de la esclavitud de Satanás, que comprender y afirmar lo que Dios ha hecho
por ti y que eres su Hijo. Las actitudes, acciones, respuestas y reac-
ciones en las circunstancias de la vida son tremendamente afectadas
por lo que uno cree de sí mismo. Si la percepción que tenemos de
nosotros es de la pobre víctima de Satanás y de su intriga, probablemente viviremos como tal y estaremos esclavizados por sus mentiras. Pero si nos vemos a nosotros mismos como hijos amados y acep-
tados por Dios, tendremos mayores oportunidades de vivir así.

Creo que es exactamente lo que Juan quiso decir en 1 Juan
3:1,3: «Mirad cuál amor nos ha dado el Padre, para que seamos
llamados hijos de Dios; y por esto... Amados, ahora somos hijos de
Dios... y todo aquel que tiene esta esperanza en él, se purifica a sí
mismo, así como él es puro».

Todos los cristianos caídos con los que he trabajado tenían una
cosa en común, ninguno de ellos sabía lo que eran en Cristo ni
tampoco entendían lo que significa ser Hijo de Dios. Sin embargo,
las Escrituras son muy claras: «Mas a todos los que le recibieron, a
los que creen en su nombre, les dio potestad de ser hechos hijos de
Dios» (Juan 1:12). «El Espíritu mismo da testimonio a nuestro espíritu, de que somos hijos de Dios. Y si hijos, también herederos; herederos de Dios y coherederos con Cristo... para que juntamente
con él seamos glorificados» (Romanos 8:16,17).

En este capítulo quiero resaltar varios aspectos importantes de
nuestra identidad y posición en Cristo. Muchos de ustedes, ya

pueden haber comprendido las verdades bíblicas resumidas aquí, pero algunos quizás piensen que esta es la parte más complicada, porque tiene un contenido doctrinal. Pero creo que es sumamente importante llevar a la práctica estos capítulos. Todos estos conceptos son fundamentales para la libertad de los conflictos espirituales como hijos de Dios.

El tema de la identidad espiritual y la madurez en Cristo es tan importante que nuevamente, sugiero trabajar con el libro *Victoria sobre la oscuridad* (Unilit) paralelamente a este.

(Para profundizar en los estudios teológicos de posición y santificación progresiva, recomiendo leer el libro *Lo Común hecho santo*, que ya había mencionado anteriormente.)

Eres espiritual y, por lo tanto, eternamente vivo

La naturaleza básica del hombre está compuesta por dos partes principales: La material y la inmaterial; o el hombre interior y el hombre exterior (2 Corintios 4:16). La parte material es nuestro cuerpo físico y la inmaterial es nuestra alma / espíritu. Al ser creados a imagen de Dios, tenemos la habilidad de pensar, sentir y elegir (mente, emociones y voluntad la mayoría de las veces son relacionadas con el alma), y la habilidad de relacionarnos con Dios (si estamos espiritualmente vivos). Como cristianos, nuestra alma / espíritu está en unión con Dios desde el momento de la conversión y eso nos hace estar vivos en espíritu. Estamos físicamente vivos, cuando nuestro cuerpo está en unión con nuestra alma / espíritu. (Nota: Utilizo el término «alma / espíritu» porque los teólogos aún no llegan a un acuerdo con relación al alma humana y el espíritu, si son entidades separadas o básicamente lo mismo. Tratar de hacer la diferencia entre uno y el otro no es necesario para nuestro propósito.)

Cuando Dios creó a Adán, le dio vida física y espiritual, pero debido a su pecado y a la consecuencia de la muerte espiritual, todos venimos a este mundo y nacemos físicamente vivos, pero muertos en espíritu (Efesios 2:1).

Cuando nacemos por segunda vez, nuestra alma / espíritu se une con Dios y llegamos a estar vivos espiritualmente. Por lo tanto dejamos de estar «en Adán», para estar «en Cristo».

Debido a que la vida en Cristo es eterna, la que ahora tenemos en Él, también. Pero esta vida eterna no se consigue cuando morimos en forma física, sino ¡en el momento que volvemos a nacer!

«El que tiene al Hijo, tiene la vida; el que no tiene al Hijo de Dios no tiene la vida» (1 Juan 5:12).

Al contrario de lo que Satanás quiere que creas, él no puede alejarte de la vida eterna, porque tampoco puede alejar a Jesús de ti, quien prometió no abandonarnos ni desampararnos (Hebreos 13:5).

Tampoco es necesario morir físicamente para librarnos de espíritus de tormento, este es un engaño que mucha gente comúnmente cree. Al someternos a Dios, podremos resistir al diablo y este huirá de nosotros (Santiago 4:7).

Eres una nueva criatura en Cristo

Si no conocemos todo lo que significa nuestra identidad y posición en Cristo, entonces pensaremos que la diferencia entre nosotros y un no cristiano es mínima. Así, Satanás, el acusador, aprovechará esta oportunidad, derramando culpabilidad y cuestionando nuestra salvación.

Como cristianos vencidos, confesaremos nuestros pecados y trataremos de hacer las cosas lo mejor posible; pero probablemente aunque sabemos que nuestros pecados están perdonados por gracia, pensamos que seguimos siendo los mismos de antes.

Pablo describe cómo éramos antes de estar en Cristo: «Y él os dio vida a vosotros, cuando estabais muertos en vuestros delitos y pecados, entre los cuales anduvisteis en otro tiempo, siguiendo la corriente de este mundo, conforme al príncipe de la potestad del aire... y éramos por naturaleza hijos de ira...» (Efesios 2:1,3).

Éramos por naturaleza hijos de ira, pero ahora somos «...participantes de la naturaleza divina, habiendo huido de la corrupción que hay en el mundo a causa de la concupiscencia» (2 Pedro1:4).

Al nacer de nuevo, ya no estamos «en la carne», mas estamos «en Cristo». Éramos pecadores, pero ahora, según la Palabra de Dios, somos santos. Teníamos una naturaleza finita, pero ahora estamos eternamente unidos con Cristo.

Pablo dice: «Porque en otro tiempo erais tinieblas, mas ahora sois luz en el Señor; andad como hijos de luz» (Efesios 5:8). «De modo que si alguno está en Cristo, nueva criatura es; las cosas viejas pasaron; he aquí todas son hechas nuevas» (2 Corintios 5:17).

Debemos enfrentar las acusaciones de Satanás, creyendo y viviendo en armonía con la verdad de que seremos eternamente diferentes en Cristo.

El Nuevo Testamento define a la persona que éramos antes de recibir a Cristo como nuestro antiguo yo (antiguo hombre) y al ser salvo el viejo hombre alejado de Dios y caracterizado por el pecado, muere (Romanos 6:6); y nuestro nuevo yo, unido a Cristo, comienza a vivir (Gálatas 2:20).

Estar espiritualmente vivo significa que tu alma está en unión con Dios y que te identificas con Él:

- Romanos 6:3   En su muerte
  Gálatas 2:20
  Colosenses 3:1,3
- Romanos 6:4   En su sepultura
- Romanos 6:5, 8, 11   En su resurrección
- Efesios 2:6   En su ascensión
- Romanos 5:10, 11   En su vida
- Efesios 1:19, 20   En su poder
- Romanos 8:16, 17   En su herencia
  Efesios 1:11, 12

Nuestro viejo hombre debía morir para romper su relación con el pecado que lo dominaba.

Ser santo o Hijo de Dios no significa que no somos pecadores (1 Juan 1:8).

Desde que nuestro viejo hombre fue crucificado y sepultado con Cristo, ya no tenemos que pecar (1 Juan 2:1), pero pecamos cuando preferimos creer la mentira o cuando actuamos independientemente de Dios.

Puedes ser victorioso sobre el pecado y la muerte

La muerte es la culminación de una relación, pero no es el final de la existencia. El pecado aún vive, fuerte y tentador, pero el poder y la autoridad que tenía sobre nosotros ya no existe. «Ahora, pues, ninguna condenación hay para los que están en Cristo Jesús, los que no andan conforme a la carne, sino conforme al Espíritu. Porque la ley del Espíritu de vida en Cristo Jesús me ha librado de la ley del pecado y de la muerte» (Romanos 8:1,2).

La ley del pecado y de la muerte sigue presente y por esto Pablo utiliza la palabra «ley». No podemos pasar por alto ninguna de ellas, pero sí las podemos vencer con la mayor de todas, «la ley de la vida en Cristo Jesús».

Otra cosa que sigue presente después de nuestra salvación, es la carne. Estamos condicionados a patrones de conducta y de pensamientos que están arraigados en nuestro cerebro y cuando queremos, los usamos para nuestro propio interés. Sin embargo, ya no estamos más en la carne, como nuestro antiguo ser, ahora estamos en Cristo.

Aún podemos elegir caminar según la carne (Romanos 8:12,13), obedeciendo a esos viejos impulsos que estaban condicionados a responder independientemente de Dios.

En Romanos 6:1,11 Pablo enseña que la verdad del Señor Jesucristo es nuestra verdad porque estamos «en Él».

Dios, el Padre «Al que no conoció pecado, por nosotros lo hizo pecado, para que nosotros fuésemos hechos justicia de Dios en él» (2 Corintios 5:21).

Cuando Jesucristo murió en la cruz, nuestros pecados fueron llevados por Él, pero cuando salió de la tumba, ya no tenía pecado. Ascendió al Padre, no habiendo pecado en Él, y hoy está sentado a la derecha del Padre. Nosotros también morimos al pecado desde que estamos sentados en lugares celestiales con Cristo.

Cuando encontramos una promesa en la Biblia, debemos reclamarla y cuando encontramos una orden, debemos obedecerla.

Cuando la Biblia nos cuenta la verdad sobre lo que somos por Cristo, solo hay una cosa que podemos hacer, creerlo. Digo esto, porque el pasaje de Romanos 6:1,10, no es una orden que debamos obedecer, son verdades que hay que creer. No podemos hacer por nosotros mismos lo que Cristo ya hizo. Pongamos atención al uso del tiempo pasado en Romanos 6:1,11 «...los que hemos muerto al pecado...» (versículo 2); «¿...todos los que hemos sido bautizados en Cristo Jesús, hemos sido bautizados en su muerte?» (versículo 3); «...somos sepultados juntamente con él...» (versículo 4); «...nuestro viejo hombre fue crucificado juntamente con él, para que el cuerpo del pecado sea destruido, a fin de que no sirvamos más al pecado» (versículo 6); «Porque el que ha muerto, ha sido justificado del pecado» (versículo 7); «Y si morimos con Cristo, creemos que también viviremos con él» (versículo 8).

Los verbos en estos pasajes están en pasado, indicando que nuestra única responsabilidad es creer esta verdad en nosotros. El versículo 11 nos insta a creer la verdad sobre nuestra relación con el pecado y nuestra posición en Cristo: «Así también vosotros consideraos muertos al pecado, pero vivos para Dios en Cristo Jesús, Señor Nuestro». Pablo usa los verbos en presente, porque debemos creer esta verdad en forma continua. Creerla no la convierte en una verdad, es real aunque no la creamos.

Podemos no sentirnos muertos al pecado, pero sí lo estamos. Porque el viejo hombre ya fue crucificado con Cristo y por lo tanto, ya está muerto.

Nosotros no podemos establecer una verdad a través de nuestra experiencia. Debemos elegir creer lo que Dios dice, vivir de acuerdo a la fe y así la verdad trabaja para nuestra experiencia. No es lo que hacemos lo que determina lo que somos. No trabajo en la viña con la esperanza de que Dios me acepte algún día, sino que trabajo en ella, porque Él ya me aceptó. No hago las cosas para que Dios me ame algún día. Si no porque Dios me ama, es que las hago.

Desde que vivimos en Cristo y estamos muertos al pecado, ¿cómo podemos seguir ligados al mismo? Pablo responde en Romanos 6:12,13: «No reine, pues, el pecado en vuestro cuerpo mortal, de modo que lo obedezcáis en sus concupiscencias; ni tampoco presentéis vuestros miembros al pecado como instrumentos de iniquidad, sino presentaos vosotros mismos a Dios como vivos de entre los muertos, y vuestros miembros a Dios como instrumentos de justicia». El pecado es un amo soberano que demanda servicio de sus súbditos y nosotros estamos muertos para él, pero aún tenemos la capacidad de servirlo haciendo que él disponga de nuestro cuerpo. Es nuestra elección usar nuestro cuerpo para el pecado o para rectitud. Satanás, la raíz de todos los pecados, siempre tomará ventaja del que trate de permanecer en zona neutral. Para dar un ejemplo, supongamos que el pastor de tu iglesia te pide el auto para entregar canastillas con alimentos a los necesitados, por otro lado, un ladrón te pide el auto para asaltar un banco. Es tu auto y tú eliges usarlo para el bien o para el mal. ¿Qué opción elegirías? ¡No debería haber duda alguna!

De la misma manera, podemos dejar nuestro cuerpo al servicio de Dios o al de Satanás, es nuestra elección personal. Por esta razón Pablo escribe e insiste: «Así que, hermanos, os ruego por las misericordias de Dios, que presentéis vuestros cuerpos en sacrificio vivo, santo, agradable a Dios, que es vuestro culto racional» (Romanos 12:1).

Gracias a la victoria de Cristo sobre el pecado, somos libres de elegir no pecar. Es nuestra responsabilidad personal no dejar que el pecado reine sobre nuestros cuerpos mortales.

Permítanme aplicar esta lucha al problema que muchos sostienen con el pecado sexual. ¿Podrías cometer un pecado sexual sin usar tu cuerpo como instrumento de iniquidad? En realidad, no sé cómo podríamos. Por eso, si cometes un pecado sexual, habrás usado tu cuerpo como instrumento de iniquidad, permitiendo que el pecado reine en tu cuerpo mortal. Si caes en el pecado sexual con otra persona, los dos llegan a ser una carne, de acuerdo a 1 Corintios 6:15,16. Probablemente, la simple confesión del pecado no resolverá el problema. Debemos renunciar a esa práctica y entregar nuestros cuerpos a Dios como sacrificio vivo y entonces, ser transformados por la renovación de nuestras mentes. Esta es precisamente la orden en Romanos 12:1,2. (Para completar el tema sobre cómo sobrellevar la lucha sexual, sugiero leer mi libro *Una vía de escape*, publicado por Editorial Unilit.)

Puedes ser liberado del poder del pecado

Probablemente pienses: «no permitir que el pecado gobierne mi cuerpo suena maravilloso, pero Neil, no sabes la dura batalla que eso significa. Me encuentro a mí mismo haciendo lo que no debería y no haciendo lo que debería. Esta es una batalla constante».

Créanme, sé qué dura es la batalla, porque yo mismo me he enfrentado a ella como también tuvo que hacerlo el apóstol Pablo en Romanos 7:15,27, él luchaba con estos mismos sentimientos de frustración. En este pasaje nos demuestra claramente que la ley es incapaz de liberarnos. También creo, que muestra cómo sería la batalla si permitiéramos que el pecado reinara en nuestros cuerpos mortales. (Algunas personas creen que este pasaje se refiere a la experiencia de Pablo antes de su conversión. Personalmente, no concuerdo con ellos, porque todas las inclinaciones del corazón de Pablo iban hacia Dios y el hombre natural no se «deleita con la ley de Dios», ni «aprueba que la Ley es buena».)

Te invito a que escuches como Dan y yo estudiamos este pasaje, Dan luchaba por vencer el poder del pecado en su vida:

> *Neil*: Dan, leamos un pasaje de las Escrituras que describe lo que te está pasando. Romanos 7:15 dice: «Porque lo que hago, no lo entiendo; pues no hago lo que quiero, sino lo que aborrezco, eso hago». ¿Dirías que este versículo te describe a ti mismo?

> *Dan*: ¡Exactamente! Quiero hacer lo que Dios dice que es correcto, pero a veces me encuentro haciendo justamente lo contrario.

> *Neil*: Probablemente, también te vas a identificar con el versículo 16: «Y si lo que no quiero, esto hago, apruebo que la ley es buena». Dan, ¿cuántas personalidades o actores se mencionan en este versículo?

Dan: Hay solamente una persona, claramente soy «yo».

Neil: Es sumamente frustrante cuando sabemos qué queremos hacer, pero por alguna razón no podemos hacerlo. ¿Cuántas veces has tratado de resolver este problema en tu mente?

Dan: Incluso, muchas veces me he preguntado si realmente soy un cristiano. Porque parece que a algunos les resulta, pero no a mí. También me he preguntado si es posible vivir una vida cristiana real o si Dios realmente está aquí conmigo.

Neil: Si tú y Dios fueran los únicos en este escenario, ¿habría alguna razón para que culpes a Dios o a ti mismo por tu problema? Ahora, fíjate en el versículo 17: «De manera que ya no soy yo quien hace aquello, sino el pecado que mora en mí». ¿Cuántos personajes hay ahora?

Dan: Aparentemente, hay dos, pero no entiendo.

Neil: Leamos el versículo 18 y veamos si podemos aclararlo: «Y yo sé que en mí, esto es, en mi carne, no mora el bien; porque el querer el bien está en mí, pero no el hacerlo».

Dan: Hace tiempo ya había aprendido este versículo. Es fácil aceptar el hecho de que yo no soy una persona buena.

Neil: No es esto lo que quiere decir, Dan. En realidad, dice lo contrario. Todo lo que mora en mí, no soy yo. Si tuviera una astilla de madera en mi dedo, no tendría «nada bueno» morando en mí. Pero lo «nada bueno» no es tan solo mi carne, aunque mora en ella. Si nos vemos a nosotros mismos solos en esta lucha, será muy difícil vivir correctamente. Estos pasajes nos revelan que existe otra parte actuando en

nuestra lucha quien es naturalmente diferente a nosotros. Verás, Dan, tú y yo nacimos físicamente bajo
la condena del pecado y sabemos que Satanás y sus
emisarios siempre trabajan para mantenernos bajo
ella. Cuando Dios nos salvó, Satanás perdió la batalla, pero no enroscó su cola ni quitó sus colmillos. Él
está decidido a mantenernos bajo el sometimiento
del pecado, también sabemos que va a trabajar a través de la carne, la que permanece después de nuestra
salvación.

Leamos, para profundizar más sobre esta batalla:
«Porque no hago el bien que quiero, sino el mal que
no quiero, eso hago. Y si hago lo que no quiero, ya no
lo hago yo, sino el pecado que mora en mí. Así que,
queriendo yo hacer el bien, hallo esta ley: que mal
está en mí» (versículos 19,20,21). Dan, ¿podrías identificar en estos pasajes la naturaleza de ese «nada
bueno», que no nos hace bien?

Dan: Seguramente, el Diablo y el pecado. Pero
cuando peco y me siento tan culpable, ¿no es solo mi
propio pecado?

Neil: No hay duda que eres tú y tu pecado, pero
nosotros no somos «pecado» como tal. El maligno
está presente en nosotros, pero nosotros no somos el
maligno. Esta no es excusa para nuestro pecado, sin
embargo, Pablo escribe que es nuestra propia responsabilidad no permitir que el pecado gobierne
nuestro cuerpo mortal (Romanos 6:12). ¿Alguna vez
te haz sentido tan frustrado que solo quieres golpear
a alguien o a ti mismo?

Dan: Casi a diario.

Neil: Pero cuando te deprimes, ¿aún tienes pensamientos que se alinean con lo que eres en Cristo?

Dan: Siempre y entonces me siento muy mal acerca de los golpes.

Neil: El versículo 22 explica este ciclo: «Porque según el hombre interior, me deleito en la ley de Dios». Cuando dudamos sobre quienes somos en Cristo, el Espíritu Santo nos da convicción de forma inmediata que estamos en unión con Dios; lo que a menudo nosotros olvidamos. Pero luego, nuestra verdadera naturaleza se expresa nuevamente en desventaja con Dios. Es como cuando la esposa frustrada anuncia que quiere dejar a su esposo y que ese hombre no le importa nada. Después de que ella conoce su dolor y sus emociones, suavemente dice: «realmente lo amo y no quiero divorciarme, pero ya no veo otra salida». Esta es su personalidad interior, su verdadero yo que se expresa.

El versículo 23 describe la naturaleza de esta batalla con el pecado: «pero veo otra ley en mis miembros, que se rebela contra la ley de mi mente, y que me lleva cautivo a la ley del pecado que está en mis miembros» Dan, según este pasaje ¿dónde se está librando la batalla?

Dan: Parece que en la mente.

Neil: Ese es exactamente el lugar. Pues bien, si Satanás te lleva a pensar que tú eres el único que está librando esta batalla, cuando peques te deprimirás contigo mismo y con Dios. Te daré el siguiente ejemplo: Supongamos que hay un perro parlante al otro lado de una puerta y este perro dice: «vamos, déjame entrar. Tu quieres hacerlo y todos lo hacen. Después de todo lo harás y nadie lo sabrá». Entonces, abres la puerta, y cuando el perro entra te clava los dientes en la pierna. Al otro lado de la puerta, el perro juega el rol del tentador, pero cuando lo dejas entrar, su rol

es de acusador. «¡Tu abriste la puerta, tú la abriste!»
A estas alturas, ¿qué harías?

Dan: A menudo, termino confesando mi pecado
porque me siento demasiado culpable. Pero durante
mi lucha con el pecado, nadie había mencionado este
perro tentador y acusador. Siempre me acuso a mí
mismo, pero ahora creo que debería culpar al perro.

Neil: Creo que por lo general las personas se can-
san de culparse a ellas mismas y abandonan a Dios
bajo una nube de frustración y condenación. Por el
otro lado, tampoco es saludable poner todas las cul-
pas sobre el perro. Es correcto confesarse ante Dios,
lo que quiere decir que estamos de acuerdo con Él en
que nosotros sí, abrimos la puerta. Pero eso no es suficiente. La confesión es el primer paso para el arrepentimiento. Los cristianos que solo se limitan a confesar, quedan atrapados en un ciclo de pecado – confesión – pecado – confesión, que por lo general los
desgasta y se rinden. Después de confesar que fuimos
nosotros los que abrimos la puerta, deberíamos resistir al demonio, así huirá de nosotros (Santiago 4:7).
Para terminar, vuelve, cierra la puerta y trábala para
que no puedas abrirla nuevamente. El arrepentimiento no será verdadero hasta que no hayamos
cambiado realmente.

Pablo expresa este sentimiento de conflictos sin resolver en el versículo 24: «¡Miserable de mí! ¿Quién
me librará de este cuerpo de muerte?». Pablo no nos
está diciendo: «¡hombre miserable que soy!». No
existe nadie más miserable que la persona que sabe
lo que es correcto y quiere hacerlo, pero por alguna
razón no puede. Esa persona está frustrada, porque
vive bajo esclavitud y sus intentos por hacer lo

correcto chocan con su frustración. Ella se pregunta, ¿habrá alguna victoria?

La respuesta comienza a aparecer en el versículo 25: «Gracias doy a Dios, por Jesucristo Señor nuestro. Así que, yo mismo con la mente sirvo a la ley de Dios, mas con la carne a la ley del pecado». También leamos Romanos capítulo 8 y veremos cómo Pablo se sobrepone a la ley del pecado gracias a la ley de vida de Cristo Jesús.

Dan: Creo que ya entiendo, me he sentido culpable por mi incapacidad de vivir una vida cristiana, sin entender realmente cómo vivirla. He tratado de superar este pecado por mí mismo y nunca había entendido que la batalla está en mi mente.

Neil: Ahora estás en lo correcto. Condenarte a ti mismo, no te ayudará, porque no hay condenación para aquellos que están en Cristo (Romanos 8:1,2). Veamos si podemos resolver tu problema, con un arrepentimiento verdadero y fe en Dios. Si me dejas, quisiera guiarte en los Pasos para la libertad en Cristo. Quiero que hablemos de cómo ganar esta batalla en tu mente y descubrir cómo aprender a caminar por fe en el poder del Espíritu Santo. Así no tendrás que llevar a cuestas el deseo de la carne (Gálatas 5:16).

Puedes ganar la batalla por tu mente

«EL CUAL NOS HA LIBRADO DE la potestad de las tinieblas, y trasladado al reino de su amado hijo de Dios, en quien tenemos redención por su sangre, el perdón de pecados» (Colosenses 1:13, 14).

«De modo que si alguno está en Cristo, nueva criatura es; las cosas viejas pasaron; he aquí todas son hechas nuevas» (2 Corintios 5:17). «Porque habéis muerto y vuestra vida está escondida con Cristo en Dios» (Colosenses 3:3).

«Si estos versículos son verdad, entonces ¿cómo debo todavía luchar contra los mismos pensamientos y sentimientos de antes de ser cristiano?» Todo cristiano honesto se ha hecho esa pregunta o por lo menos ha pensado al respecto. Hay una razón muy lógica por la cual tu piensas, sientes y actúas con frecuencia como lo hacías antes de tu nuevo nacimiento.

Durante tus primeros años de crecimiento, no tenías la presencia de Dios en tu vida ni el conocimiento de sus caminos. En consecuencia, habías aprendido a vivir independientemente de Dios. Esta adquirida independencia de Dios, es una característica importante que la Escritura llama la carne. Cuando te convertiste en nueva criatura en Cristo, nadie oprimió la tecla «borrar» en el banco de tu memoria. Todo lo que aprendiste antes de conocer a Cristo (y todos los sentimientos que acompañan) aún están en tu

memoria. Por eso Pablo dice: «No os conforméis a este siglo, sino
transformaos por la renovación de vuestro entendimiento...» (Romanos 12:2). Aun como creyentes, nos conformamos a este mundo
cuando vemos programas o leemos material inapropiado.

Fortalezas de autodefensa

En nuestro estado natural, aprendimos muchas maneras de
enfrentar la vida o de defendernos que no siempre eran mentales
y emocionalmente sanas. Los psicólogos se refieren a estos patrones enfermizos como mecanismos de defensa, los que de ninguna
manera son congruentes con el cristianismo. Por ejemplo, muchas
personas han aprendido a mentir con el fin de protegerse. Entre
otros frecuentes mecanismos de defensa se encuentran:

- La negación (negativa consciente o subconsciente a enfrentar la verdad)
- La fantasía (escape del mundo real)
- Aislamiento emocional (apartarse para evitar el rechazo)
- La regresión (retroceder a momentos menos amenazantes)
- Desplazamiento (adueñarse de frustraciones ajenas)
- Proyección (culpar a otros)
- Racionalización (explicaciones para el mal comportamiento)

Los mecanismos de defensa son semejantes a lo que Pablo llama fortalezas. Él escribe: «Pues aunque andamos en la carne, no
militamos según la carne; porque las armas de nuestra milicia no
son carnales, sino poderosas en Dios para la destrucción de fortalezas, derribando argumentos y toda altivez que se levanta contra
el conocimiento de Dios, y llevando cautivo todo pensamiento a la
obediencia a Cristo» (2 Corintios 10:3-5).

Las fortalezas, literalmente «plazas fuertes», son patrones carnales de pensamiento que fueron programados en tu mente cuando aprendiste a vivir tu vida independientemente de Dios. Pero
cuando te convertiste, nadie presionó la tecla «BORRAR». No se
borraron tus antiguos hábitos carnales en cuanto a patrones de
pensamiento.

Lo que se aprendió hay que «desaprenderlo». Si has sido educado mal, ¿puedes ser reeducado? Si creíste la mentira, ¿puedes renunciar a esa mentira y decidirte a creer la verdad? ¿Se puede reprogramar tu mente? El arrepentimiento es eso: un cambio de mente. Somos transformados por la renovación de nuestra mente. Podemos ser transformados porque tenemos la mente de Cristo en nosotros y el Espíritu Santo nos guiará a toda verdad. Pero el sistema mundano en que fuimos criados, son los únicos enemigos de nuestra santificación. Aunque somos nuevas criaturas en Cristo, todavía combatimos contra el mundo, la carne y el diablo.

Las maquinaciones de Satanás

No pienses que a Satanás ya no le interesa manipular tu mente para lograr sus propósitos. El objetivo perpetuo de Satanás es infiltrar sus pensamientos con los tuyos y promover su mentira por encima de la verdad de Dios. Satanás sabe que si puede controlar tus pensamientos, puede controlar tu vida. Por eso Pablo sigue en presente continuo: «...llevando cautivo todo pensamiento a la obediencia a Cristo» (2 Corintios 10:5b). En este pasaje, la palabra «pensamiento» es la palabra griega noema. Para comprenderlo mejor, considero que es útil ver como Pablo usa esta palabra en otros lugares de la segunda carta a los Corintios.

Pablo ordena a la iglesia que después de ejercer la disciplina, perdonen. «Y al que vosotros perdonáis, yo también; porque también yo lo que he perdonado, si algo he perdonado, por vosotros lo he hecho en presencia de Cristo, para que Satanás no gane ventaja alguna sobre vosotros; pues no ignoramos sus maquinaciones (noema)» (2 Corintios 2:10, 11). «Maquinaciones» viene de la misma raíz noema. Satanás aprovecha la ventaja de los que no perdonan. Después de ayudar a miles a encontrar su libertad en Cristo, puedo testificar que la falta de perdón es la razón principal por la que la gente permanece esclavizada al pasado.

En cuanto a la evangelización, Pablo escribe: «Pero si nuestro evangelio está aún encubierto, entre los que se pierden está encubierto; en los cuales el dios de este siglo cegó el entendimiento (noema) de los incrédulos, para que no les resplandezca la luz del evangelio de la gloria de Cristo, el cual es la imagen de Dios » (2 Corintios 4:3, 4).

¿Cómo vamos a alcanzar este mundo para Cristo, si Satanás ha cegado el entendimiento de los incrédulos? La respuesta es la oración.

Pablo escribe: «Pero temo que como la serpiente en su astucia engañó a Eva, vuestros sentidos (noema) sean de alguna manera extraviados de la sincera fidelidad a Cristo» (2 Corintios 11:3). Mi conversación con un estudiante de 55 años ilustra cómo se puede extraviar la mente. José vino a mi oficina un día y dijo:

—Doctor Anderson, tengo problemas.

—¿Cuál es tu problema, José?

—Cuando me siento a estudiar, me comienza a picar todo el cuerpo, levanto los brazos involuntariamente, se me enturbia la vista, y no puedo concentrarme. Si esto sigue así seré suspendido de todas mis clases. Ni siquiera logro leer la Biblia.

—Háblame de tu caminar con Dios.

—Tengo un andar muy íntimo con Dios —se jactó.

—¿Qué quieres decir con eso? —pregunté.

—Cuando salgo de clases al mediodía, le pido a Dios que me dirija a donde debo comer. Normalmente me viene a la cabeza un pensamiento como Burger King (restaurante de comida rápida). Entonces le pregunto, qué es lo debo comer. Si me viene el pensamiento de pedir una hamburguesa, eso pido.

—¿Y qué de tu asistencia a la iglesia?

—Voy todos los domingos donde Dios quiere que yo vaya. Los últimos tres domingos, Dios me ha dicho que vaya a la iglesia mormona.

José quería sinceramente hacer la voluntad de Dios, pero estaba siendo engañado. Dios no lo estaba dirigiendo hacia una iglesia mormona y es un excelente especialista en nutrición como para sugerir siempre una hamburguesa. José estaba escuchando sus propios pensamientos subjetivos como si fueran la voz de Dios en lugar de estar «...llevando cautivo todo pensamiento a la obediencia a Cristo» (2 Corintios 10:5). Al hacer esto, le había abierto la puerta a la actividad de Satanás en su vida y con el resultado, sus estudios teológicos estaban siendo saboteados. Los pensamientos engañosos lo habían convencido que Dios lo estaba preparando para ser uno de los dos profetas mencionados en Apocalipsis que iban a ser muertos en las calles de Jerusalén. Llegó hasta extremo de tratar de convencer a su compañero de dormitorio para que fuera ¡el otro profeta!

Satanás y nuestra mente

Las Escrituras enseñan claramente que Satanás tiene poder para colocar ideas en nuestra mente. En el Antiguo Testamento «Pero Satanás se levantó contra Israel, e incitó a David a que hiciese censo de Israel» (1 Crónicas 21:1). ¿Qué hay de malo en un censo? ¿No debía saber David cuántos soldados tenía para salir a la batalla? Esto revela la naturaleza sutil de Satanás. Sabía que David tenía un corazón íntegro para Dios y que no desafiaría a Dios por sí mismo. La estrategia era lograr que David pusiera su confianza en sus propios recursos en lugar de ponerla en los recursos de Dios. Es lo que David escribe: «Vano para salvarse es el caballo...» (Salmo 33:17). Él sabía que la batalla era del Señor, pero repentinamente decidió hacer un censo aun cuando Joab se oponía porque sabía que era pecaminoso. Como resultado trágico del pecado de David murieron 70.000 hombres de Israel.

¿Cómo incitó Satanás a David? ¿Habló en forma audible? No, eran pensamientos de David. Al menos eso creía él y así es como Satanás nos engaña. Los pensamientos engañosos vienen en primera persona singular, de tal modo que creamos que son nuestras propias ideas. Comencé a darme cuenta de esto hace algunos años mientras ayudaba a otros a encontrar libertad en Cristo. La batalla que se libera en la mente es más que una autosugestión. «Y cuando cenaban, como el diablo ya había puesto en el corazón de Judas Iscariote, hijo de Simón, que le entregase».(Juan 13:2). Podemos pensar que esto es solo una mala decisión provocada por la carne, pero la Escritura enseña claramente que el generador de tales pensamientos había sido Satanás. Cuando Judas entendió lo que había hecho, se suicidó. «El ladrón no viene sino para hurtar y matar y destruir...» (Juan 10:10).

En la iglesia primitiva, Satanás llenó el corazón de Ananías para que mintiese al Espíritu Santo (Hechos 5:3). F. F. Bruce , especialista en Nuevo Testamento, dice que Ananías era creyente.[1]

Ernest Haenchen escribe que era un «cristiano judío» y comenta: Satanás llenó su corazón. Ananías le mintió al Espíritu Santo, pero este estaba presente en Pedro (y en la comunidad). Por lo tanto, en última instancia no se trata de una simple confrontación entre dos hombres, sino entre el Espíritu Santo y Satanás.[2]

Martín Lutero escribe: «El diablo pone horribles pensamientos en el alma: odio contra Dios, blasfemia y desesperación». Acerca de sí mismo dice: «Al despertar en la noche, el diablo no tarda en buscarme, disputa conmigo y engendra toda clase de ideas extrañas. Pienso que con frecuencia, solo para atormentarme y angustiarme, el diablo me despierta cuando en realidad duermo pacíficamente. Mis combates nocturnos son más arduos que las batallas diarias. El diablo sabe provocar ideas que me exasperan. A veces lo hace de tal manera que me hace dudar de Dios».[3] (En cuanto a otras referencias acerca del diablo y la generación de pensamientos suyos en santos famosos, véase el libro *The Life of the Devil*[4]).

David Powlison, aunque contrario a la opinión de que los demonios pueden invadir a los creyentes, reconoce que Satanás puede inducir ideas en la mente. «Las "voces" en la mente no son raras: blasfemias escarnecedoras, accesos de tentación para revolcarse en fantasías y conductas viles, líneas persuasivas de incredulidad. La guerra espiritual clásica interpreta estas cosas como procedentes del malo».[5] Thomas Brooks en su discusión sobre los recursos satánicos, continuamente habla de los pensamientos que Satanás induce en el alma del creyente.[6]

«No tenemos lucha contra sangre y carne»

He tenido la oportunidad de dar consejo a centenares de creyentes que luchan contra su vida pensante. Algunos tienen dificultades para concentrarse y leer la Biblia, mientras otros oyen «voces» muy reales o luchan con pensamientos que los acusan y condenan. Con algunas excepciones, estas luchas han resultado ser una batalla espiritual por su mente. En 1 Timoteo 4:1 nos advierte: «Pero el Espíritu dice claramente que en los postreros tiempos algunos apostatarán de la fe, escuchando a espíritus engañadores y a doctrinas de demonios».

Como creyentes en Cristo, ¿por qué no tomamos en cuenta esto? Por una razón: yo no puedo leer tu mente ni tú puedes leer la mía. De modo que no tenemos idea de lo que ocurre en la mente de otras personas si no tienen el valor de compartirnos sus pensamientos. Muchos no lo harán porque nuestra sociedad asume que esas personas están mentalmente enfermas. Por lo tanto, contarán sus experiencias negativas, pero solo con la persona adecuada se atreverán a expresar lo que les ocurre internamente. ¿Están mentalmente enfermos, o se desarrolla una batalla por su alma? Si ignoramos las artimañas de Satanás, solo podemos llegar a la conclusión de que «todo problema en la mente debe ser un desequilibrio químico o un patrón de la carne».

Los psicólogos y psiquiatras atienden rutinariamente a los pacientes que oyen voces, y el desequilibrio químico, es el diagnóstico normal. Creo que nuestro sistema puede sufrir de desequilibrios químicos y problemas hormonales. Pero también creo que es necesario hacerse otras preguntas legítimas tales como ¿puede un producto químico producir un pensamiento personal? o «¿pueden nuestros neurotransmisores dispararse involuntariamente y al azar, de tal modo que generen pensamientos opuestos a nuestras ideas? ¿Existe una explicación natural? Tenemos que permanecer abiertos a todas las explicaciones y respuestas legítimas, pero no creo que vamos a tener una respuesta total a menos que tomemos en cuenta la realidad del mundo espiritual.

Cuando las personas dicen que oyen voces, ¿qué oyen en realidad? El único modo de oír con nuestros oídos físicos es tener una fuente de sonido. Las ondas sonoras se mueven desde una fuente por medio del aire y golpean nuestros tímpanos, los que envían una señal al cerebro. Así es como oímos físicamente. Pero las «voces» que algunas personas oyen o los «pensamientos» contra los cuales luchan, no vienen de ese tipo de fuente puesto que los otros a su alrededor no los oyen sino solo ellos.

De igual manera, cuando las personas dicen que ven cosas (que otros no ven), ¿qué realmente ven? La única forma natural de ver es tener una fuente de luz que produzca un reflejo en nuestros ojos y envíe una señal al cerebro. Satanás y sus demonios son seres espirituales; no tienen sustancia material, de modo que no podemos verlos a ellos ni a otros seres espirituales con nuestros ojos naturales, ni oírlos con nuestros oídos. «Porque no tenemos lucha contra sangre y carne, sino contra principados, contra potestades, contra los gobernadores de las tinieblas de este siglo, contra huestes espirituales de maldad en las regiones celestiales» (Efesios 6:12).

El cerebro o la mente

Hay muchas cosas que no sabemos acerca del funcionamiento de la mente, pero sabemos que hay una diferencia fundamental entre el cerebro y la mente. Nuestro cerebro es materia orgánica. Cuando morimos físicamente somos separados de nuestro cuerpo y el cerebro vuelve al polvo. En ese momento estaremos ausentes de nuestro cuerpo y presentes con el Señor. Pero no estaremos sin mente, porque la mente es parte del alma.

Usaré una analogía. Nuestra capacidad de pensar es similar a la forma en que funciona una computadora. Ambos tienen dos componentes separados: uno es el *hardware,* que es el computador físico (el cerebro); el otro es el *software* (la mente), que programa el hardware. Dado que el software no es físico, si se separa del hardware, sigue pesando igual. Así mismo, si el espíritu se aparta del cuerpo, este sigue con el mismo peso. El computador sin software de nada vale, pero tampoco funcionará el software si se apaga el hardware.

Nuestra sociedad supone que si algo no funciona bien entre las dos orejas tiene que ser un problema de hardware. Por el contrario, yo no creo que el problema principal sea el hardware; pienso que el problema principal es el software. Si una persona tiene algún tipo de síndrome orgánico cerebral, como el mal de Alzheimer, o un mal congénito, como el síndrome de Down, el cerebro no funciona bien y hay poco que se pueda hacer al respecto. En romanos 12:1, 2 dice que debemos ofrecer nuestros cuerpos a Dios (lo que incluye nuestro cerebro) y ser transformados por medio de la renovación del entendimiento.

Después de oír mi conferencia sobre el tema, una estimada señora se me acercó para que le aclarara algunas cosas:

—Recientemente visité a mi hija que trabaja en el campo misionero y me contagié con malaria. Estuve tan enferma que casi pierdo la vida. Mientras sufría de una fiebre muy alta comencé a ver alucinaciones. Entonces ¿Quiere decir que las alucinaciones eran demoníacas?

—¿Qué veía en las alucinaciones?

—Generalmente a Pluto, el ratón Miguelito, el pato Donald y Daisy —respondió.

—¿Pasó usted por Disneylandia en su viaje al campo misionero? —le contesté riéndome entre dientes.

—Sí, es verdad, ¿cómo lo supo?

Por cierto, no había nada demoníaco en su experiencia. Su visita a Disneylandia estaba fresca en el cerebro. Cuando nos dormimos, o cuando quedamos en coma, nuestro cerebro físico sigue funcionando, pero «sin dedos sobre el teclado». Si sigues mentalmente activo y pulsando las teclas de tu mente, no duermes. Te duermes cuando dejas de pensar. Pero mientras duermas, tu cerebro seguirá funcionando y dará acceso al azar a lo que haya en tu mente. Para ilustrar, considera el contenido de tus sueños. ¿Principalmente no se relaciona con personas que conoces, cosas que has visto, o lugares donde has estado? Las historias de tus sueños pueden ser creativas, pero las personas y lugares ya han sido programados en tu memoria. Por ejemplo, un niño ve una película de terror, va a dormir y tiene una pesadilla. Es posible que los actores de la pesadilla sean los mismos de la película. Pero cuando alguien tiene pesadillas grotescas que no se pueden atribuir a alguien previamente visto u oído, entonces yo diría que el sueño es demoníaco. Cuando llevamos a una persona a través de los pasos hacia la libertad en Cristo, ese tipo de pesadillas terminan.

La batalla es real

Es necesario que denunciemos esta batalla espiritual en nuestra mente por lo que es, para que podamos tener una respuesta total a quienes la sufren. Explicaré con una ilustración: ¿Qué ocurre generalmente cuando un niño asustado entra en el dormitorio de sus padres y dice que vio u oyó algo en su pieza? Los padres probablemente van a la habitación del hijo, miran dentro del armario o debajo la cama y dirán: «No hay nada en tu dormitorio, querido. Ahora, puedes seguir durmiendo tranquilo. Si eres un adulto y viste algo en tu dormitorio, ¿podrías simplemente olvidarlo y ponerte a dormir? Probablemente dirías:

—¡Busqué en la habitación y no había nadie! Y estarías en lo cierto. Nada había en la habitación que pudiera observarse con los sentidos naturales.

—Entonces no es real —responde el escéptico—. Sí, lo es. Lo que el niño vio y oyó estaba en su *mente* y era muy *real*.

No puedo explicar el medio por el cual la gente «escucha espíritus engañadores». Tampoco sé como el diablo puede meterse en nuestra mente; pero no tengo que saber cómo lo hace para creer lo que la Escritura enseña claramente. La batalla espiritual por nuestra mente no opera conforme a leyes de la naturaleza que podemos entender. No hay barreras físicas que puedan limitar o restringir los movimientos de Satanás. El rostro atemorizado de un niño, testifica que la batalla es real. ¿Por qué no responde al niño de la siguiente manera?

«Querido, creo que viste u oíste algo. Yo no lo vi ni lo oí, así que ayúdame a entender. Puede ser que estés bajo un ataque espiritual o tener malos recuerdos de la película que viste. A veces yo no puedo decir la diferencia entre lo que es real y lo que es un sueño. Antes de orar pidiendo por tu protección, quiero que sepas que Jesús es mucho más grande y poderoso que cualquier cosa que veas u oigas y que te cause miedo. La Biblia nos enseña que mayor es Jesús que vive en nosotros que cualquier monstruo del mundo. Puesto que Jesús está siempre con nosotros, podemos contarle cualquier cosa que nos asuste y dejarlo en sus manos. La Biblia nos dice que nos sometamos a Dios y resistamos al diablo, entonces él, huirá de nosotros. ¿Puedes hacerlo, querido? ¿Tienes alguna pregunta? Oremos».

Gran parte de lo que se considera enfermedad mental en el presente, no es otra cosa que una batalla por nuestra mente.

Proverbios 23:7 dice: «Porque cual es su pensamiento en su corazón, tal es él...». En otras palabras, no haces nada sin pensarlo primero. Toda conducta es producto de lo que elegimos pensar o
creer. No podemos ver lo que la gente piensa. Solo podemos observar lo que hacen. Si tratamos de cambiar la conducta sin cambiar lo que creemos y lo que pensamos, nunca tendremos resultados perdurables.

Dado que no podemos leer la mente de otra persona, tenemos
que aprender a formular las preguntas adecuadas. Daniel, de cinco
años, tuvo que presentarse en la oficina de su escuela cristiana por
haber atacado a varios otros niños en el patio. Había estado actuando agresivamente con los demás y estaba inquieto en la clase.

—Estoy confundida por su conducta reciente. No es la manera de ser de Daniel —dijo la maestra. La madre de Daniel era
maestra en la escuela. Cuando preguntó a su hijo acerca de Jesús,
él se tapó las orejas y gritó:

—¡Odio a Jesús! —se agarró de su madre y se rió de una manera horrorosa.

Preguntamos a Daniel si había escuchado voces que le hablaban en su cabeza. Pareció aliviado ante la pregunta y de buena
gana dijo que en el patio oía voces que le decían que atacara a otros
niños. Los pensamientos eran tan fuertes que la única forma de ca-
llarlos era obedecer, aun cuando sabía que se metería en problemas. Le dijimos a Daniel que no era necesario volver a obedecer
esas voces y le guiamos a través de la versión infantil de los pasos
hacia la libertad descritos más adelante en este libro. Daniel repitió
una oración que le sugerimos y cuando finalizamos le preguntamos cómo se sentía. De momento, con una gran sonrisa en su rostro y con un suspiro de alivio dijo:

—Mucho mejor.

Al día siguiente, su maestra notó que mostraba una nueva calma, como si fuera un niño diferente. Daniel no volvió a repetir su
agresividad en la escuela.

Una pareja cristiana muy dedicada al Señor adoptó un bebé y
lo recibió en la casa con los brazos abiertos. El inocente bebé se
convirtió en un monstruo antes de tener cinco años. Convirtió el

hogar en un torbellino el día que me pidieron que conversara con él. Después de una charla amistosa, le pregunté si le parecía que alguien le hablaba en la cabeza.

—Sí —contestó— todo el tiempo.

—¿Qué te dicen?

—Me dicen que soy malo.

Entonces le pregunté si había invitado a Jesús a su vida.

—Sí, pero no fue verdad —respondió.

Le dije que si realmente pedía a Jesús que entrara en su vida podría decirle a esas voces que lo dejaran tranquilo. Lo comprendió y le entregó su corazón a Cristo.

Otro marido con su esposa, oyó unos golpes en la pared del dormitorio de su hijo. Había tomado las tijeras y las había clavado varias veces en la pared. Ellos nunca vieron cuando lo hacía ni encontraron las tijeras. Entonces el niño comenzó a cortar la ropa de la casa. Tampoco pudieron sorprenderlo mientras lo hacía. Se les amontonaron las facturas de médicos y consejeros que desesperadamente trataron de encontrarle una solución. Finalmente, los padres conocieron nuestro material y comenzaron a considerar la posibilidad de que fuese un problema espiritual. Entonces preguntaron a su hijo si había tenido pensamientos que le decían lo que tenía que hacer.

—Sí, y si no hago lo que me piden, dicen que te matarán.

El niño pensaba que estaba salvando la vida de su padre.

La necesidad de distinguir entre una enfermedad mental orgánica y una lucha espiritual queda ilustrada en este testimonio:

«Yo quería darle las gracias por mostrarme la manera de liberarme de algo que siempre sospeché era espiritual. Nunca había estado completamente seguro al respecto. Desde que era un adolescente, durante años (ahora tengo 36) oí voces en mi cabeza. Había cuatro en particular y a veces parecía un coro estridente de todas ellas. Cuando aparecía en televisión o en una revista el tema de la esquizofrenia, pensaba:

"Yo sé que no soy esquizofrénico, pero ¿qué le pasa a mi cabeza?"

Era torturado, escarnecido y angustiado. Cada pensamiento tenía que reconsiderarlo y en consecuencia mi autoestima bajó a cero. Quería que las voces se silenciaran y siempre me preguntaba si otras personas oían voces y era algo común.

Cuando le escuché acerca de llevar todo pensamiento cautivo a la obediencia a Cristo y leí sobre la experiencia de otras personas con tales voces, pude hacer que me dejaran tranquilo.

Fue una experiencia asombrosa y maravillosa tener un silencio completo en la mente; después de tantos años de tormento. No es necesario que le explique más de todas las cosas maravillosas que han venido con la liberación de mi mente; es una bendición que usted parece conocer muy bien».

Tomando cautivo todo pensamiento

¿Cómo saber si los pensamientos negativos, engañosos y condenatorios son del maligno o provienen de nuestros patrones carnales de pensamiento? En cierto sentido no hay diferencia. Debemos llevar *todo* pensamiento cautivo a la obediencia a Cristo; esto quiere decir, si no es verdad, no lo creas. Sabrás que los pensamientos no proceden de ti mismo si recorres los pasos hacia la liberación y tales pensamientos no vuelven a aparecer. Los patrones carnales no desaparecen automáticamente. Se les reemplaza gradualmente o se les vence a medida que renovamos nuestra mente. Pablo dice que no debemos estar afanosos por nada. Más bien debemos volvernos a Dios en oración, «Y la paz de Dios, que sobrepasa todo entendimiento, guardará vuestros corazones y vuestros pensamientos (*noema*) en Cristo Jesús» (Filipenses 4:7). El versículo siguiente dice que pensemos en lo que es verdadero, puro, amable y justo.

Nuestra relación con Dios es personal y como en toda relación, hay problema que resolver para que la relación sea eficaz. No podemos esperar la bendición de Dios si vivimos en rebelados contra Él. *«Porque como pecado de adivinación es la rebelión, y como ídolos e idolatría la obstinación...»* (1 Samuel 15:23). Dios nos resiste si somos soberbios (Santiago 4:6). Si somos amargados y no estamos dispuestos a perdonar, Dios nos entregará a los verdugos (Mateo 18:34). Primero hay que resolver estos problemas, puesto que Dios puede vendar el corazón quebrantado y poner en libertad al cautivo.

Creo que el testimonio de una ex misionera ilustra este punto. Ella estaba en tratamiento con su psiquiatra, un psicólogo y un pastor al mismo tiempo, una vez por semana para mantener la coherencia de su vida. El paso siguiente fue la hospitalización. Estuve con ella un viernes por la tarde y dos meses y medio después recibí la siguiente carta:

«Desde hace algún tiempo quería escribirle, pero he esperado todo este tiempo para confirmar que todo es realidad. Déjeme mostrarle lo que escribí en mi diario dos días después de nuestro encuentro.

Desde el viernes por la tarde me he sentido como si fuera otra persona. Han desaparecido los arrebatos de rabia y enojo. Mi espíritu tiene una gran calma y está lleno de gozo. Despierto cantando alabanzas a Dios en mi corazón. Han desaparecido los accesos de tensión e irritación. Me siento libre. La Biblia me parece atrayente, estimulante y más comprensible que antes. En nuestra conversación del viernes no hubo nada dramático, pero en lo profundo de mi ser yo sé que algo cambió. Ya no estoy amarrada con acusaciones, dudas y pensamientos suicidas u homicidas, ni otros daños que el diablo incorpora en mi cabeza. Tengo serenidad en mente y espíritu, y una profunda claridad de conciencia.

¡He sido liberada!

Estoy emocionada y expectante por mi futuro. Sé que volveré a crecer espiritualmente y me desarrollaré en otros aspectos también. Con felicidad espero que se descubra la persona que Dios quería que fuera cuando me creó y me redimió, así como la transformación de mi vida matrimonial.

Es maravilloso tener gozo después de tan larga oscuridad.

Han pasado dos meses y medio desde que escribí esto y estoy firmemente convencida de los importantes beneficios procedentes de la libertad en Cristo. Estuve en terapia durante varios meses, y no hay comparación con los pasos que ahora puedo dar. Se ha multiplicado mi capacidad de procesar las cosas. No solo mi espíritu está más sereno, mi cabeza está realmente más clara. Ahora, todo parece más fácil de entender.

Mi relación con Dios ha cambiado significativamente. Durante ocho años lo sentí distante de mí. Lloraba desesperadamente delante de él para que me liberara, que me libertara de mi esclavitud. Tenía tantos deseos de encontrarlo nuevamente, de saber que su presencia estaba en mí nuevamente. Necesitaba conocerle como amigo, como compañero, no como personaje autoritario distante que era en mi mente y experiencia. Desde hace dos meses y medio, he visto crecer mi confianza en él. He visto aumentar enormemente mi capacidad de ser honesta con él. En realidad he experimentado el crecimiento espiritual que anhelaba en mi diario. ¡Qué grandioso!».

Confronta al
príncipe rebelde

MARÍA ERA UNA FLORISTA DE 26 AÑOS de la década del 60. Era cristiana y egresada de la universidad, pero tenía graves problemas mentales y emocionales que aparecieron después que sus padres se divorciaron. Durante un período de cinco años, María había estado hospitalizada tres veces bajo el diagnóstico de esquizofrenia paranoica. Después de tres semanas de consejería, finalmente me habló de su lucha con las víboras.

—¿Víboras? —le pregunté.

—Se arrastran sobre mí cuando estoy en la cama por las noches —confesó.

—¿Qué haces cuando llegan las víboras?

—Corro a la pieza de mi madre. Pero siempre regresan cuando estoy sola.

—¿Por qué no intentas algo diferente la próxima vez —le propuse—. Cuando estés en cama y ellas vengan, diles en voz alta: «En el nombre de Cristo te ordeno que te alejes».

—¡No puedo hacer eso! —reclamó María—. No soy suficientemente madura ni fuerte para ello.

—No es cuestión de madurez sino de tu posición en Cristo. Tú tienes tanto derecho como yo para someterte a Dios y resistir al diablo.

María se estremeció y demostró temor ante el hecho. Sin embargo, accedió a tratar, debido a que nada perdía con probar. A la semana siguiente, apenas María entró por la puerta exclamó:

—¡Desaparecieron las víboras!

—¡Qué bueno! ¿Por qué no me hablaste antes de ellas?

—Porque tenía miedo de que tú también comenzaras a tenerlas.

Pensar que podrían aparecerme a mí también era sólo otra parte del engaño. Si el problema de María hubiera sido neurológico, entonces el asumir autoridad sobre las víboras en el nombre de Cristo, no habría dado resultado. Pero en su caso, el problema era espiritual, por lo que cinco años de hospitalización y tratamiento químico habían sido en vano.

Antes de comenzar a tratar la realidad y la actividad presente de Satanás y sus demonios, es necesario que entiendas el poder y la autoridad espiritual que tienes, como cualquier creyente, sobre el reino de las tinieblas.

Con la autoridad de Cristo

Cuando Jesús preparaba a sus discípulos, los reunió y «...les dio poder y autoridad sobre todos los demonios, y para sanar enfermedades. Y los envió a predicar el reino de Dios, y a sanar a los enfermos» (Lucas 9:1,2). Jesús sabía que cuando sus discípulos comenzaran a predicar el reino de Dios habría oposición demoníaca. Entonces les dio específicamente poder y autoridad sobre los demonios.

Después, envió a 70 seguidores en una misión semejante y «Volvieron los setenta con gozo diciendo: Señor, aun los demonios se nos sujetan en tu nombre» (Lucas 10:17). Estos misioneros enfrentaron el reino de las tinieblas y descubrieron que los demonios se les sujetaban en el nombre de Jesús. Quizás habían comenzado su misión con temor, pero regresaron maravillados por la victoria obtenida sobre los malos espíritus. Pero Jesús les rectificó: «He aquí os doy potestad de hollar serpientes y escorpiones, y sobre toda fuerza del enemigo, y nada os dañará. Pero no os regocijéis de que los espíritus se os sujetan, sino regocijaos de que vuestros nombres están escritos en los cielos» (Lucas 10:19, 20). Cuando dice «serpientes y escorpiones» no se refiere a víboras e insectos, porque ellos no son nuestros enemigos. Jesús se refiere metafóricamente al diablo y sus ángeles. Pienso que estaba diciendo: «No se regocijen de que el nombre de Jesús tienen autoridad sobre los demonios, sino regocíjense de que vuestro nombre está escrito en el Libro de la Vida del Cordero. No pongan la atención en los demonios, sino en Cristo. No se preocupen del enemigo y la autoridad sobre ellos. Piensen en lo que son y no permitan que el diablo establezca su agenda».

La comprensión del poder y autoridad de los creyentes sobre el reino de las tinieblas podría hacer que algunos abusen de su posición en Cristo para salir por su propia cuenta y ser pisoteados. No tenemos poder ni autoridad sin Cristo. *Lo que somos* siempre tiene prioridad por sobre *lo que hacemos*. Sin Cristo nada podemos hacer. Aun Jesús fue tentado por el diablo para que obrara por sus atributos divinos personales, independientemente de su Padre celestial.

El derecho y la capacidad de establecer

Jesús dio a sus discípulos, *autoridad* y *poder* sobre los demonios. ¿Cuál es la diferencia? Autoridad es el *derecho* de establecer legalmente. El policía tiene el derecho de detener el tránsito en una intersección porque ha sido comisionado por el estado que tiene la autoridad civil (Romanos 13:1-5). Jesús dijo: «...Toda potestad me es dada en el cielo y en la tierra. Por tanto, id y haced discípulos a todas las naciones...» (Mateo 28:18, 19). Por lo tanto, Satanás no tiene autoridad en el cielo ni en la tierra.

Poder es la *capacidad* de establecer. El policía puede tener la autoridad de detener el tránsito, pero no tiene la fuerza física para hacerlo. Sin embargo, podrías detener el tránsito si pones un bloque de cemento suficientemente grande en medio de la intersección, porque tiene el poder aunque no tengas la autoridad. Los creyentes tienen la autoridad de hacer la voluntad de Dios debido a su posición en Cristo, y el poder de hacer la voluntad de Dios en la medida que anden en el Espíritu. «Por lo demás, hermanos míos, fortaleceos en el Señor, y en el poder de su fuerza» (Efesios 6:10).

Un buen administrador no delega una *responsabilidad* sin la *autoridad* de llevar a cabo sus instrucciones. Tampoco enviaría a sus trabajadores a una tarea, sin darles la potestad de hacerla. Jesús encomendó a sus discípulos la *responsabilidad* de proclamar el reino de Dios. Si no les hubiera dado poder sobre el reino de las tinieblas, los demonios se habrían burlado de sus debilidades y los hubiesen hecho huir en busca de refugio (como ocurrió con los siete hijos de Esceva en Hechos 19).

Podrías pensar como María, que no eres lo suficiente maduro para resistir la influencia demoníaca en tu vida. En la carne, no tienes el poder de resistir a Satanás y a sus demonios, pero en ¡*Cristo tú puedes!* Los israelitas miraban a Goliat con miedo y decían que no podían contra él. «Entonces habló David a los que estaban junto a él, diciendo: ...¿quién es este filisteo incircunciso, para que provoque a los escuadrones del Dios viviente?» (1 Samuel 17:26), y salió a su encuentro con una onda. Cuando el ejército vio a Goliat y se compararon con él y temblaron. David vio a Goliat en contraste con Dios y triunfó. Cuando encuentras a los enemigos espirituales de tu alma, recuerda: con *Jesús* tú eres mayoría.

A veces la gente supone que tengo algún grado de éxito para ayudar a otros a encontrar su libertad en Cristo debido a mi educación, llamamiento y fuerte personalidad. Eso no es así. Un jovencito y una anciana abuela tienen en Cristo la misma autoridad en el mundo espiritual que yo. «...nos gloriamos en Cristo Jesús, no teniendo confianza en la carne» (Filipenses 3:3).

Línea de mando

Los discípulos dijeron: «...aun los demonios se nos sujetan en tu nombre» (Lucas 10:17). «Sujetan» (*hupotasso* en griego) es una expresión militar que significa «ordenar bajo». Representa a un grupo de soldados en posición de atención y que sigue en forma precisa las órdenes de su oficial de mando. Esa es la manera como debiéramos responder a nuestro Señor, «Sométase toda persona a las autoridades superiores...» (Romanos 13:1). Dios dice a sus hijos: «Para vuestra protección espiritual, pónganse en la fila y síganme».

Sin embargo, los cristianos espiritualmente derrotados parecen no entender esto. Ven a Dios y su reino por un lado, a Satanás y el suyo por el otro y a sí mismos entre ambos. Algunos días parece que Dios es el que gana y otros el diablo tiene ventaja. Los 70 regresaron de su misión con una nueva y real perspectiva. La autoridad espiritual no es tirar de la cuerda en un plano horizontal; es una cadena de mando vertical. Jesucristo tiene toda la autoridad en el cielo y en la tierra (Mateo 28:18); es el extremo superior de la línea de mando. Ha dado autoridad y poder a sus siervos para ejercerlo en su nombre (Lucas 10:17); estamos bajo su autoridad, pero participamos de ella con el objetivo de hacer su voluntad. ¿Pero qué pasa con Satanás y sus demonios? Están abajo, sujetos a la autoridad con que Cristo nos ha investido. No tiene más derecho a gobernar tu vida que el derecho que tiene un soldado raso de ordenar al general que limpie las letrinas.

Entonces, ¿por qué el reino de las tinieblas ejerce una influencia tan negativa en el mundo y la vida de los cristianos? Porque Satanás ha engañado a todo el mundo y en consecuencia, todo el mundo está en poder del maligno (1 Juan 5:19). Satanás no es igual que Dios en poder; es un enemigo desarmado y derrotado (Colosense 2:15). Pero te puede engañar para hacerte creer que tiene más poder y autoridad que tú y ¡vivirás como si así fuera! Tú has recibido autoridad sobre el reino de las tinieblas, pero si no lo crees ni la ejerces será como si no la tuvieras.

Pude experimentar esta verdad durante una sesión de consejería con una mujer gravemente endemoniada. Durante la sesión, la mujer que era muy grande y fuerte, se levantó y avanzó hacia mí con una mirada amenazante. En ese momento me alegré de que las armas de nuestra milicia no son carnales, porque habría sido terrible tener que defenderme de una persona endemoniada de ese tamaño. En vez de enfrentarla carnalmente, le hablé basado en 1 Juan 5:18. Mis palabras no fueron dirigidas a la mujer, que estaba completamente bloqueada, sino al espíritu que la tenía bajo su control: «Soy hijo de Dios, y el malo no me puede tocar. Siéntate ahora mismo». Ella se detuvo y se sentó. De no haber ejercido mi autoridad en Cristo, hubiera sido controlado por el temor y se habría producido un encuentro de fuerzas. Pero al tomar una posición en el nombre de Cristo, neutralicé el poder del demonio y pude ministrar a la mujer.

Es importante comprender que no le gritas al diablo. La autoridad no aumenta con el volumen de la voz. Tu eficacia no consiste en gritarle al diablo. No es diferente de la autoridad paterna. Si le gritas a tus hijos para controlar su conducta, no usas de una manera correcta la autoridad que Dios te ha dado sino que la socavas. Operas según la carne.

El episodio de la mujer fue solo una táctica del demonio que esperaba que le respondiera con miedo. Tenerle miedo a algo (diferente del temor de Dios) y la fe en Dios, no pueden ir juntos. Cuando Satanás trata de inducir temor, debemos conservar nuestra posición en Cristo y mostrar el fruto del Espíritu, que incluye el dominio propio (Gálatas 5:23).

Las riquezas de nuestra herencia en Cristo

Nosotros tenemos una mayor ventaja en la guerra espiritual que los primeros discípulos. Ellos estaban «*con*» Cristo (Marcos 3:14, 15), pero nosotros estamos «*en*» Cristo. Esa era la gran noticia de Pablo en las líneas iniciales de su carta a la iglesia de los Efesios. Nótese cuántas veces menciona nuestra posición en Cristo (énfasis agregado):

>*«Bendito el Dios y Padre de nuestro Señor Jesucristo, que nos bendijo con toda bendición espiritual en los lugares celestiales "en Cristo", según nos escogió "en él", antes de la fundación del mundo, para que fuésemos santos y sin mancha delante de él (vv. 3-4)... para alabanza de la gloria de su gracia, con la cual nos hizo aceptos "en el Amado, en quien" tenemos redención por su sangre, (vv. 6-7)... dándonos a conocer el misterio de su voluntad, según su beneplácito, el cual se había propuesto "en sí mismo", de reunir todas las cosas "en Cristo", en la dispensación del cumplimiento de los tiempos (vv. 9,10)... "En él" asimismo tuvimos*

herencia, habiendo sido predestinados conforme al
propósito del que hace todas las cosas según el designio
de su voluntad, a fin de que seamos para alabanza de
su gloria, nosotros, los que primeramente esperába-
mos en Cristo. "En él" también vosotros, habiendo
oído la palabra de verdad, el evangelio de vuestra sal-
vación, y habiendo creído "en él", fuisteis sellados con
el Espíritu Santo de la promesa» (vv. 10-13).

Pablo quería asegurarse que nadie perdiera de vista su argumento. En los primeros trece versículos nos dice diez veces que estamos en Cristo. Todo lo que tenemos es el resultado de nuestra
relación íntima y personal con el Cristo resucitado y su Espíritu
que mora en nosotros. El problema es que no lo vemos. Entonces
Pablo prosigue:

> *«alumbrando los ojos de vuestro entendimiento, para*
> *que sepáis cuál es la esperanza a que él os ha llamado, y*
> *cuáles las riquezas de la gloria de su herencia en los*
> *santos, y cual la supereminente grandeza de su poder*
> *para con nosotros los que creemos, según la operación*
> *del poder de su fuerza, la cual operó en Cristo, resuci-*
> *tándole de los muertos y sentándole a su diestra en los*
> *lugares celestiales»* (Efesios 1:18-20).

Cuando no entendemos nuestra herencia espiritual, no expe-
rimentamos la libertad ni la llenura de los frutos como resultado
de nuestra posición en Cristo. En la medida que no percibirnos
nuestra posición en Cristo ni nuestra autoridad sobre el reino de
las tinieblas y para hacer su voluntad, no lograremos llevar a cabo
nuestra responsabilidad delegada.

La profundidad y la anchura de la autoridad

En Efesios 1:19-23, Pablo explica la fuente de la autoridad de
Cristo como el mismo poder que lo resucitó de entre los muertos y
lo hizo sentar a la diestra del Padre. Esa fuente de poder es tan diná-
mica que Pablo usa cuatro palabras griegas diferentes en el

versículo 19 para describirla: «poder» (*dunameos*), «trabajo» (*energeian*), «fortaleza» (*kratous*), y «grandioso» (*ischuos*). Tras la resurrección del Señor Jesucristo está la *obra* de *poder* más grandiosa registrada en la Palabra de Dios. Y el mismo poder que resucitó a Jesucristo de entre los muertos y derrotó a Satanás, está disponible para nosotros como creyentes.

Pablo también quiere abrir nuestros ojos al ámbito expansivo de la autoridad de Cristo que está por «*sobre todo principado y autoridad y poder y señorío, y sobre todo nombre que se nombra, no solo en este siglo, sino también en el venidero*» (Ef. 1:21). Piensa en el político o militar más influyente y poderoso del mundo, sea bueno o malo. Imagina los más temibles terroristas, cerebros del crimen y magnates de las drogas. Piensa en los famosos personajes del pasado y del presente que han malogrado la sociedad con sus métodos diabólicos. Piensa en Satanás y todos los poderes de las tinieblas reunidos bajo su mando. La autoridad de Jesús no solo está por sobre todas las autoridades humanas y espirituales pasadas, presentes y futuras; él está *muy* por encima de todas ellas.

Autoridad conferida

Pablo dice que el poder y la autoridad de Cristo ha sido conferida «a los que creemos» (Efesios 1:19). Pablo ya ha explicado que el acto supremo del poder y la autoridad de Dios ocurrieron cuando él resucitó a Cristo de entre los muertos y se sentó en los lugares celestiales por sobre todas las demás autoridades (1:19-21). Después de aludir en un paréntesis el estado pecaminoso en que estábamos antes de la salvación (2:1-3), Pablo prosigue con el tema central de la autoridad de Cristo según la relación con nosotros: «*Pero Dios, que es rico en misericordia, por su gran amor con que nos amó, aun estando nosotros muertos en pecados, nos dio vida juntamente con Cristo (por gracia sois salvos), y juntamente con él nos resucitó, y asimismo nos hizo sentar en los lugares celestiales con Cristo Jesús*» (2:4-6).

Pablo quiere mostrarnos que cuando Cristo fue resucitado de entre los muertos (1:20), los que creemos en él también fuimos resucitados de nuestra condición de muerte espiritual y nos dio vida juntamente con Cristo (2:5, 6). La resurrección de Cristo de la tumba y nuestra resurrección de la muerte espiritual ocurren al mismo tiempo. Es lógico que la cabeza (Cristo) y el cuerpo (su iglesia) hayan resucitado al mismo tiempo.

Además, cuando Dios sentó a Cristo a su diestra y le confirió toda autoridad (Efesios 1:20, 21), Él también nos sentó a su diestra (2:6) porque estamos «*juntamente con Cristo*» (2:5). En el momento mismo que recibes a Cristo, estás sentado con él en los lugares celestiales. Tu identidad como hijo de Dios y tu autoridad sobre las potestades espirituales no son cosas que vas recibiendo o que recibirás en el futuro; las tienes ahora mismo. Eres hijo de Dios que vive *ahora*. Estás sentado en los lugares celestiales con Cristo *ahora mismo*. Tienes poder y autoridad sobre el reino de las tinieblas y de hacer Su voluntad *ahora mismo*. Pablo también relaciona este poder y la verdad transformadora, en su carta a los Colosenses: «*y vosotros estáis completos en él, que es la cabeza de todo principado y potestad*» (Colosenses 2:10). Nótese el tiempo del verbo: hemos sido completos (en griego es un tiempo perfecto que indica una acción consumada que sigue teniendo efecto en el presente). ¿Cuándo? En la muerte, resurrección y ascensión de Jesucristo. Puesto que Cristo es la Cabeza establecida por Dios sobre todo principado y potestad, estamos sentados con él en los lugares celestiales, tenemos el poder y la autoridad para cumplir su voluntad.

Pablo menciona en Colosenses algo más que necesitamos saber: «*y despojando a los principados y a las potestades, los exhibió públicamente, triunfando sobre ellos en la cruz*» (2:15). No solo hemos recibido vida en Cristo; sino que Satanás fue desarmado y derrotado hace 2000 años. Su derrota no está pendiente, ni es futura; ya ha ocurrido. No es nuestra responsabilidad derrotar al diablo. Jesús ya lo hizo.

Si Satanás ya está desarmado, ¿por qué no tenemos más victoria en nuestra vida? Porque el padre de mentiras ha engañado a todo el mundo. Satanás anda como león hambriento, rugiente y que busca algo para devorar. La realidad es que se le han quitado los colmillos y las garras. Pero si te engaña para que creas no solo te puede masticar y escupir, sino que vivirás como si eso pudiera ser.

¿Cuál es el objetivo final de esta autoridad otorgada? Pablo responde en Efesios 3: 8:12:

> «A mí, que soy menos que el más pequeño de todos los santos, me fue dada esta gracia de anunciar entre los gentiles el evangelio de las inescrutables riquezas de Cristo, y de aclarar a todos cuál sea la dispensación del misterio escondido desde los siglos en Dios, que creó todas las cosas; para que la multiforme sabiduría de Dios sea ahora dada a conocer por medio de la iglesia a los principados y potestades en los lugares celestiales, conforme al propósito eterno que hizo en Cristo Jesús nuestro Señor, en quien tenemos seguridad y acceso con confianza por medio de la fe en él».

El propósito eterno de Dios es que su sabiduría sea dada a conocer por medio de la iglesia a los principados y potestades en los lugares celestiales. Algunos preguntarán ¿qué principados y autoridades? ¿Cómo vamos a cumplir nuestro llamado en el mundo si no creemos lo que Dios dice acerca del reino de las tinieblas? Algunos ruegan: "Oh Dios, ayúdanos por favor. El diablo ruge alrededor de nosotros". Dios responde: "He hecho todo lo que tengo que hacer. Derroté y desarmé a Satanás en la cruz. Te he dado toda la autoridad en Cristo. Ahora abre tus ojos. Entiende quién eres y comienza a vivir en conformidad con ello".

Apto para la obra del reino

Creo que hay cuatro requisitos para vivir en la autoridad y el poder de Cristo:

1. *Creencia.* Pablo habla acerca de «...*su poder para con nosotros los que creemos...*» (Efesios 1:19). Imagina un policía novato del tránsito que se acerca a un cruce de mucho movimiento para dirigir el tránsito por primera vez. Le dijeron en la academia que todo lo que tenía que hacer era caminar hacia el centro de la acera y levantar la mano y los autos se detendrían, pero él se siente inseguro. Se para al borde de la acera, hace sonar el silbato débilmente, y

lográ eludir un auto que se ha lanzado contra él. Siente disminuida su autoridad por su falta de confianza.

Ahora imaginemos un experimentado oficial que hace lo mismo. Se hace dueño de la situación, camina hacia el centro de la acera con cuidado, pero confiadamente, hace sonar el silbato, levanta su mano y los autos se detienen. No hay duda en su mente de que tiene controlada la situación en esa intersección, porque tiene confianza en su autoridad para dirigir el tránsito.

En el ámbito de lo espiritual, si no crees que tienes la autoridad de Cristo sobre el reino de las tinieblas, es probable que no la ejerzas. Como explicaré en los capítulos posteriores, hemos aprendido a ayudar a no perder el control. Hace algunos años, trataba de ayudar a una joven que tenía dificultades para concentrarse. Repentinamente cambió su rostro y otra voz dijo: «¿Quién (*grosería*) te crees que eres?» Con calma le dije: «Soy hijo de Dios y no tienes permiso para hablar». Inmediatamente la joven volvió en sí y concluimos la sesión. ¡Vale la pena saber quién eres!

2. *Humildad* . La humildad es la confianza puesta donde corresponde. La humildad es como la mansedumbre, que en el caso de Cristo fue fortaleza bajo un gran control. Al ejercer nuestra autoridad, la humildad consiste en poner la confianza en Cristo quien es la fuente de nuestra autoridad, en vez de ponerla en nosotros mismos. Como Pablo, «...*nos gloriamos en Cristo Jesús, no teniendo confianza en la carne*» (Filipenses 3:3). Jesús no dio un paso atrás cuando tuvo que ejercer su autoridad. Pero mostró una gran humildad porque todo lo hizo según lo que su Padre le había dicho que hiciera.

El orgullo dice: «He resistido al diablo, yo solito». La falsa humildad dice: «Dios resistió al diablo, yo nada hice». La humildad dice: «Asumí mi responsabilidad de resistir al diablo por la gracia de Dios». Sin Cristo *nada* podemos hacer (Juan 15:5), pero eso no significa que no tengamos que hacer *algo*. Ejercemos humildemente su autoridad, en su poder y en su nombre.

3. *Osadía*. Es marca del cristiano lleno del Espíritu Santo ser fuerte y valiente. Josué recibió cuatro veces la exhortación para que se esforzase y sea muy valiente (Josué 1:6, 7, 9, 18). «*Huye el*

impío sin que nadie lo persiga, mas el justo es confiado como un león» (Proverbios 28:1). Cuando la iglesia primitiva oró por su misión de predicar el evangelio en Jerusalén, «*...el lugar donde estaban congregados tembló; y todos fueron llenos del Espíritu Santo y hablaban con denuedo la Palabra de Dios*» (Hechos 4:31). La osadía inspirada por el Espíritu Santo es la que sostiene cada avance exitoso de la iglesia. «*Porque no nos ha dado Dios espíritu de cobardía, sino de poder, de amor y de dominio propio*» (2 Timoteo 1:7).

Vivimos en una era de ansiedad. Si luchas con cualquier desorden debido a la ansiedad, te invito a leer el libro del que soy coautor con mi colega Rich Miller, Libre del temor, Editorial Unilit). El temor de Dios no solo es el principio de la sabiduría, es el que echa fuera todo otro temor. Lo opuesto a denuedo es cobardía, miedo e incredulidad. Dios dice acerca de estas características:

> «*...Yo soy el Alfa y la Omega, el principio y el fin. Al que tuviere sed, yo le daré gratuitamente de la fuente del agua de la vida. El que venciere heredará todas las cosas, y yo seré su Dios, y él será mi hijo. Pero los cobardes e incrédulos, los abominables y homicidas, los fornicarios y hechiceros, los idólatras y todos los mentirosos tendrán su parte en el lago que arde con fuego y azufre, que es la muerte segunda*» (Apocalipsis 21:6-8).

A la mayoría de nosotros no le gusta ver a los cobardes e incrédulos en la misma fila junto al lago de fuego con los homicidas, hechiceros e idólatras. Obviamente a Dios no le agrada una iglesia cobarde que cojea debido a su incredulidad.

Después de dirigir una importante conferencia en Filipinas, una misionera me hizo partícipe de su testimonio. Se le había advertido que no fuera a cierta aldea porque un "médico" hechicero era demasiado poderoso para ella y toda la aldea estaba bajo su hechizo. Ella lo había creído, pero después de la conferencia supo que era una mentira. Ella fue a la aldea y llevó a ese hombre a Cristo; a los seis meses toda la aldea era cristiana.

4. *Dependencia*. La autoridad que nos preocupa no es una autoridad independiente. Tenemos la autoridad para hacer la voluntad de Dios, nada más y nada menos. No vamos a la carga por iniciativa propia como si fuéramos caza fantasmas evangélicos dedicados a buscar al diablo y desafiarlo en un combate personal. El llamamiento primario de Dios es que cada uno de nosotros se concentre en el ministerio del reino: amar, preocuparse, predicar, enseñar, orar y así sucesivamente. Sin embargo, cuando las potestades demoníacas nos desafían en el curso de nuestro ministerio, nosotros las enfrentamos basados en la autoridad de Cristo y en nuestra dependencia de él. Luego llevamos a cabo nuestra tarea principal.

La autoridad del creyente tampoco es una autoridad para ejercerla sobre otros creyentes. Debemos sujetarnos unos a otros en el temor de Cristo (Efesios 5:21). Hay una autoridad establecida por Dios en la tierra que rige las estructuras civiles y sociales del gobierno, el trabajo, el hogar, y la iglesia (Romanos 13:1-7). Es de importancia fundamental que nosotros nos sometamos a las autoridades que nos gobiernan a menos que sobrepasen la autoridad dada por Dios o nos ordenen hacer algo que resulta ser pecaminoso. Entonces debemos obedecer a Dios antes que a los hombres.

Libres del temor

Cuando con humildad y osadía ejercemos la autoridad sobre el ámbito espiritual que Cristo nos ha conferido, tenemos la experiencia de la autoridad que todos recibimos en Cristo. Después de publicada la primera edición de este libro, recibí el siguiente testimonio:

«Durante los últimos treinta y cinco años, he vivido de un arranque de adrenalina al otro. Toda mi vida ha estado atrapada en temores paralizantes que parecen venir de ninguna parte y de todas partes, temores que tienen poco o ningún sentido para mí. Dediqué cuatro años de mi vida a obtener un grado en sicología, con la esperanza de entender y vencer esos temores. La sicología solo perpetuó mis dudas y mi inseguridad. Seis años de consejería profesional fueron de poca ayuda y no produjeron cambio en mi nivel de ansiedad.

Después de dos hospitalizaciones, viajes a la sala de emergencia, repetidos electrocardiogramas, una visita al cirujano de tórax y todo un conjunto de pruebas, mis ataques de pánico solo empeoraron. Como resultado, los ataque de pánico se habían convertido en una característica diaria.

Hace tres semanas que sufrí el último ataque de pánico. Porque ahora puedo ir a los centros comerciales, a los servicios de la iglesia, tocar en un culto de adoración y pasar a través de la escuela dominical con paz en mi corazón. No tenía idea lo que significaba la libertad. Cuando fui a verle, tenía la esperanza que la verdad me diera la libertad, pero ahora sé que la tengo. Mis amigos dicen que hasta mi voz es diferente y mi esposo piensa que estoy más alta.

Cuando se vive en constante estado de ansiedad, la mayor parte de la vida te pasa por alto, porque eres física, emocional y mentalmente incapaz de concentrarte en algo, sino solo en el temor que te está tragando. Apenas podía leer un solo versículo de la Biblia de una sentada. Era como si alguien lo arrebatara de mi mente tan pronto como entraba. La Escritura era como una niebla para mí. Solo podía oír versículos que hablaban de muerte y castigo. Realmente tenía miedo de abrir la Biblia. Estas últimas semanas he pasado horas cada día con la Palabra, y tiene sentido. La niebla se ha disipado. Estoy maravillada de que puedo oír, ver, entender y retener.

Antes de leer *Rompiendo las cadenas*, no podía decir «Jesucristo» sin que mi metabolismo se volviera loco. Me podía referir al «Señor» sin ningún efecto, pero si decía «Jesucristo», mis entrañas entraban en órbita. Ahora puedo invocar el nombre de Jesucristo con paz y confianza... y lo hago regularmente».

Jesús te tiene cubierto

DURANTE UNA SEMANA DE CONFERENCIA sobre conflictos espirituales, recibí una carta que hablaba de la lucha de Francisca y muestra específicamente la naturaleza del conflicto espiritual que afecta a tantos cristianos:

> Estimado doctor Anderson:
>
> Asistí a su sesión dominical, pero mientras esperaba para conversar con usted después de la reunión del domingo por la tarde, me sentí repentinamente enferma. Estaba ardiendo como si tuviera fiebre y me sentí tan débil que pensé que me iba a desmayar. Por eso me fui a casa.
>
> Necesito ayuda. Desde que me convertí he tenido más problemas en mi vida. He tenido sobredosis de alcohol y drogas tantas veces que no las puedo contar. Me he cortado varias veces con hojas de afeitar, a veces en forma muy grave. Cada semana he tenido ideas suicidas como enterrarme un puñal en el corazón. Soy esclava de la masturbación, estoy fuera de control y no sé cómo parar.
>
> Mi aspecto exterior es muy normal. Tengo un buen trabajo y vivo en una familia destacada de la comunidad. Trabajo con estudiantes secundarios en

mi iglesia. Realmente no puedo explicar mi relación
con Dios. He estado viendo al psiquiatra durante dos
años. A veces pienso que estoy así debido a una niñez
confusa, o quizás soy así de nacimiento.

¿Cómo puedo saber si mis problemas están en mi
mente, o son el resultado del pecado y la desobediencia a Dios, o la evidencia de una influencia demoníaca? Me gustaría conversar con usted, pero no
quiero intentar otra cosa que no sea eficaz.

Francisca

El hecho de que el problema de Francisca estuviera en su
mente y debido a la naturaleza de su pecado, me resultó obvio que
ella estaba esclavizada espiritualmente. Me reuní con ella esa semana y estaba tan miserable, frustrada y derrotada como lo reflejaba su carta. Quería servir al Señor con todo su corazón. Tenía el
mismo poder y autoridad para servirle que yo, pero no sabía como
resolver sus conflictos.

Una vez que Francisca comenzó a comprender que ella no estaba sin poder ni indefensa en la batalla y que podía tomar decisiones para cambiar la situación, las cadenas cayeron y comenzó a caminar con libertad. Un año más tarde escribió:

Dudaba en escribirle, porque no podía creer que
mi vida hubiera cambiado y fuera diferente por un
tiempo tan largo. Soy la muchacha que trataba de
matarse, se cortaba y destruía a sí misma de todas las
maneras posibles. Nunca creí que el mal de mi mente y mi alma me dejarían alguna vez para ser una
sierva del Señor Jesucristo coherente y fructífera.

Ha pasado un año y ha sido el mejor año que he
tenido. He crecido de diversas maneras desde la
conferencia. Me siento estable y libre porque entiendo la batalla espiritual de mi vida. A veces las
cosas vuelven, pero ahora sé cómo librarme de ellas
inmediatamente».

La protección de Dios

Todo cristiano debiera saber «cómo librarse». Si entendiéramos la batalla espiritual y conociéramos la protección que tenemos en Cristo no habría tantas víctimas.

La primera meta de Satanás es cegar la mente de los incrédulos (2 Corintios 4:3, 4). Pero la batalla no se detiene cuando te conviertes. No enrosca su cola, ni cierra sus cauces sin impedir que acudas a Cristo. Todavía está empeñado en ensuciarte la vida y «demostrar» que el cristianismo no tiene eficacia, que la Palabra de Dios no es la verdad, y que nada ocurrió realmente cuando naciste de nuevo.

Algunos cristianos son un poco paranoicos y piensan que los malos espíritus están ocultos tras cada esquina y se la pasan buscando a quien devorar. Ese es un temor infundado. Tu relación con los poderes demoníacos en la esfera espiritual es en gran medida como la relación entre los gérmenes y la esfera de lo físico. Tú sabes que los gérmenes están alrededor de ti: en el aire, en el agua, en los alimentos, en otras personas y en ti mismo. Pero, ¿vives en constante temor a ellos? No, a menos que seas hipocondríaco. La única solución apropiada para combatirlos, es comer alimentos en buen estado, descansar, tener ejercicios en forma equilibrada y mantenerte aseado al igual que tus pertenencias; entonces tu sistema de inmunidad te protegerá. Sin embargo, si no crees en los gérmenes, es muy probable que no te cuides de ellos. Por ejemplo, antes que la profesión médica descubriera la realidad y naturaleza de los microbios, no veían necesidad de usar mascarillas, de lavarse las manos antes de una operación ni de usar antibióticos.

Lo mismo ocurre en el ámbito espiritual. Los demonios son como gérmenes invisibles que buscan a quien infectar. Nunca se nos dice en la Escritura que les tengamos miedo. Solo necesitas estar consciente de su realidad y comprometerte a conocer la verdad y a vivir una vida recta. Recuerda: lo único grande en los demonios es su boca. Son mentirosos habituales. El único santuario real que tienes es tu posición en Cristo y en Él tienes la protección necesaria.

En Efesios 6:10-18, Pablo describe la armadura de Dios que ha provisto para nuestra protección. Lo primero que debes entender acerca de la protección divina, es que nuestro rol no es pasivo. Toma nota de cuántas veces se nos ordena tener un papel activo:

> «Por lo demás, hermanos míos, *fortaleceos* en el Señor, y en el poder de su fuerza. *Vestíos* de toda la armadura de Dios, para que *podáis estar firmes* contra las asechanzas del diablo. Porque no tenemos lucha contra sangre y carne, sino contra principados, contra potestades, contra los gobernadores de las tinieblas de este siglo, contra huestes espirituales de maldad en las regiones celestes. Por tanto, *tomad* toda la armadura de Dios, para que podáis *resistir* en el día malo, y habiendo acabado todo, *estar firmes*» (versículos 10-13, énfasis añadido).

Puede que te preguntes: «si mi posición en Cristo es segura y encuentro en Él mi protección, ¿por qué tengo que involucrarme activamente? ¿No puedo descansar en su protección?» Es como si un soldado dijera: «nuestro país es una importante potencia militar. Tenemos los tanques, aviones, misiles y barcos más avanzados del mundo. ¿Por qué tengo que usar casco, montar guardia o aprender a disparar un arma? Es mucho más cómodo permanecer en el campo mientras los tanques y aviones pelean la guerra». Cuando los soldados enemigos se infiltran, adivina ¿cuál va a ser el primer soldado que será tomado prisionero?

Nuestro «comandante» ha suministrado todo lo que necesitamos para mantenernos victoriosos sobre las perversas fuerzas de las tinieblas. Pero él dice: «He preparado una estrategia ganadora y diseñé armas eficaces. Pero si no haces tu parte manteniéndote activamente en tu puesto, probablemente llegarás a ser una víctima de la guerra». En su clásico *War on the Saints*, Jessie Penn-Lewis afirma: «La condición principal para la influencia de los malos espíritus en un ser humano, aparte del pecado, es la pasividad. Algo totalmente opuesto a la condición que Dios impone a sus hijos para que Él pueda obrar en ellos»[1]. No puedes esperar que Dios te proteja de las influencias demoníacas si no tomas parte activa en la estrategia que Él preparó.

Un ejemplo del papel activo que necesitamos ejercer, es nuestra respuesta a los ataques espirituales nocturnos; como por ejemplo, despertar repentinamente con la sensación de opresión y terror. Los ataques me han ocurrido unas cuantas veces, generalmente en conexión con importantes ministerios. Sin embargo, no son experiencias aterradoras para mí ahora y tampoco deben serlo para ti. Juan promete: «*...mayor es el que está en vosotros, que el que está en el mundo*» (1 Juan 4:4). Tú tienes autoridad sobre la actividad de Satanás y tienes la armadura de Dios que te protege. Cuando Satanás ataque, «*...fortaleceos en el Señor, y en el poder de su fuerza*» (Efesios 6:10). Colócate conscientemente en las manos del Señor, resiste al diablo y vuelve a tu sueño.

Por favor, no supongas que cada vez que despiertas en la noche estas siendo atacado. Quizás despiertes debido a lo que comiste, por un ruido en la casa o simplemente como un hecho natural. Pero si te sobrevienen ataques espirituales como los mencionados, recuerda que no ocurren necesariamente porque estés haciendo algo malo. No es pecado ser atacado. Quizás sufras la oposición espiritual porque haces algo *bueno*. En efecto, si no sufres oposición espiritual en tu ministerio, es posible que Satanás no te vea como una amenaza para sus planes.

Vestido para la batalla

Puesto que estamos en una batalla espiritual, Pablo prefirió explicar nuestra protección en Cristo usando la imagen de una armadura:

> Estad, pues, firmes, ceñidos vuestros lomos con la verdad, y vestidos con la coraza de justicia, y calzados los pies con el apresto del evangelio de la paz. Sobre todo, tomad el escudo de la fe, con que podáis apagar todos los dardos de fuego del maligno. Y tomad el yelmo de la salvación, y la espada del Espíritu, que es la palabra de Dios (Efesios 6:14-17).

Cuando nos ponemos la armadura de Dios, nos vestimos las armas de luz, del Señor Jesucristo (Romanos 13:12-14). Cuando nos vestimos de Cristo, salimos del ámbito de la carne, donde somos vulnerables a los ataques. Satanás nada tiene en Cristo (Juan 14:30) y en la medida que nos vistamos de Cristo, el malo no puede tocarnos (1 Juan 5:18). Él sólo puede tocar lo que está a su mismo nivel. Por eso se nos ordena: «...*no proveáis para los deseos de la carne*» (Romanos 13:14), porque le daría oportunidad al diablo para atacar.

La armadura ya la tienes puesta

De acuerdo a los tiempos verbales que leemos en Efesios 6:1,15, podemos notar que la armadura ya la tenemos puesta: *ceñidos, vestidos* y *calzados*. Estas partes de la armadura representan los elementos de protección puestos a tu disposición cuando recibiste a Cristo y se te ordena estar firme en ellos. El tiempo verbal indica una acción que se completó antes de que se te ordenara estar firme. La forma lógica de la preparación de un soldado para la acción es: ponerse el cinto, la coraza y el calzado antes de intentar estar firme. De igual manera, debemos ponernos toda la armadura de Dios después de vestirnos de Cristo.

El cinto de la verdad. «Yo soy la verdad» (Juan 14:6). Puesto que Cristo está en ti, la verdad está en ti. El cinto de la verdad es nuestra defensa contra el arma principal de Satanás que es el engaño. «*...cuando habla mentira, de suyo habla; porque es mentiroso, y padre de mentiras*» (Juan 8:44). El cinto de la verdad (que mantiene en su lugar las demás partes de la armadura) está bajo continuo ataque.

Creo que la mentira es el problema social número uno en nuestro país. Resulta irónico que la mayoría de las personas mientan para protegerse. Pero Pablo dice que la verdad es nuestra primera línea de defensa. La verdad nunca es enemiga: es un amigo liberador. Enfrentar la verdad es el primer paso en todo programa de recuperación. Tienes que hablar la verdad en amor (Efesios 4:15) si quieres vivir libre en Cristo y tener una relación significativa.

La única cosa que un cristiano tiene que reconocer es la verdad. Si te viene un pensamiento a la mente que no esté en armonía con la verdad de Dios, deséchalo. Si se te ofrece la oportunidad de decir o hacer algo que te pone en conflicto con la verdad, deséchalo. Adopta una sencilla regla de vida: Si es la verdad, estoy con ella; si no es la verdad, no cuentes conmigo.

Jesús oró: «*No ruego que los quites del mundo, sino que los guardes del mal*» (Juan 17:15). ¿Cómo? «*Santifícalos en la verdad; tu palabra es la verdad*» (v. 17). Vences al padre de mentiras con la revelación divina, no con el razonamiento o la investigación humana.

La coraza de justicia. Cuando te vestiste de Cristo con la salvación, fuiste justificado ante nuestro Dios Santo (Romanos 5:1). No es tu justicia, sino la de Cristo (1 Corintios 1:30; Filipenses 3:8, 9). Ponerse la coraza de justicia es tu defensa contra el acusador de los hermanos. Así, cuando Satanás te lanza una flecha diciendo: «No eres suficientemente bueno para ser cristiano», puedes responderle como Pablo: «*¿Quién acusará a los escogidos de Dios? Dios es el que justifica*» (Romanos 8:33).

Aun cuando estemos en nuestra posición justa en Cristo, debemos estar conscientes de cualquier hecho de injusticia. Somos santos pecadores. Vestirnos las armas de luz significa que andamos en la luz como él está en luz (1 Juan 1:6-8). Andar en la luz no es perfección sin pecado. Significa vivir continuamente de acuerdo con Dios. Es parte de nuestro proceso de crecimiento. «*Si confesamos nuestros pecados, él es fiel y justo para perdonar nuestros pecados, y limpiarnos de toda maldad*» (1 Juan 1:9). La confesión no consiste en decir «lo siento». Muchas personas lo sienten, pero generalmente porque han sido sorprendidas y aun entonces solo reconocerán tan poco como les sea posible. Confesar (*homologueo* en griego) significa reconocer o estar de acuerdo. Es muy similar al concepto de andar en la luz. Confesar significa decir: «yo lo hice», en el momento que te das cuenta que has hecho algo incorrecto. Ocultar algo es lo mismo que andar en tinieblas.

Puedes andar en la luz porque ya has sido perdonado. Has sido hecho justicia de Dios en Cristo (2 Corintios 5:21). Tu relación con Dios y tu destino eterno no están en juego cuando pecas; solo tu victoria cotidiana. Tu confesión de pecado despeja el camino para la expresión fructífera de la justicia en tu diario vivir. Debiéramos ser como Pablo, que dijo: "...procuro siempre tener una conciencia sin ofensa ante Dios y ante los hombres» (Hechos 24:16).

El calzado de la paz. Cuando recibes a Cristo te unes con el Príncipe de paz. En su posición tienes paz con Dios ahora mismo (Romanos 5:1), pero la paz de Cristo debe reinar en tu corazón y eso solo es posible cuando dejas que la palabra de Cristo more en ti en abundancia (Colosenses 3:15,16).

El calzado de paz es la protección contra las maquinaciones divisivas del diablo cuando actúas como pacificador entre los creyentes (Romanos 14:19). Los pacificadores reúnen a las personas. Los pacificadores estimulan la comunión y tienen un ministerio de reconciliación. Entiende que la comunión y la unidad en el cuerpo de Cristo se basan en una herencia común. Los verdaderos creyentes son hijos de Dios y eso es suficiente para reunirnos en paz. Si esperas coincidir en cada punto de doctrina para recibir a alguien, serás el cristiano más solitario del mundo. Debemos ser «solícitos en guardar la unidad del Espíritu en el vínculo de la paz» (Efesios 4:3). «Bienaventurados los pacificadores, porque ellos serán llamados hijos de Dios» (Mateo 5:9). Tenemos la promesa de que «Y el Dios de paz aplastará en breve a Satanás bajo vuestros pies...» (Romanos 16:20).

El resto de la armadura

Pablo menciona otras tres piezas de la armadura que debemos ponernos para protegernos de los ataques de Satanás: el escudo de la fe, el yelmo de la salvación y la espada del Espíritu, que es la Palabra de Dios. Las primeras tres quedan puestas debido a nuestra posición en Cristo; las últimas tres nos ayudan a seguir victoriosos en la batalla.

El escudo de la fe. El objeto de nuestra fe es Dios y su Palabra. Mientras mejor conoces a Dios y su Palabra, más fe tendrás. Mientras menos les conozcas, menor será tu escudo y más fácil que los dardos de fuego de Satanás te alcancen. Si quieres que tu escudo de la fe sea mayor y mejore tu protección, tu conocimiento de Dios y su Palabra debe crecer (Romanos 10:17).

Los dardos encendidos de Satanás, no son otra cosa que mentiras candentes, acusaciones quemantes y tentaciones ardientes que bombardean nuestra mente. Cuando quiera que disciernes un pensamiento engañoso, una acusación o una tentación, compáralo con la verdad que conoces acerca de Dios y su Palabra. ¿Qué hizo Jesús para desviar los dardos satánicos de la tentación? Se escudó en afirmaciones de la Palabra de Dios. Cada vez que memorizas un versículo de la Biblia, escuchas un sermón o participas en un estudio bíblico, aumentas tu conocimiento de Dios y amplías tu escudo de la fe.

Yelmo de la salvación. Si tu escudo de la fe está un poco oxidado y la victoria cotidiana es escurridiza, confía en que el yelmo de la salvación te garantiza la victoria eterna. En la metáfora de la armadura, el yelmo asegura la protección de la parte más importante de tu anatomía: la mente, donde se ganan o se pierden las batallas. Cuando luchas con el mundo, la carne y el diablo diariamente, ponte firme sabiendo que tu salvación no se basa en tus buenas obras, sino en las buenas obras de Cristo. Tú eres un hijo de Dios y nada te puede apartar del amor de Cristo (Romanos 8:35).

La tentación es que mientras dura el ataque dudemos de nuestra salvación. Pero el guerrero cristiano usa el yelmo de la salvación puesto que es el receptor y poseedor de la liberación, vestido y armado con la victoria de su Jefe, Jesucristo. Puesto que estamos unidos al Señor Jesucristo, el diablo no tiene derecho alguno sobre nosotros, porque Cristo *«el cual nos ha librado de la potestad de las tinieblas, y trasladado al reino de su amado Hijo»* (Colosenses 1:13). Debes estar seguro de tu salvación. *«El Espíritu mismo da testimonio a nuestro espíritu, de que somos hijos de Dios»* (Romanos 8:16).

La Espada del Espíritu. La Palabra de Dios es la única arma ofensiva en la armadura de Dios. Pablo usa *rema* en vez de *logos* en Efesios 6:17 porque quiere enfatizar la palabra hablada de Dios. Hay solo una Palabra de Dios, pero la palabra griega *rema* lleva consigo la idea de proclamación. Por ejemplo, Pablo dice en Romanos 10:17: «*Así que la fe es por el oír, y el oír, por la Palabra (rhema) de Dios*». Es apropiado usar *rema* en este contexto porque el énfasis está sobre la predicación y el oír las buenas nuevas.

Nuestra defensa contra los ataques directos del diablo es hablar en voz alta la verdad de Dios. ¿Por qué es tan importante hablar la Palabra de Dios, además de creerla y pensar en ella? Porque Satanás no es omnisciente y no sabe en forma perfecta qué piensas. Al observarte, puede decir muy bien lo que piensas, de la misma manera que una persona que estudia la conducta humana puede hacerlo. Pero no sabe lo que vas a hacer antes que lo hagas. Si prestas atención a un espíritu engañador (1 Timoteo 4:1), él pone pensamientos en tu mente y sabrá si has adoptado su mentira por la forma que te comportas. No le cuesta decir lo que piensas si él te ha dado los pensamientos.

Si has leído este libro, yo he puesto pensamientos en tu mente. Pero no puedo leer tus pensamientos. En forma similar, Satanás puede tratar de influir poniendo pensamientos en tu mente, pero no puede leer perfectamente tus pensamientos. Acreditas demasiado poder a Satanás, si piensas que él puede leer perfectamente tu mente y que puede leer el futuro. Toda práctica ocultista pretende leer la mente (o influirla) o predecir el futuro. Pero solo Dios conoce los pensamientos e intenciones de tu mente; solamente él conoce el futuro. Nunca debes otorgar a Satanás los atributos de Dios.

Puedes comunicarte silenciosamente con Dios porque él conoce los pensamientos e intenciones de tu corazón (Hebreos 4:12). Puedes tener una comunión sin palabras con tu Padre celestial. Sin embargo, si quedas bajo los ataques directos de Satanás, por ejemplo, en tu habitación por las noches, necesitarás ejercer la autoridad que tienes en Cristo hablando en voz alta; puesto que el diablo no tiene el poder de conocer en forma completa tus pensamientos. La buena noticia es que la mayoría de los ataques de Satanás ocurren por la noche y cuando estás solo, de modo que resistir verbalmente a Satanás no será un espectáculo público.

Pablo dice: «*Porque con el corazón se cree para justicia, pero con la boca se confiesa para salvación*» (Romanos 10:10). Puesto que conoces tus pensamientos y Dios también los conoce, ¿por qué entonces la confesión verbal tiene como resultado la salvación? Parece que Pablo dice que la fe salvadora no se ha perfeccionado mientras no se ejerce, pero podría también dar a entender la necesidad que el dios de este siglo tiene de oír cuál es nuestra dedicación.

En las conferencias que he dirigido, he preguntado al público: «¿Cuántos de ustedes han despertado repentinamente por las noches con una abrumadora sensación de terror? Pueden haber sentido opresión en el pecho o algo que aprieta su garganta. Tratan de decir palabra, pero no pueden expresar nada». Nunca he visto que menos de un tercio levante la mano, reconociendo que ha sufrido ataques espirituales de esta índole.

Si parece que no podemos hablar, ¿cómo resolvemos este tipo de ataque? En primer lugar, resistir el ataque no requiere esfuerzo físico de nuestra parte, porque las armas de nuestra milicia no son carnales, sino poderosas en Dios para destrucción de fortalezas (2 Corintios 10:4). La respuesta carnal inicial contra tales ataques es generalmente el temor, pero no el temor de Dios. Tratar de salir de ello por ti mismo, pero las posibilidades son de que permanecerás allí retorciéndote por un momento. En segundo lugar, toma nota de la orden de las Escrituras en Santiago: «*Someteos, pues, a Dios; resistid al diablo, y huirá de vosotros*» (4:7). Siempre puedes volverte a Dios de todo corazón y con toda tu mente, porque tu Padre celestial es omnisciente y Él conoce tu corazón y tus pensamientos. En el momento que invocas el nombre del Señor, estas libre para resistir al diablo. Todo lo que tienes que decir es «Jesús».

El poder protector de la oración

La madre de uno de mis estudiantes del seminario era psíquica y en una oportunidad le preguntó a su hijo:

—¿Has estado orando por mí?

—Por supuesto, mamá.

—No lo hagas —insistió ella— porque está perturbando mi aura.

—Sigue orando —dije yo.

Quizás no sepamos los efectos de nuestras oraciones, pero sabemos que Dios incluye nuestras oraciones como parte de su estrategia para el establecimiento de su reino. Estaba aconsejando a un hombre que profesaba ser sumo sacerdote en los escalones más altos del satanismo. Su conversión es una de las más dramáticas que me ha tocado ver. Seis meses después de confiar en Cristo, dio testimonio en nuestra iglesia. Entonces le pregunté:

—Sobre la base de su experiencia «del otro lado», ¿cuál es la principal línea de defensa del cristiano contra la influencia demoníaca?

—La oración —respondió sin vacilar—. Y cuando oras, que sea de verdad. La oración ferviente frustra la actividad satánica más que cualquier otro recurso.

¿Qué es la oración? Es la comunicación con Dios. Dios sabe lo que necesitamos en nuestra batalla con los poderes de las tinieblas y él está más dispuesto a salvarnos y a enfrentar nuestra necesidad que nosotros a pedir. Nuestra actitud en oración debiera ser: «Tú eres el Señor, no yo. Tú sabes lo que es mejor, yo no. No te estoy diciendo lo que debes hacer. Soy enteramente dependiente de ti».

Después de ordenar que nos vistamos con la armadura que Dios ha provisto, Pablo escribe: «*orando en todo tiempo con toda oración y súplica en el Espíritu, y velando en ello con toda perseverancia y súplica por todos los santos*» (Efesios 6:18). Necesitamos ser guiados por el Espíritu en nuestras oraciones, porque sin Dios realmente no sabemos qué pedir ni cómo orar. «*Y de igual manera el Espíritu nos ayuda en nuestra debilidad; pues qué hemos de pedir como conviene, no lo sabemos, pero el Espíritu mismo intercede por nosotros con gemidos indecibles*» (Romanos 8:26). La palabra «ayuda» (*sunantilambano*) en este versículo describe en forma hermosa cómo el Espíritu se pone a nuestro lado, nos levanta y nos lleva ante el trono de la gracia. La oración en el Espíritu nos ayuda a salvar el abismo de la necesidad que no sabemos cruzar. Toda oración que Dios el Espíritu Santo nos inspira, es una oración que Dios nuestro Padre celestial siempre responde.

Oremos por vista espiritual

Hay diversas necesidades específicas que debiéramos considerar como objetivos para la oración en nuestra guerra espiritual. Una necesidad tiene que ver con la condición de ceguera que Satanás ha infligido a los incrédulos (2 Corintios 4:3, 4). Una persona no puede venir a Cristo a menos que sus ojos espirituales sean abiertos. Teodoro Epp escribe: «Si Satanás ha cegado y encadenado a hombres y mujeres, ¿cómo podemos ver almas salvadas? Este es el punto en que tú y yo entramos en el cuadro. Saquear al hombre fuerte tiene que ver con liberar a quienes Satanás ha cegado y mantiene encadenados... Aquí es donde interviene la oración».[2]

La oración es el arma fundamental para combatir la ceguera espiritual. El apóstol Juan escribe: «*Y esta es la confianza que tenemos en él, que si pedimos alguna cosa conforme a su voluntad, él nos oye. Y si sabemos que él nos oye en cualquiera cosa que pidamos, sabemos que tenemos las peticiones que le hayamos hecho*» (1 Juan 5:14, 15). Entonces Él inmediatamente llama a los creyentes a que apliquen el principio de pedir a Dios que dé vida a los incrédulos (v. 16). Nuestra estrategia de evangelización debe incluir la oración con autoridad para que la luz de Dios penetre a través de la ceguera provocada por Satanás.

Además, necesitamos orar como Pablo en Efesios 1:18, 19, que los ojos de los creyentes puedan ser iluminados para entender el poder, la autoridad y protección espiritual que constituyen nuestra herencia en Cristo. En la medida que Satanás pueda mantenernos en las tinieblas respecto de nuestra posición y autoridad en Cristo, puede mantenernos atascados en nuestro crecimiento y puede lograr que nuestro testimonio y ministerio carezcan de eficacia. Necesitamos orar mutuamente en forma continua para que la cortina de humo de Satanás se disipe y así nuestra visión sea clara como el cristal.

Atemos al hombre fuerte

Otro objetivo de la oración con autoridad es el «hombre fuerte» mencionado en Mateo 12:29. Jesús dijo, refiriéndose a Satanás y sus demonios: «*Porque ¿cómo puede alguno entrar en la casa del hombre* fuerte, *y saquear sus bienes, si primero no le ata? Y entonces podrá saquear su casa»*. Lo que dice es que no puedes rescatar a una persona de los lazos de la ceguera espiritual o de la influencia demoníaca si primero no vences a sus captores. El poder de Satanás ya está quebrantado, pero no dejará escapar a quienes piensa que puede retener, a menos que ejerzamos la autoridad que nos fue delegada por el Señor Jesucristo.

Cuando oramos, no estamos tratando de persuadir a Dios que se una a nosotros en nuestro servicio a él. La oración es la actividad en que nosotros nos unimos a *Su* ministerio. Por la fe podemos apropiarnos de los bienes que están en las garras de Satanás y que en derecho pertenecen a Dios. Seguimos en ello hasta que Satanás los suelta. C. Fred Dickason, que enseñó teología sistemática en el Instituto Bíblico Moody durante varios años, nos da algunas útiles sugerencias sobre el modo de orar por alguien que es hostigado por los demonios:

1. Orar para que los demonios interrumpan toda comunicación y ayuda de parte de otros demonios y de Satanás.

2. Orar para que los demonios sean confundidos y debilitados en su influencia sobre las personas.

3. Orar que las personas sean fortalecidas en la fe y entiendan su posición en Cristo, confíen y obedezcan la Palabra de Dios.

4. Orar que la persona pueda distinguir entre sus pensamientos, sentimientos y los de Satanás.

5. Orar para que la persona pueda reconocer la presencia demoníaca, no se confunda y esté dispuesta a buscar consejo y ayuda espiritual.

6. Orar para que Dios proteja y guíe a su hijo, y ponga las fuerzas angelicales en acción para derribar toda maquinación del enemigo.[3]

Hace varios años una experiencia personal me hizo entender la importancia del poder de la oración al tratar a las personas que están en las garras del maligno. En aquel tiempo pertenecía al personal de una gran iglesia. Al regresar del almuerzo me encontré con varias de nuestras secretarias y empleados tomando café y charlando en la sala al lado de la oficina de la iglesia. En el otro extremo del salón había un hombre alto de unos veinticinco años, totalmente desconocido para mí, que de pie junto a una pizarra escribía con letras pequeñas y luego las borraba.

—¿Quién es? —pregunté a mis compañeros.

—No sabemos; acaba de entrar.

Sorprendido de que nadie hubiera recibido al hombre, me acerqué y le dije:

—Hola; me llamo Neil, ¿puedo servirle en algo?

—Ah, no sé —respondió, casi ausente mientras dejaba la tiza. Tenía el aspecto como si su mente hubiera sido estropeada por las drogas, así que decidí llevarlo fuera del edificio para conversar un rato con él. Descubrí que se llamaba Guillermo y que trabajaba en un lavadero de autos. Lo invité a asistir a la iglesia y después de conversar una hora, se fue.

Dos días después Guillermo regresó y conversamos algo más. Dos semanas después, un domingo por la tarde me preparaba para el servicio de la noche en mi oficina cuando sonó mi intercomunicador:

—Hay alguien llamado Guillermo que quiere verle.

—Déjelo pasar —respondí.

En realidad no tenía mucho tiempo para atender a Guillermo, pero no quería ignorarlo. Entonces fui directo al grano. .

—Me alegro de verle, Guillermo —comencé a decir—. ¿Puedo hacerle una pregunta personal?

Guillermo asintió.

—¿Ha confiado usted en Cristo como su Salvador y Señor?

—No.

—¿Le gustaría hacerlo?

—No sé —contestó Guillermo con una expresión de confusión.

Tomé un folleto de evangelización y lo leímos juntos.

—¿Entiende esto, Guillermo?

—Sí.

—¿Le gustaría hacer esa decisión por Cristo ahora mismo?

—Sí.

No estaba seguro que pudiera leer, así que le dije:

—Haré una sencilla oración de entrega y usted la repetirá frase por frase, ¿entiende?

—Sí.

—Señor Jesús, te necesito —comencé.

—Seee...See... —comenzó a responder y luego se quedó en silencio. Se podía sentir un ambiente opresivo en la habitación.

—Guillermo, hay una batalla por su mente —le dije—. Voy a leer unos versículos de la Biblia y oraré por usted en voz alta. Ataré al enemigo y lo asaltaremos. Tan pronto como pueda, dígale a Jesús lo que usted cree.

Sus ojos confirmaban que la batalla estaba rugiendo. Comencé a leer la Biblia y a orar en voz alta cada oración que podía pensar. Yo todavía era nuevo en el enfrentamiento con los poderes demoníacos en aquel tiempo así que trataba lo que podía.

Después de 15 minutos de oración y de lecturas bíblicas, Guillermo de repente murmuró:

—Señor Jesús, te necesito.

Luego se derrumbó en su silla como si hubiera peleado diez asaltos con el campeón mundial de peso pesado. Me miró con los ojos llenos de lágrimas y dijo:

—Estoy libre.

Yo nunca había usado la palabra «libertad» con él; esa fue su expresión. Pero sabía que estaba libre y yo podía verlo.

La comprensión de la naturaleza espiritual de nuestro mundo debe tener un efecto profundo en nuestra estrategia de evangelización. Con demasiada frecuencia proclamamos las virtudes del cristianismo ante los inconversos de manera que una persona desde el exterior de una cárcel proclamara a los internos los beneficios de vivir en libertad. Pero si alguien no domina a los guardias y abre las rejas, ¿cómo podrían los presos gozar de la libertad de la que hablamos?

En cuanto a los perdidos, hay cuatro cosas por las que debes orar. Primero, los campos están blancos para la siega, debemos orar pidiendo obreros (Mateo 9:37, 38). Pablo pregunta: «¿Y cómo oirán sin haber quién les predique?» (Romanos 10:14). Pídale a Dios que envíe a alguien que les comunique las buenas nuevas. Segundo, los perdidos están muertos en sus delitos y pecados, y Jesús vino para darles vida (Juan 10:110). Ore para que Dios les dé vida (1 Juan 5:16). Tercero, ore contra los pensamientos que se levantan contra el conocimiento de Dios y para que Satanás sea atado. Finalmente, ore para que los ojos de los perdidos se abran a la verdad y sean liberados en Cristo.

Segunda Parte

¡PERMANECE FIRME!

Manipulación
de espíritus

Conocí a Sharon Beekmann en una de mis conferencias. Desde hacía varios años ella era consejera profesional licenciada y llevaba una vida relativamente normal. Estaba casada, tenía un hijo y vivía cómodamente en unas lomas suburbanas de Denver. Sin embargo, tenía un vacío espiritual en su vida. Lamentablemente se sintió atraída por la Nueva Era y durante siete años se preparó para ser un canal para los espíritus guiadores. Llegó a ser médium, lo que terminó con su matrimonio y su estilo de vida comenzó a deteriorarse.

Finalmente llegó a la conclusión que había perdido la mente. Ya no quería ser el canal para las voces que le llenaban la cabeza y cuando ella no les hacía caso, los «amistosos» espíritus guiadores se volvían en su contra. Esto la llevó a estar limitada en su casa e incapaz de ejercer sus actividades. De alguna manera, se dio cuenta de que la única forma de liberarse de esas voces era conocer a Cristo. La historia de Sharon, en su libro *Enticed by the Light* (Atraída por la luz, Zondervan), refleja tristemente, a la iglesia en los Estados Unidos.

Sharon, no pudo encontrar una iglesia que la ayudara y guiara a conocer a Cristo. Después de escuchar su historia, un pastor le dijo que no se sentiría muy cómoda en su congregación. Finalmente encontró un buen pastor evangélico que la condujo al Señor, pero no sabía cómo ayudarla a resolver los conflictos espirituales que la seguían afectando. Encontró otra iglesia que se especializaba en la guerra espiritual, los que trabajaron con ella por dos años, invocaban los espíritus y conversaban con ellos mientras trataban de ejercer autoridad sobre ellos. Aparentemente la dejaban por un tiempo, pero no había una solución completa.

Llegó el día en que Sharon se dio cuenta que estos bien intencionados consejeros cristianos solo estaban manipulando los espíritus, lo mismo que ella trataba de hacer como espiritista o médium, aunque con diferentes propósitos. Poco después asistió a mi conferencia y aprendió un enfoque completamente diferente para la solución de los conflictos personales y espirituales. Tuve el privilegio de escribir el prólogo de su libro.

No muchas iglesias están preparadas para ayudar a personas como Sharon. Como resultado, el increíble progreso del movimiento de la Nueva Era puede dejar a muchas personas esclavizadas al dios de este siglo.

La autoridad rebelde

Dios originalmente le dio a Adán, dominio sobre las aves del cielo, las bestias del campo, los peces del mar y sobre toda la tierra (Génesis 1:26). Pero Adán perdió su posición de autoridad cuando pecó y Satanás se convirtió en el rebelde poseedor de la autoridad a quien Jesús se refiere como el «príncipe de este mundo» (Juan 12:31; 14:30; 16:11). Durante la tentación de Jesús, el diablo le ofreció «...*todos los reinos del mundo, y la gloria de ellos*» (Mateo 4:8) a cambio de su adoración. Satanás dijo que la tierra le había sido entregada y se la daba a quien él quisiera (Lucas 4:6). Asumió la autoridad cuando Adán abdicó al dominio de la creación de Dios en su caída. Satanás reinó desde la caída de Adán hasta la cruz. La muerte, resurrección y ascensión de Cristo otorgaron la autoridad final a Jesús (Mateo 28:18). Esa misma autoridad la extendió a todos los creyentes en la Gran comisión, de modo que ellos pudieran continuar su obra destruyendo las obras del diablo (1 Juan 3:8).

Todos nacimos espiritualmente muertos y sometidos al príncipe de este siglo a quien Pablo llama «Príncipe de la potestad del aire» (Efesios 2:2). Pero cuando recibimos a Cristo, Dios «nos libró del reino de las tinieblas y nos trasladó al reino de su amado Hijo (Colosenses 1:13). Nuestra ciudadanía en la tierra, fue cambiada a los cielos (Filipenses 3;20). Satanás es el príncipe de este mundo, pero ya no es nuestro príncipe, porque Cristo es nuestro Señor.

Pero mientras estemos en la tierra, seguimos estando en el territorio de Satanás. Él tratará de gobernar nuestra vida engañándonos, para que creamos que todavía estamos bajo su autoridad. Como extranjeros en un mundo hostil, necesitamos protección del tirano maligno. Cristo no solo nos suministra protección sino que en Él tenemos autoridad sobre el reino de las tinieblas. Además, tenemos el Espíritu Santo que mora en nosotros, el Espíritu de verdad (Juan 14:17), quien nos guía a toda verdad (Juan 16:13)

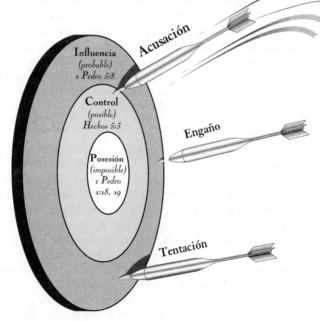

Grados de vulnerabilidad

Aun cuando estamos seguros en Cristo y tenemos toda la protección que necesitamos, seguimos siendo vulnerables a las acusaciones, tentaciones y engaños de Satanás (véase figura 7a). El hecho de que se nos haya ordenado ponernos toda la armadura de Dios, revela claramente que en algún grado somos vulnerables. Como consecuencia, es probable que todo creyente sea influido por el dios de este siglo. Puede lograr cierta medida de control sobre nuestra vida si somos engañados y creemos sus mentiras. He conocido una gran cantidad de creyentes que han sido casi paralizados por sus engaños. La opresión es tan abrumadora que algunos no pueden hacer una decisión, ni pueden llevar vidas responsables. Realmente *pueden* tomar decisiones, pero piensan que no pueden, de modo que no lo hacen.

No obstante, nunca está en juego la *posesión*. Pertenecemos a Dios y Satanás no puede tocar a los que están en Cristo. Podemos ser oprimidos por el demonio, pero siempre somos posesión del Espíritu Santo. En tanto vivimos en nuestros cuerpos naturales en este mundo caído, somos objetivo para los dardos de fuego de Satanás. La respuesta no es esconder nuestra cabeza en la arena como los avestruces, porque si lo hacemos, estaremos dejando completamente expuesta nuestra vulnerabilidad.

Las potestades

La creencia en un diablo personal siempre ha sido parte del credo de la iglesia. Esto no quiere decir que cada persona tiene su propio diablo personal, sino que el diablo es un personaje real y no solo una fuerza impersonal. La tendencia en nuestra cultura es despersonalizarlo. Es frecuente oír que alguien dice de otro: «tiene su propio demonio». No se dice en forma literal, pero significa que tienen sus propios problemas. Muchos cristianos que creen en el diablo se avergüenzan de creer que los demonios están presentes en el mundo. Entonces, ¿cómo piensas que llevan a cabo su ministerio mundial del mal y de engaño? Satanás es un ser creado. No es omnipresente, omnisciente ni omnipotente. No puede estar en todo lugar para tentar y engañar a millones de personas al mismo tiempo. Lo hace por medio de un ejército de emisarios (demonios o ángeles caídos) que propagan sus mentiras alrededor del mundo.

Tanto el no creer en la actividad demoníaca como tener un temor desorbitado a los demonios, ninguno de los extremos es sano. En las *Cartas a un diablo novato*, C. S. Lewis escribe: «hay dos errores iguales aunque opuestos en que nuestra raza cae respecto de los demonios. Uno es no creer en su existencia, el otro es creer y sentir por ellos un interés insano. Ellos se sienten igualmente complacidos por ambos errores y celebran a un materialista y a un mago con la misma complacencia». [1]

Pablo da la descripción más completa de la jerarquía demoníaca en Efesios 6:12: «*Porque no tenemos lucha contra sangre y carne, sino contra principados, contra potestades, contra los gobernadores de las tinieblas de este siglo, contra huestes espirituales de maldad en las regiones celestes*». Algunas personas alegan que los «principados» y «potestades» mencionados en este versículo se refieren a las impías estructuras humanas de autoridad y no a una jerarquía de demonios bajo el liderazgo de Satanás. Algunas referencias a principados y potestades en las Escrituras designan a autoridades humanas (Lucas 12:11; Hechos 4:26). Sin embargo, en las Epístolas de Pablo estas expresiones se utilizan con referencia a las fuerzas sobrenaturales (Romanos 8:38, 39; Colosenses 1:16; 2:15). El contexto de Efesios 6:12 deja en claro que los principados, potestades y poderes que se nos oponen son entidades espirituales en los lugares celestiales, esto es en el mundo espiritual (Para un tratamiento a gran nivel del tema, leer *Powers of the Darkness* por el doctor Clinton Arnold, que tiene como subtítulo *Principalities and Powers in Paul Letters*, publicado por InterVarsity Press).

La personalidad de los demonios

La Biblia no intenta probar la existencia de los demonios así como no intenta demostrar la existencia de Dios. Simplemente informa de sus actividades asumiendo que sus lectores aceptan su existencia. Los padres de la iglesia tampoco tienen problemas con la realidad y personalidad de los demonios. Orígenes escribe:

«Acerca del diablo, sus ángeles y las fuerzas oposi-
toras, la enseñanza eclesiástica sostiene que tales seres
existen; pero no se explica con suficiente claridad lo
que son o cómo existen. Sin embargo, la siguiente
opinión la sostiene la mayoría: que un demonio era
un ángel, que habiendo apostado persuadió a cuan-
tos ángeles le fue posible que cayeran con él; y estos,
aun en el presente, los llama sus ángeles».[2]

Lucas nos da una interesante visión de la personalidad e indi-
vidualidad de los espíritus malignos. Después de expulsar al demonio que tenía mudo al hombre, sus detractores lo acusaron de
expulsar demonios por el poder de Beelzebú, príncipe de los demonios (Lucas 11:15). Durante la discusión que siguió acerca de los
demonios, Jesús dijo:

«Cuando el espíritu inmundo sale del hombre,
anda por lugares secos, buscando reposo; y no ha-
llándolo, dice: Volveré a mi casa de donde salí. Y
cuando llega, la halla barrida y adornada. Entonces
va, y toma otros siete espíritus peores que él; y entra-
dos, moran allí; y el postrer estado de aquel hombre
viene a ser peor que el primero» (Lucas 11:24-26).

De este pasaje podemos recoger varios puntos de información
acerca de los malos espíritus:

1. *Los demonios existen fuera o dentro de los seres humanos.*
Los demonios parecen ser espíritus que encuentran una medida
de reposo en los seres orgánicos y prefieren aun a los cerdos antes
que la nada (Marcos 5:12). Estos Espíritus pueden adquirir derechos territoriales y asociarse con ciertas regiones geográficas que
han utilizado para los propósitos satánicos.

2. *Pueden viajar según su voluntad.* Como entidades espirituales, los demonios no están sujetos a las barreras del mundo natural. Las paredes del edificio de tu iglesia no establecen una muralla

para la influencia satánica; solo la oración y la autoridad espiritual pueden hacerlo. Recuerda, el único santuario verdadero que tenemos, es nuestra posición en Cristo.

3. *Se pueden comunicar.* En Lucas 11 resulta obvio que los espíritus malignos se comunican entre sí. También pueden hablar a los hombres por medio de un sujeto humano, como lo hacían con el endemoniado gadareno (Mateo 8:28-34).Los casos extremos revelan su control sobre el sistema nervioso central. Un grado menor de control procede de haber prestado atención a espíritus engañadores (1 Timoteo 4:1).

4. *Cada uno tiene una identidad personal.* Nótese el uso del pronombre personal en Lucas 11: «...*volveré a mi casa de donde salí*» (v. 24). Estamos hablando de personalidades pensantes que se oponen a fuerzas impersonales. Por eso los métodos seculares de investigación no van a revelar su existencia. Solo nuestra revelación personal, es el único recurso de autoridad acerca de la realidad y personalidad de los espíritus malignos.

5. *Pueden recordar y hacer planes.* El hecho de que pueden dejar un lugar, regresar, recordar su estado anterior y hacer planes para retornar con otros, muestra la capacidad que tienen de pensar y planificar.

6. *Pueden evaluar y tomar decisiones.* El hecho que el espíritu maligno encuentra su objetivo humano «barrido y puesto en orden» (v. 25) indica claramente que pueden evaluar su víctima. Los demonios ganan acceso a nuestra vida a través de nuestros puntos de vulnerabilidad. Sin embargo, no debemos preocuparnos por lo que Satanás piensa de nosotros, sino por vivir de manera agradable a Dios (2 Corintios 5:9).

7. *Pueden combinar sus fuerzas.* En Lucas 11, un espíritu se unió a otros siete, haciendo el estado de su víctima peor que al principio. En el caso del endemoniado gadareno, el número de demonios reunidos para el mal formaba una «legión» (Marcos

5:9). He oído a muchas personas identificar una cantidad de voces diferentes en su mente, y los han descrito como un comité.

8. *Tienen grados de malignidad*. El primer demonio de Lucas 11 volvió con otros siete espíritus peores que él (v. 26). Jesús señala una diferencia en la malignidad de los espíritus cuando dice: «*Este género con nada puede salir sino con oración y ayuno*» (Marcos 9:29). El concepto de variación en poder y maldad concuerda con la jerarquía que Pablo pone en una lista en Efesios 6:12. Personalmente puedo dar testimonio de que algunos casos son más difíciles que otros.

Pero si te aferras de la verdad de Dios no tienes por qué tener miedo a Satanás y sus demonios. Su única arma es el engaño. Ireneo escribió: «El diablo... puede ir solamente hasta donde llega su alcance físico, como lo hizo al principio, para engañar y extraviar la mente del hombre hacia la desobediencia de los mandamientos de Dios y para oscurecer gradualmente lo que oye».[3] Si andas en la luz, no tienes por qué temer a las tinieblas.

Soportar el acoso del mal

¿Cómo interfieren en nuestra vida estos espíritus malignos? Permíteme que use una sencilla ilustración. Imagina que estás parado en un extremo de una estrecha calle con departamentos de dos pisos en ambos lados. En el otro extremo de la calle está Jesucristo y tu vida cristiana es el proceso de caminar a lo largo de la calle con tus ojos puestos en el autor y consumador de tu fe. En la calle nada hay en lo absoluto que te impida caminar hacia Jesús por fe en el poder del Espíritu Santo. Así, cuando recibes a Cristo puedes fijar tus ojos en él y comenzar a caminar.

Pero dado que este mundo es aún un dominio de Satanás, los departamentos a ambos lados de la calle están habitados por seres que tienen el compromiso de no dejarte llegar a tu meta. No tienen poder y autoridad para cerrar ni disminuir tu paso, así que se asoman a las ventanas y te llaman con la esperanza de distraer tu atención de tu meta e interrumpir tu avance. Alguno te tentará diciendo: «¡Eh! ¡Mira! Tengo algo que tú realmente necesitas. Tiene buen gusto, te hace sentir bien y es mucho más divertido que esa aburrida caminata por la calle. Ven a dar un vistazo».

Otros te acusarán diciendo: «¿Quién te crees que eres? Dios no te ama. Nunca llegarás a ser algo. Ciertamente no crees que tu eres salvo». Los emisarios de Satanás son maestros de las acusaciones, especialmente después que te han distraído por medio de una tentación. Primero dicen: «Prueba esto; no tiene nada de malo». Después que cedes, son prontos a decir: «Mira lo que hiciste. ¿Cómo puedes llamarte cristiano si te comportas de esa forma?» La acusación es una de las armas fundamentales de Satanás en sus esfuerzos por apartarte de tu objetivo.

Mientras vas por la calle otros te arrojan palabras como estas: «No es necesario que vayas a la iglesia hoy. No es importante orar y leer la Biblia cada día. Al final de cuentas lo de la Nueva Era no es tan malo». Eso es un engaño y es el arma más sutil y debilitadora de Satanás. Generalmente oirás estos mensajes en primera persona singular: «Yo no necesito ir a la iglesia, orar, leer mi Biblia hoy. Satanás sabe que te engañará más fácilmente si te hace pensar que las ideas son tuyas.

¿Cuál es el objetivo del enemigo cuando hace que sus demonios se burlen, te ridiculicen, te seduzcan y te cuestionen desde la ventana y las puertas que dan al camino que vas recorriendo? Quiere que disminuyas el paso, te detengas, te sientes y si es posible, que renuncies a seguir tu camino hacia Cristo. Quiere que dudes de tu capacidad de creer y servir a Dios. Recuerda: No tiene absolutamente ningún poder ni autoridad para evitar que progreses firmemente en tu caminar hacia Cristo. Tampoco puede volver a poseerte, porque has sido redimido por Jesucristo y estás en Cristo para siempre (1 Pedro 18, 19). Pero lo que sí puede hacer, es que escuches las ideas que siembra en tu mente. Puede influir sobre ti si le permites que influya por suficiente tiempo por medio de la tentación, la acusación y el engaño, puede lograr que detengas tu progreso.

El grado de libertad espiritual que tenemos como cristianos está en algún punto de la recta: En un extremo podemos encontrar al apóstol, cuya vida cristiana y ministerio fueron ejemplares a pesar de su batalla con el pecado y Satanás (Romanos 7:15-25; 2 Corintios 12:7-9), y en el otro extremo al endemoniado gadareno, que estaba completamente controlado por los demonios (Mateo 8:28-34). Nadie pierde el control para dejarlo en manos de Satanás de un momento a otro; es un proceso gradual de engaño y de ceder a su influencia sutil. Calculo que aproximadamente 15% de la comunidad evangélica lleva una vida libre y productiva en Cristo. Estos creyentes saben quiénes son en Cristo, tienen devocionarios significativos y llevan fruto. ¡Qué tragedia! Estar vivos y libres en Cristo es el derecho de nacimiento de *cada* hijo de Dios. No es necesario que llevemos una vida carnal, podemos vivir liberados en Cristo.

Tu lugar en la carrera

Hay tres caminos para responder a los asaltos y arpones que te lanzan desde las puertas y ventanas del segundo piso durante tu diario andar con Cristo. Dos de ellos son errados.

Primero, la mayoría de los cristianos espiritualmente derrotados son los que prestan atención a espíritus engañadores (1 Timoteo 4:1). Por su debilidad ceden ante las tentaciones y creen las mentiras y acusaciones. Estos cristianos están derrotados, simplemente porque han sido llevados a pensar que Dios no los ama, que nunca serán cristianos victoriosos o que son víctimas indefensas de su pasado. No hay razón por la que no puedan levantarse de inmediato y comiencen a caminar de nuevo, pero han creído una mentira, así que se quedan sentados en medio de la calle, derrotados.

La segunda respuesta es igualmente improductiva. Los cristianos tratan de razonar con los demonios: «No soy tan malo ni estúpido. Soy un cristiano victorioso. Eso no es verdad, rechazo esa mentira». Piensan que están peleando la buena batalla, pero en realidad, esos pensamientos negativos todavía los controlan y dirigen su agenda. Están parados en medio de la calle gritándoles a los demonios cuando debieran seguir avanzando. No hay diferencia si los pensamientos negativos o mentirosos vienen del mundo, la carne o el diablo. Porque nosotros llevamos *todo* pensamiento cautivo en obediencia a Cristo. No somos llamados a disipar las tinieblas sino a encender la luz.

La tercera respuesta es la siguiente: «Nosotros vencemos al mundo, la carne y el diablo al elegir la verdad. No debemos creer a los espíritus malignos, ni debemos dialogar con ellos. Se nos ordena no prestarles atención. Ante cada dardo de tentación, acusación o engaño que nos disparan, simplemente levantamos el escudo de la verdad, desviamos el ataque y seguimos avanzando. Ante cada mentira elegimos la verdad. A medida que lo hacemos, crecemos con cada paso.

Yo era profesor en la Escuela de Teología Talbot, cuando una estudiante me pidió una cita. Ella estaba investigando acerca del satanismo y me quería hacer unas preguntas. Respondí algunas de ellas, pero luego me detuve.

—Creo que no debieras investigar el satanismo —le dije.

—¿Por qué no? —preguntó ella.

—Porque no estás gozando de tu libertad en Cristo —respondí.

—¿Qué quiere decir con ello? —volvió a preguntar.

—Sospecho que luchas con tu clase de Biblia solo tratando de prestar atención. Además, sospecho que tu vida devocional y de oración prácticamente no existe. Estoy seguro que tu autoestima está muy baja en alguna parte y que probablemente tienes pensamientos suicidas —le dije.

Después de nuestra conversación le comentó a una amiga: «Ese hombre me leyó la mente». ¡Yo no leí su mente! He estado ayudando a personas por bastante tiempo de modo que puedo reconocer qué les pasa. Esa estudiante fue autorizada para tomar mi clase de nivel superior: *Cómo resolver conflictos personales y espirituales* ese verano y esto es lo que me escribió dos semanas después:

> «Lo que he descubierto esta última semana es este sentimiento de control. Siento que mi mente es mía. No me he sentado en esos períodos en que mi mente

está clavada en pensamientos y contemplaciones, esto es en conversaciones conmigo misma. Ahora mi mente se siente aquietada. Es un sentimiento realmente nuevo para mí. Mis emociones se han estabilizado. No me he sentido deprimida ni siquiera una vez esta semana. Mi voluntad me pertenece. Siento como que he podido decidir que mi vida permanezca en Cristo. Las Escrituras me parecen diferentes. Entiendo todo lo que dice y tengo una perspectiva completamente distinta. Siento que estoy sola porque ahora soy una sola persona.

Por primera vez, creo que realmente entiendo lo que significa ser cristiano, quién es Cristo y quién soy yo en Él. Me siento capaz de ayudar a otras personas y de manejarme. He sido dependiente a través de años, pero esta última semana no he tenido el mínimo sentimiento de necesidad por alguien. Se me ocurre que estoy describiendo lo que significa estar en paz. Siento ese gozo sereno y suave en mi corazón. He sido más amistosa y me he sentido cómoda con los desconocidos. No he tenido la lucha para soportar el día. Además, está el hecho de haber participado activamente en la vida en vez de estar observándola pasiva y críticamente. Gracias por facilitarme su esperanza; creo que ahora tengo la mía propia en Cristo.

La seducción del
conocimiento y el poder

CAPÍTULO OCHO

Escuchaba atentamente a uno de mis compañeros de estudio para el doctorado, mientras daba una presentación acerca del futuro de la educación con relación a la mente. En el salón de clase había directores de escuelas, administradores educacionales, profesores y una variedad de líderes comunitarios. El presentador y director de una escuela primaria, describía fenómenos tales como la proyección astral, la telekinesia, clarividencia y la telepatía. Eso no sería sorprendente en un programa de graduados en la actualidad, puesto que la Nueva Era ha logrado una aceptación sustancial en la educación secular. Pero durante los años 80, tales temas generalmente no se tocaban en los programas de doctorado.

Su presentación de Nueva Era ciertamente provocó la curiosidad de mis compañeros de estudios, que escuchaban atentamente. Intercambiaron ideas entusiastas con el conferencista y le hicieron muchas preguntas. La atracción del conocimiento y el poder siempre ha seducido a quienes piensan que hay algo fuera de sus cinco sentidos. Por supuesto que no hablo acerca del conocimiento obtenido por medio de la investigación y el estudio disciplinado.

El conocimiento *esotérico* se percibe por un sexto sentido (o sentido espiritual) y su objetivo son los iniciados (o ungidos). Los psíquicos tienen a su disposición poderes que no son accesibles a todos. Hay psíquicos licenciados o acreditados para separar los verdaderos médium de los charlatanes. Dos de las últimas primeras damas de la nación han consultado a psíquicos. La policía ha obtenido la ayuda de psíquicos para encontrar personas perdidas o para resolver crímenes cuando los métodos científicos no han sido suficientes. Casi todo periódico o revista tiene un horóscopo diario. También el interés público en los ángeles ha incrementado notablemente. Realmente vivimos en una Nueva Era y ella podría ser la religión dominante en los Estados Unidos.

Hacia el final de la clase le pregunté al compañero que estaba exponiendo:

—Mientras hacías tu trabajo de investigación, ¿te preguntaste alguna vez si esta nueva frontera de la mente era buena o mala? ¿Hay algo moralmente malo con lo que estás presentando?

—No —respondió—, yo no estaba interesado en ese aspecto.

—Pienso que deberías haberlo tenido en cuenta, porque lo que has expuesto no es nada nuevo y Dios prohíbe estrictamente a su pueblo que se involucre en ello —respondí.

Eso llevó la clase a un rápido fin y una cantidad de compañeros de estudios me rodearon para preguntarme que había de malo en lo que el presentador decía.

Una trampa tan antigua como la Biblia

La seducción de lo oculto está casi siempre en la base de la adquisición del conocimiento y el poder. En realidad, el conocimiento es poder. Por ejemplo, el conocimiento anticipado significa saber algo antes que suceda. Imagínate el poder que tendrías, si supieras los sucesos antes que ocurran. Podrías hacerte multimillonario apostando a las carreras. Saber algo antes de tiempo, significa que tienes algún vínculo con un tipo de poder que puede ordenar acontecimientos futuros. Satanás tiene una capacidad limitada de hacer eso manipulando a gente engañada. Todo lo que hace es una falsificación del cristianismo: la clarividencia es profecía falsa; la telepatía es oración falsificada; la psicokinesia es un falso milagro divino y los espíritus guiadores son una falsificación de la dirección divina (¿Para qué quieres tener un espíritu guiador si puedes tener al Espíritu Santo como tu guiador?).

Los anhelos finitos por lo infinito se pueden alcanzar por el conocimiento y el poder que proceden de una relación íntima con Dios. Sin embargo, Satanás trata de hacer pasar sus falsificaciones como lo verdadero. Él logrará una entrada en tu vida si te puede seducir para que accedas al engañoso mundo del conocimiento y el poder psíquico. La así llamada Nueva Era ciertamente no es nueva. Cuando el pueblo estaba a punto de entrar en la tierra prometida, Moisés ordena:

> «Cuando entres en la tierra que el Señor tu Dios te da, no aprenderás a hacer las cosas abominables de esas naciones.
>
> No sea hallado en ti nadie que haga pasar a su hijo o a su hija por el fuego, ni quien practique adivinación, ni hechicería, o sea agorero, o hechicero, o encantador, o médium, o espiritista, ni quien consulte a los muertos.
>
> Porque cualquiera que hace estas cosas es abominable al Señor; y por causa de estas abominaciones el Señor tu Dios expulsará a esas naciones de delante de ti.
>
> Serás intachable delante del Señor tu Dios.»
> (Deuteronomio 18:9-13).

Este mandamiento está tan vigente para nosotros hoy como lo era para los israelitas bajo el liderazgo de Moisés. Vivimos en una Canaán contemporánea donde es socialmente aceptable consultar espíritus, médium, quirománticos, consejeros psíquicos y horóscopos para tener guía y conocimiento esotérico. Desgraciadamente esto también es así entre los cristianos. Durante una encuesta en 1990 que incluyó a 1725 adolescentes que profesaban ser cristianos, descubrimos lo siguiente acerca de la actividad de lo oculto:[1]

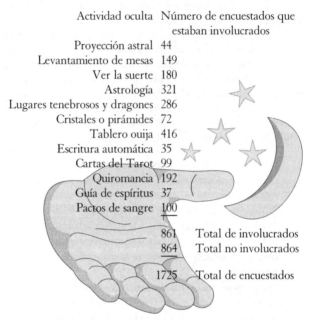

Actividad oculta	Número de encuestados que estaban involucrados
Proyección astral	44
Levantamiento de mesas	149
Ver la suerte	180
Astrología	321
Lugares tenebrosos y dragones	286
Cristales o pirámides	72
Tablero ouija	416
Escritura automática	35
Cartas del Tarot	99
Quiromancia	192
Guía de espíritus	37
Pactos de sangre	100
	861 Total de involucrados
	864 Total no involucrados
	1725 Total de encuestados

Casi el cincuenta por ciento de estos cristianos adolescentes indicaron algún tipo de compromiso con lo oculto.

Para algunas personas resulta difícil creer que jóvenes y viejos por igual están adorando a Satanás. Los departamentos de policía tratan de decir a los padres: «¡Despierten! Sus muchachos no están en las drogas y el sexo ilícito solamente. Están en el *satanismo*. Hemos visto la sangre y los animales mutilados».

El jefe de seguridad de la universidad donde yo enseñaba, pertenecía a un grupo de oficiales de seguridad de las universidades del sur de California. El grupo se reunía una vez al mes en una universidad diferente; cuando le tocó el turno a la nuestra, me pidió que hablara al grupo acerca del fenómeno espiritual en nuestra cultura. «No hay muchos cristianos en el grupo, me dijo, pero asistirán, así que quiero que usted les hable». Accedí frente a su pedido.

Era un grupo de veteranos, ex militares y policías. Cuando comencé a hablarles acerca del surgimiento del satanismo, no hubo uno solo que planteara una duda o se burlara en todo el grupo. Cada uno de ellos tenía una historia para contar, acerca de las espantosas evidencias que mostraban el satanismo en acción en las respectivas universidades. A cada guardia de seguridad se le había pedido que lo encubriera. Los administradores escolares no quieren que el público sepa de tales cosas por las mismas razones que no quieren informar de las violaciones.

Cada práctica oculta y cada secta que Moisés dijo a los israelitas que debían evitar, desde los inofensivos horóscopos hasta las inimaginables atrocidades de sacrificios animales y humanos, tienen lugar y están operando en nuestra cultura presente.

Conocimiento del lado oscuro

El deseo de conocimiento esotérico «extraordinario» en nuestra cultura, se me ilustró con la celebración de dos conferencias abiertas al público en Pasadena, California. Una era una conferencia mundial sobre misiones internacionales, con una asistencia de 600 personas. Al mismo tiempo, en el Centro Cívico de Pasadena se celebraba una conferencia de la Nueva Era donde hubo más de 40.000 personas. Esa es nuestra sociedad. La gente no quiere oír lo que Dios tiene que decir. Prefieren información y dirección de un psíquico, un canalizador, un quiromántico, uno que lea las cartas o el espíritu de un amigo o familiar muerto.

Dios prohibió estrictamente a su pueblo del pacto, que consultara una fuente sobrenatural que no fuera Él mismo. «*No os volváis a los médium ni a los espiritistas, ni los busquéis para ser contaminados por ellos. Yo soy el Señor vuestro Dios.... En cuanto a la persona que se va a los médium o a los espiritistas, para prostituirse en pos de ellos, también pondré mi rostro contra esa persona y la cortaré de entre su pueblo... Si hay médium o espiritista entre ellos, hombre o mujer, ciertamente han de morir; serán apedreados; su culpa de sangre sea sobre ellos....*» (Levítico 19:31; 20:6, 27, LBLA). Todo el que buscaba dirección falsa debía ser cortado del resto, y los que daban dirección falsa debían morir.

En la actualidad, la gente busca canalizarse por medio de la televisión, los programas de radio y los maestros de la Nueva Era; quienes pueden propagar su visión del mundo mientras los cristianos no pueden. Recientemente leí acerca del crecimiento de mujeres que consultan a psíquicos y a practicantes de la Nueva Era, en lugar de consejeros profesionales licenciados. Hoy, se puede acudir a una feria de psíquicos en casi cualquier parte del mundo y también pagar por una «lectura» espiritual personal. El lector es un farsante o un médium espiritista que entra en trance y se convierte en canal para algún espíritu demoníaco. Estas personas, lejos de ser consideradas un cáncer de la sociedad, son altamente respetadas como ministros y doctores. De hecho, quizás una de las principales amenazas para la iglesia actual, es el rápido crecimiento de la medicina y las prácticas de la Nueva Era.

Charlatanes y médium

¿De dónde consiguen su «sorprendente información y sus ideas los médium y espiritistas? Muchos de ellos escuchan a espíritus engañadores (1 Timoteo 4:1), pero algo de lo que se llama espiritismo y fenómeno psíquico no es otra cosa que astuta ilusión. Los así llamados espiritistas, hacen lo que se denomina «lectura fría». Estos astutos charlatanes formulan unas pocas preguntas de orientación y observan el modo de hablar, modales, aspecto y vestimenta de su cliente. Basados en las respuestas y en sus observaciones personales, hacen afirmaciones generales que probablemente son acertadas. Pero la persona crédula se impresiona tanto con la exactitud de sus «revelaciones» que comienzan a dar mayor información, la que tales charlatanes convierten en una «lectura». Esto no es demoníaco. Es un simple juego de manos.

Pero los médium y espiritistas contra los que advierte Dios en Levítico y Deuteronomio no son artistas, sino personas que poseen y transmiten conocimiento que no viene por canales ordinarios de percepción. Estas personas estaban abiertas al mundo espiritual y se convertían en canales espirituales. Los charlatanes, con su fingida «lectura fría», están interesados solamente en estafar el dinero de sus clientes. Sin embargo, el conocimiento y la dirección que vienen de Satanás a través de un médium tienen como objetivo burlar tu vitalidad y libertad espiritual.

Una vez tuve que aconsejar a la víctima de un médium. Ramón era un hombre de aspecto inteligente, de unos cuarenta años que acababa de divorciarse. Entró en mi oficina y me contó su increíble historia. Un día llevó a una nueva amiga, llamada Berenice, a una cita en un parque del sur de California. Mientras caminaban mirando vidrieras de negocios, vieron un letrero que anunciaba a un psíquico residente que decía: «entre y reciba instrucciones para su vida».

Ramón y Berenice entraron y la psíquica los asombró con su conocimiento esotérico. No sé si era una verdadera médium que recibía información de un espíritu conocido o una astuta artista; pero el efecto sobre la pareja fue profundo.

—Si usted tiene ese tipo de poder ¿qué más puede hacer por mí? —preguntó Ramón.

La psíquica prometió que lo podría ayudar a tener éxito en su trabajo y en todas las áreas de su vida.

Ramón tragó el anzuelo y junto con Berenice comenzaron a visitarla con regularidad. La psíquica les aconsejó que se casaran y lo hicieron. Y así continuaron como pareja, los consejos de la psíquica.

Cuatro años después, Ramón se encontraba en mi oficina. Su matrimonio con Berenice era un desastre y el éxito en el trabajo prometido por la psíquica nunca se materializó. Cuando le pregunté cuánto dinero había tirado en la búsqueda del conocimiento «espiritual», me respondió:

—Personalmente le di casi 15.000 dólares, pero Berenice perdió más de 65.000 dólares.

Hay mucho dinero en estas operaciones de falsos psíquicos y magos que se están enriqueciendo con ello. Mucha gente anhela saber algo más acerca de su vida y su futuro, pero pagarán una gran suma por la información deseada.

El lado bajo en la búsqueda del lado oscuro

No es mucho lo que se sabe acerca de las expresiones bíblicas «médium» y «espiritista». Dado que «médium» (significa bruja o nigromántica) es femenino y «espiritista» (*yidd oni*, de la raíz conocer) es masculino, algunos estudiosos de la Biblia piensan que son los equivalentes femenino y masculino del mismo rol.

El Antiguo Testamento abunda en ilustraciones de reyes, falsos profetas y médium que dirigen la nación de Israel en rebeldía contra Dios. Uno de los casos más conocidos es el del primer rey de Israel. Saúl comenzó bien, designado rey de Israel por Samuel (1 Samuel 9) y buscando la dirección de Dios. Sirvió correctamente hasta que se rebeló contra la voluntad de Dios (1 Samuel 15), igual pecado que el de adivinación (versículo 23). ¿Por qué Saúl pecó y rechazó la palabra del Señor? Porque tuvo más temor de la voz del pueblo que de la de Dios, un problema evidente en nuestro mundo.

Aunque Saúl mostró pesar por haber pecado (o por lo menos le pesó ser sorprendido), no hay evidencia que muestre un verdadero arrepentimiento. Como muchas personas que desobedecen a Dios, trató de rectificar su error, pero fue demasiado tarde y el Espíritu de Dios se apartó de Saúl y un espíritu maligno de parte del Señor lo aterrorizaba (1 Samuel 16:14).

Este es un pasaje difícil por dos razones. Primero, parece implicar que una persona puede perder el Espíritu Santo por un acto de desobediencia. Pero debemos entender que en el Antiguo Testamento la presencia del Espíritu Santo era selectiva y temporal. El espíritu de Saúl probablemente era el mismo de David que leemos en el versículo 13 de 1 Samuel 16: un equipamiento especial del Espíritu para gobernar como rey ungido por Dios. Este equipamiento único no es el mismo que la relación personal en el Espíritu, que disfrutamos como hijos de Dios en el presente.

A partir de la cruz, la iglesia se identifica por la morada del Espíritu Santo, que perpetuamente une a los hijos de Dios con su Padre celestial (Efesios 1:13, 14). Jesús promete que nadie nos arrebatará de su mano (Juan 10:28) y Pablo nos asegura que nada, ni aun la desobediencia, puede separarnos del amor de Dios (Romanos 8:35-39). Estamos seguros en Cristo y el Espíritu mora en nosotros por fe en la obra de Cristo en la cruz.

El segundo problema tiene que ver con la inapropiada idea de que un espíritu maligno podía venir del Señor. Pero debemos

recordar que Dios es supremo y puede usar a Satanás y sus emisarios como medio de disciplina para su pueblo como lo hizo con
Saúl. Esto no es diferente del uso de naciones impías como Dios lo
hizo con Asiria, con la «vara de mi furor», para disciplinar a su
pueblo (Isaías 10:5, 6). No es incoherente con la naturaleza o plan
de Dios usar demonios para cumplir su voluntad. Aun a la iglesia
se le dice que entregue a un miembro inmoral a Satanás, *«para
destrucción de la carne, a fin de que el espíritu sea salvo en el día del
Señor Jesús»* (1 Corintios 5:5).

Es interesante notar que cuando el espíritu maligno venía sobre Saúl, David (el heredero del trono de Israel) tocaba el arpa y el
espíritu maligno se iba (1 Samuel 16:23). Es patético el desconoci-
miento que tenemos de la prominencia de la música en la esfera de
lo espiritual. Cuando Eliseo fue a consultar a Dios, dijo: *«Mas ahora traedme un tañedor. Y mientras el tañedor tocaba, la mano de
Jehová vino sobre Eliseo»* (2 Reyes 3:15). Durante el reinado de
David, se asignaron más de 4000 músicos para cantar en el templo
noche y día (1 Crónicas 9:33; 23:5). Una marca del creyente lleno
del Espíritu es que canta y hace melodías en sus corazones al Señor
y conversa con los demás con salmos, himnos y canciones espirituales (Efesios 5:18-20).

En el otro lado de la verdad está el poder destructivo de la
música secular. El satanista que guié al Señor, me mostró numerosos símbolos que aparecen en álbumes de discos populares que indican la asociación de los grupos con el satanismo. Más o menos el
85 por ciento de los grupos musicales como el *heavy metal* y *punk*,
pertenecen a satanistas. Se han vendido inconscientemente al satanismo a cambio de fama y fortuna. Pocos de estos artistas practican
el satanismo, pero la mayoría están perdidos y extravían a otros
por medio del mensaje impío de su música.

Después de la muerte del profeta Samuel, el desubicado deseo de Saúl de tener conocimiento espiritual, lo llevó a buscar consejo de una médium. Habiendo limpiado la nación de médium y
espiritistas (1 Samuel 28:3), Saúl decidió hacer una visita a la hechicera de Endor. Se disfrazó para ir a ver a la hechicera y la convenció
que invocara a Samuel (versículos 8-19).Pero su plan se dio vuelta
cuando Dios permitió que Samuel mismo volviera, provocando

terror a la médium (que esperaba otro tipo de espíritu). El mensaje de Samuel a Saúl fue de malas noticias, anunciando la inminente captura de Israel por parte de los filisteos y la muerte de Saúl y sus hijos (versículo 19).

Dios prohíbe expresamente la necromancía. «*Y si os dijeren: Preguntad a los encantadores y a los adivinos, que susurran hablando, responded: ¿No consultará el pueblo a su Dios? ¿Consultará a los muertos por los vivos? ¡A la ley y al testimonio! Si no dijeren conforme a esto, es porque no les ha amanecido*» (Isaías 8:19-20).

La historia del Rico y Lázaro enseña la imposibilidad de comunicarse con los muertos (Lucas 16:19-31). Cuando un psíquico pretende haberse contactado con un muerto, no le creas. Cuando un psicólogo pretende haber hecho la regresión de su cliente a existencias anteriores por medio del hipnotismo, no le creas. Cuando un médium de la Nueva Era afirma hacer hecho venir una persona del pasado al presente, debes entender que solo es un espíritu demoníaco, o la obra fraudulenta de un impostor.

Una idea vieja con ropa nueva

El movimiento de la Nueva Era encubre el mensaje ocultista de la iluminación: «No necesitas a Dios; tú *eres* Dios. No necesitas arrepentirte de tus pecados ni confiar en Dios para salvarte. El pecado no es problema; solo necesitas apagar tu mente y conectarte con la gran unidad cósmica por medio de una convergencia armónica». El propósito de la Nueva Era es la misma mentira antigua de Satanás: «*...seréis como Dios...*» (Génesis 3:5).

Este deseo de conocimiento y poder ha seducido a un público crédulo para que busque orientación en médium, espiritistas y practicas ocultas como ver la suerte, las cartas de tarot, la quiromancia, los tableros Ouija, la astrología, los encantamientos mágicos y la escritura automática. «*...¿No hay Dios en Israel, que tú envías a consultar a Baal-zebub dios de Ecrón?...*» así se lamentaba Elías (2 Reyes 1:6). La gente que nos rodea ignora al Dios que los ama y quiere dirigir sus vidas. En cambio buscan luz y paz en el reino de las tinieblas. Bien podríamos preguntar como Jehú: «*...¿Qué paz, con las fornicaciones de Jezabel tu madre, y sus* *muchas hechicerías?*» (2 Reyes 9:22). La paz sólo se encuentra en el Príncipe de Paz, no en el príncipe de las tinieblas.

No te dejes desviar por las perspectivas de conocimiento y poder que encandilan a muchos en nuestra cultura y los apartan de Dios. Personas como los seguidores de Simón en Hechos 8: 9 y 10, seguirán asombrándose ante quienes practican las hechicerías de la Nueva Era. Otros, como los clientes de la esclava poseída por demonios en Hechos 16:16-18 contribuirán al enriquecimiento de quienes ejercen un espíritu de adivinación. Como en estos casos, quienes buscan conocimiento y poder de las tinieblas, interferirán con la obra de Dios, engañando a muchos por medio de los poderes falsos que emplean. Otras personas tienen sed de poder a tal grado que se sacrificarán a los demonios (Levítico 17:7) y también sacrificarán sus hijos a ellos (Salmo 106:36-38). Con mi experiencia como consejero puedo verificar y afirmar que este tipo de cosas realmente ocurren en nuestro tiempo.

Que las siguientes palabras de las Escrituras nos despierten a la realidad que aun los creyentes son vulnerables al alejamiento del conocimiento y poder de Dios por la seducción de nuestro enemigo, que exagera nuestro sentido de independencia y de importancia sin Dios:

> «Pero engordó Jesurún, y tiró coces (Engordaste, te cubriste de grasa); Entonces abandonó al Dios que lo hizo, Y menospreció la Roca de su salvación. Le despertaron a celos con los dioses ajenos; Lo provocaron a ira con abominaciones. Sacrificaron a los demonios, y no a Dios; A dioses que no habían conocido, A nuevos dioses venidos de cerca, Que no habían temido vuestros padres. De la Roca que te creó te olvidaste; Te has olvidado de Dios tu creador» (Deuteronomio 32:15-18).

Tentado para hacerlo
a tu manera

Cuando nuestros hijos eran pequeños, atravesábamos el ritual de los devocionarios como una verdadera aventura familiar. Recuerdo que una agitada noche, sin darnos cuenta olvidamos la lectura bíblica y la oración con Heidi y Karl. Algunos minutos más tarde de haber puesto a los niños en la cama, escuchamos a Heidi desde el pasillo diciendo: «Papito, olvidamos nuestras conmociones». ¡«Conmociones» es lo que en realidad eran nuestros devocionarios familiares!

La serie de devocionarios que mejor recuerdo, fue una continua conversación con Karl acerca de la tentación, que duró por varias semanas. Creo que estaba fascinado por el sonido de la palabra. Pero aun después de varias conversaciones sobre el tema, Karl no podía distinguir entre el concepto de tentación y el acto mismo de pecado.

He descubierto que muchos cristianos adultos también luchan con esta diferencia. Saturados por pensamientos tentadores, llegan a la conclusión que debe haber algo muy malo en ellos. Igualan *tentación* con *pecado*. Pero aun Jesús fue tentado en todo como nosotros. Pero el versículo termina: «...*pero sin pecado*» (Hebreos 4:15). Mientras estemos vivos físicamente en este mundo, seremos tentados como Jesús lo fue. Pero él no pecó y nosotros tampoco debemos pecar. En este capítulo quiero definir y describir la tentación para que puedas reconocerla y prontamente rechazar la invitación de Satanás.

Las bases de la tentación

Desde que Adán pecó, cada persona nace en este mundo físicamente vivo y espiritualmente muerto (Efesios 2:1). Puesto que desde el nacimiento no tenemos la presencia de Dios ni el conocimiento de sus caminos, aprendimos a vivir independientemente de Dios. En lugar de hacer frente a nuestras necesidades por medio de una relación viva con nuestro amante Padre celestial, procuramos enfrentar solos nuestras necesidades. Desarrollamos patrones de pensamiento y hábitos que centraban nuestros intereses en nosotros mismos.

Cuando nacemos de nuevo, adquirimos vida espiritual, pero nuestros patrones carnales egocéntricos y las fortalezas de la mente siguen siendo opuestos a la dirección del Espíritu Santo. En consecuencia, todavía somos tentados a mirar hacia el mundo, la carne y el diablo para hacer frente a nuestras necesidades básicas y a los deseos carnales. En lugar de mirar a Cristo, que promete suplir todo lo que necesitamos conforme a sus riquezas en gloria (Filipenses 4:19). Toda tentación es una invitación a vivir independientemente de Dios.

El poder de la tentación, está directamente relacionado con el poder de las fortalezas mentales y de los deseos carnales que se desarrollaron en nosotros cuando aprendimos a vivir independientemente de Dios. Por ejemplo, si fuiste criado en un hogar cristiano donde no se permitían las revistas inmundas ni los programas de televisión de dudoso valor moral, el poder de la tentación sexual en tu vida, no será tan grande como en el caso de alguien que haya crecido expuesto a los materiales de esa índole. La persona que creció en un ambiente de inmoralidad sexual, tendrá mayores luchas con la tentación sexual después de convertirse, simplemente porque sus fortalezas mentales quedaron bien establecidas antes que naciera de nuevo. Es menos probable que seas tentado a cometer inmoralidades, si tu legítima necesidad de ser amado y aceptado fueron satisfechas por padres cariñosos que también te protegieron ante los valores de este mundo caído.

Demasiadas cosas buenas

Posiblemente la mayoría de nosotros no será tentado a cometer pecados como asalto a mano armada, homicidio o violación. Satanás es demasiado astuto y sutil para hacerlo así. Sabe que reconoceremos el mal aroma de tales tentaciones y nos negaremos a actuar. En cambio su táctica para seducirnos es llevarnos más allá de los límites de la voluntad de Dios hasta que pequemos.

Pablo escribe: «*Todas las cosas me son lícitas, mas no todas convienen; todas las cosas me son lícitas, mas yo no me dejaré dominar de ninguna*» (1 Corintios 6:12). Solo veía luces verdes en todas direcciones de la vida cristiana. Todo es bueno y lícito para nosotros porque somos libres del pecado y ya no estamos bajo la condenación de la ley. Pero Pablo también sabía que si pisamos a fondo el acelerador de nuestras vidas en forma irresponsable, terminaremos por pasar la luz roja de la voluntad de Dios y eso es *pecado*.

Las siguientes afirmaciones revelan los resultados pecaminosos en una cantidad de áreas en que somos tentados a llevar más allá del límite de la voluntad de Dios, las buenas cosas que Él creó:

- El reposo físico se convierte en pereza
- El silencio se convierte en incomunicación
- La capacidad de ganar se convierte en avaricia y codicia
- Gozar la vida se convierte en intemperancia
- El placer físico se convierte en sensualidad
- El interés en las posesiones de otros se convierte en envidia
- El placer de comer se convierte en glotonería
- El cuidado personal se convierte en vanidad
- El respeto personal se convierte en orgullo

- La comunicación se convierte en chisme

- La cautela se convierte en incredulidad

- El positivismo se convierte en insensibilidad

- La ira se convierte en rabia y mal carácter

- La bondad se convierte en sobreproducción

- El juicio se convierte en crítica

- La amistad con el mismo sexo se convierte
  en homosexualidad

- La libertad sexual se convierte en inmoralidad

- El detalle se convierte en perfeccionismo

- La generosidad se convierte en derroche

- La protección de sí mismo se convierte
  en falta de honestidad

- La cautela se convierte en temor

Pecado contra crecimiento

Primera de Juan 2:12-14 describe tres niveles de crecimiento cristiano en relación con el pecado. El primer nivel se compara con «hijitos» (v. 12). Los hijitos en la fe se caracterizan por haber recibido el perdón de sus pecados y poseer el conocimiento de Dios. En otras palabras, están en la familia de Dios y han superado el castigo del pecado, pero aun no son maduros en Cristo.

El segundo nivel es «jóvenes» (vv. 13, 14), caracterizados porque han vencido al maligno. Son cristianos que maduran y son fuertes porque la Palabra de Dios está en ellos. Conocen la verdad y han vencido el poder del pecado. Han vencido al maligno ganando la batalla por la mente. Ya no son esclavos de hábitos incontrolables y han resuelto los conflictos personales y espirituales que impiden a muchos cristianos disfrutar la libertad en Cristo. Hacen buen uso de su libertad en Cristo y saben permanecer libres.

El tercer nivel es «padres» (vv. 13, 14), los que han desarrollado un profundo conocimiento personal de Dios y una relación personal profunda con su Padre celestial. Habiéndonos llamado a combatir el poder del pecado en nuestra vida, por medio de un compromiso de crecimiento, Juan pasa a describir los canales a través de los cuales Satanás nos tienta.

Canales de tentación

Según la Biblia hay solo tres canales a través de los cuales Satanás tratará de seducirte para que actúes en forma independiente de Dios. El apóstol Juan resume estos canales, en los mandamientos a los creyentes acerca de la relación con este mundo:

> «No améis al mundo, ni las cosas que están en el mundo. Si alguno ama al mundo, el amor del Padre no está en él. Porque todo lo que hay en el mundo, los deseos de la carne, los deseos de los ojos, y la vanagloria de la vida, no proviene del Padre, sino del mundo. Y el mundo pasa, y sus deseos; pero el que hace la voluntad de Dios permanece para siempre» (1 Juan 2:15-17).

Los tres canales de tentación son *los deseos (concupiscencia) de la* carne, los *deseos de los ojos* y la *vanagloria de la vida*. Los *deseos de la carne* se aprovechan de nuestros apetitos físicos y su complacencia con este mundo. Los *deseos de los ojos* apelan al interés personal y ponen a prueba la Palabra de Dios. La *vanagloria de la vida* tiene que ver con la promoción personal y la autoexaltación. Satanás confrontó al primer Adán y al Segundo Adán por medio de cada uno de estos canales de tentación. Con el primer Adán fracasó miserablemente y todavía sufrimos los resultados de su fracaso. Con el Segundo Adán, Jesucristo enfrentó la triple tentación de Satanás y salió triunfante. En Él tenemos los recursos y el poder para vencer toda tentación que Satanás pone en nuestro camino.

Canales de tentación (1 Juan 2:15-17)	Deseos de la carne (apetitos animales, codicias, pasiones) «Y vio la mujer que el árbol era bueno para comer...» (Génesis 3:6)	Deseos de los ojos (egoísmo, interés personal) «...y que era agradable a los ojos...» (Génesis 3:6)	Vanagloria de la vida (autopromoción, autoexaltación) «...y árbol codiciable para alcanzar la sabiduría...» (Génesis 3:6)
Nos aleja de la	Voluntad de Dios (Gálatas 1:6-8)	La Palabra de Dios (Mateo 16:24-26)	La adoración a Dios (1 Pedro 5:5-11)
Destruye nuestra	Dependencia de Dios (Juan 15:5)	Confianza en Dios (Juan 15:7)	Obediencia a Dios (Juan 15:8-10)
El primer Adán (Génesis 3:1-6)	«...¿Conque Dios os ha dicho: No comáis de todo árbol del huerto?» (Génesis 3:1)	«...No moriréis» (Génesis 3:4)	«...seréis como Dios...» (Génesis 3:5)
Segundo Adán (Mateo 4:1-11)	«...no sólo de pan vivirá el hombre, mas de todo lo que sale de la boca de Jehová vivirá el hombre» (Deuteronomio 8:3).	«No tentaréis a Jehová vuestro Dios...» (Deuteronomio 6:16)	«A Jehová tu Dios temerás, y a él solo servirás...» (Deuteronomio 6:13)

Figura 9a

Los deseos de la carne

Lo primero que Satanás hizo, fue apelar a los deseos de la carne de Eva. Depositó una duda en su mente, acerca del fruto: «*...¿Conque Dios os ha dicho: No comáis de todo árbol del huerto?*» (Génesis 3:1). Entonces Eva respondió: «*...dijo Dios: No comeréis de él, ni le tocaréis...*» (v. 3). Debemos observar que Eva añadió a la Palabra de Dios cuando dijo: «*...Ni le tocaréis...*». Pero Satanás había despertado su apetito por el fruto prohibido «*Y vio la mujer que el árbol era bueno para comer...*» (v. 6). Haber cedido a los deseos de la carne llevó a Adán y Eva a la caída.

Cuando Satanás tentó a Jesús, también apeló a los deseos de al carne. Después de haber ayunado 40 días en el desierto, Satanás lo tentó en el punto que se encontraba más vulnerable en ese momento: «*...Si eres Hijo de Dios, di que estas piedras se conviertan en pan*» (Mateo 4:3). Satanás quería que Jesús usara sus atributos divinos, independientemente de su Padre celestial para salvarse. Satanás no es omnisciente, pero tampoco es ciego. Supo de la aparente vulnerabilidad de Jesús a la tentación física al verlo pasar 40 días sin comer. Él te vigila para encontrar puntos débiles de vulnerabilidad en tus apetitos físicos por alimento, reposo, comodidad y sexo. La tentación es mayor cuando el hambre, la fatiga y la soledad son agudas. Ceder a los deseos de la carne, nos aleja de la voluntad de Dios. No hay nada pecaminoso en comer. Es una necesidad física legítima y Dios creó los alimentos para satisfacer esa necesidad. En relación al fruto de un árbol, Dios dijo no comerás de él, pero al comerlo, Adán y Eva violaron la voluntad de Dios y actuaron independientemente de él.

Tampoco había nada de incorrecto en que Jesús comiera pan al final de su ayuno, pero no era la voluntad del Padre que lo hiciera. «*Él respondió y dijo: Escrito está : No sólo de pan vivirá el hombre, sino de toda palabra que sale de la boca de Dios*» (Mateo 4:4). No importa cuán apetecible le haya parecido a Jesús, un pedazo de pan para saciar el hambre. No iba a actuar independientemente de la voluntad del Padre aceptando la oferta de Satanás. El modelo de vida que Jesús nos dejó, fue de completa dependencia del Padre (Juan 5:30; 6:57; 8:42; 14:10; 17:7).

Comer es necesario y bueno, pero comer demasiado, comer alimentos dañinos, o permitir que los alimentos gobiernen tu vida, es malo. El sexo según el plan de Dios es bueno y hermoso, pero el sexo fuera del matrimonio, la homosexualidad y el sexo egoísta están fuera de los límites y conducen a la esclavitud. Si cedes a la tentación para satisfacer tus necesidades físicas o tus deseos carnales independientemente de Dios, estás cediendo a los deseos de la carne.

Los deseos de los ojos

El segundo canal de tentación por el que Satanás se acercó a Adán y Eva tuvo que ver con la mentira acerca de las consecuencias por desobedecer a Dios. El Padre dijo que la desobediencia trae consigo la muerte, pero Satanás dijo «...*No morirás*» (Génesis 3:4). Apeló al sentido de autopreservación de Eva, asegurándole falsamente que Dios estaba equivocado en cuanto a las consecuencias del pecado. Adán y Eva ignoraron el mandamiento de Dios para servir sus propios intereses.

Los deseos de los ojos nos alejan sutilmente de la Palabra de Dios y deterioran nuestra confianza en Dios. Al ver lo que el mundo nos ofrece, lo deseamos más que nuestra relación con Dios. Comenzamos a dar más crédito a nuestra perspectiva de la vida que al mandamiento y las promesas de Dios. Estimulados por lo que vemos, nos aferramos a todo lo que podemos tener. Creemos que lo necesitamos y tratamos de justificar la idea que Dios quiere que lo tengamos. Suponemos erróneamente que Dios no nos prohibirá nada y codiciosamente buscamos la prosperidad materialista.

En lugar de confiar en Dios, adoptamos una actitud «pruébamelo». Esa fue en esencia la segunda tentación de Satanás a Jesús: «*Si eres Hijo de Dios, échate abajo; porque escrito está: A sus ángeles mandará acerca de ti, y, en sus manos te sostendrán, para que no tropieces con tu pie en piedra*» (Mateo 4:6). Pero Jesús no estaba dispuesto a entrar en el juego de Satanás y hacer un espectáculo para él. Entonces «*Jesús le dijo: Escrito está también: No tentarás al Señor tu Dios*» (v. 7).

Cuando era pastor, algunos miembros de la iglesia, inconscientemente cedieron a la tentación de poner a Dios a prueba. Un apreciado amigo se estaba muriendo de cáncer. A través de la iglesia se corrió la voz de que cuatro «testigos» decían que Dick no iba a morir porque Dios se los había dicho. Varios exclamaban: «¿No es maravilloso que Dios va a sanar a Dick?» A las tres semanas Dick murió.

Si por cierto Dios había dicho que Dick no iba a morir, entonces, ¿qué quiere decir eso acerca de Dios? ¿Que es un mentiroso?. Absolutamente que no. Él es la verdad. Esta «buena noticia» se originó en el padre de mentiras. Los espíritus engañadores habían hecho circular una mentira acerca de Dick en un intento de crear falsas esperanzas y destruir la confianza de la congregación en Dios.

Dios no está obligado hacia nosotros. Él tiene obligación consigo mismo. No hay modo de pronunciar una oración astuta que Dios esté obligado a responder. Esto no solo tergiversa el sentido de la oración sino que nos hace manipuladores de Dios. El justo vivirá por fe en la Palabra escrita de Dios. No le pide a Dios que demuestre responder a nuestros caprichos o deseos, por nobles que sean. Nosotros debemos ser probados, no Dios.

La vanagloria de la vida

El tercer canal de tentación es el corazón del movimiento de la Nueva Era: la tentación de dirigir nuestro propio destino, de gobernar nuestro mundo, ser nuestro propio dios. Satanás tentó a Eva con el fruto prohibido: «*...el día que comáis de él, serán abiertos vuestros ojos, y seréis como Dios, sabiendo el bien y el mal*» (Génesis 3:5). Cuando Eva se convenció que «*...el árbol era... codiciable para alcanzar la sabiduría...comió; y dio también a su marido...*»(v. 6).

La promesa de Satanás a la pareja, que sería como Dios, era una mentira. Cuando Adán y Eva cedieron a la tentación, perdieron la vida y su posición con Dios. Satanás usurpó el papel de ellos y se hizo dios de este mundo. Probó la misma estratagema con Jesús: «*Otra vez le llevó el diablo a un monte muy alto, y le mostró todos los reinos del mundo y la gloria de ellos, y le dijo: Todo esto te daré, si postrado me adorares*» (Mateo 4:8,9). Jesús no cuestionó el derecho de Satanás de ofrecerle los reinos del mundo y su gloria. Puesto que lo adquirió después que Adán y Eva lo perdieron. Pero Jesús no se quedaría tranquilo con algo menos que una derrota de Satanás. «*Entonces Jesús le dijo: Vete, Satanás, porque escrito está: Al Señor tu Dios adorarás, y a él solo servirás*» (v. 10).

Al apelar a la vanagloria de la vida, Satanás intenta guiarnos lejos de la adoración a Dios y procura destruir nuestra obediencia a Dios. Cuando sientas que no necesitas la ayuda de Dios ni su dirección, que puedes manejar tu vida sin consultarle, que no necesitas doblar la rodilla ante nadie, ¡cuidado! Eso es la vanagloria de la vida. Puedes pensar que te sirves a ti mismo, pero cuando dejas de servir a Dios y de adorarle, estás sirviendo y adorando a Satanás, que es lo que este quiere más que cualquier otra cosa. En cambio, la vida cristiana debe caracterizarse por la humilde obediencia a Dios en adoración (Juan 15:8-10; 1 P. 5:5-11).

Recuerda, hay tres problemas básicos reflejados en estos canales de tentación: 1) La voluntad de Dios, expresada en tu dependencia de Dios; 2) la Palabra de Dios, expresada con tu confianza en Dios; y 3) el culto a Dios, expresado a través de tu humilde obediencia a Dios. Cada tentación de Satanás te desafiará en uno a todos estos valores. Te observará para saber cuál es tu punto más vulnerable y te tentará en cualquier área que dejes de cuidar.

Dos de nuestros principales apetitos

¿Por qué abrigamos pensamientos tentadores que son contrarios a la Palabra y a la voluntad de Dios? Lo hacemos porque queremos. No somos tentados por alimentos que no nos gustan, por miembros sin atractivos del sexo opuesto, por promociones indeseables. El anzuelo de la tentación del diablo es la garantía de hacernos creer que necesitamos algo fuera de la voluntad de Dios y nos dará satisfacción. Cuando así sea, no le creas. Nunca podrás satisfacer los deseos de la carne. Mientras más alimentas los deseos de la carne, más crecen. No puedes satisfacer los deseos de la carne, pero puedes ser satisfecho en Cristo. «*Bienaventurados lo que tienen hambre y sed de justicia, porque ellos serán saciados*» (Mateo 5:6). Te satisfarás manteniendo relaciones correctas, viviendo por el poder del Espíritu Santo y disfrutando del fruto del Espíritu.

¿Comer para vivir, o vivir para comer?

El alimento es el apetito esencial, puesto que es necesario para sobrevivir. De modo que comemos para vivir, pero cuando comenzamos a vivir para comer, el alimento ya no satisface. Por el contrario, nos consume y millones de personas se sienten impotentes para controlar sus deseos de seguir comiendo. Cuando tu cuerpo se priva de los nutrientes necesarios, naturalmente anhelas aquellos alimentos que te mantendrán sano y conservarán las funciones de tu sistema de inmunidad. Si comes para satisfacer los deseos naturales, estás sano y libre. Pero cuando el alimento te sirve para aliviar tu ansiedad o para satisfacer tu deseo desmedido de dulces, y otras cosas, perderás el control y los resultados afectarán negativamente tu salud.

No es coincidencia que Pablo mencione el mal uso de los alimentos con una seria advertencia: «*...en los postreros tiempos algunos apostatarán de la fe, escuchando a espíritus engañadores y a doctrinas de demonios*» (1 Timoteo 4:1). Una de las evidencias de los últimos tiempos será que algunos «*...mandarán abstenerse de alimentos...*» (v. 3) que tienen como propósito satisfacer una necesidad legítima. Anorexia y bulimia son desordenes en la alimentación, pero tienen poco que ver con comer. El problema básico es el engaño.

¿Te has preguntado por qué las mujeres jóvenes se privan de comida, se purgan o se fuerzan a defecar? Piensan que el mal está en ellas y tienen que hacerlo salir. Pablo dice: «*Así que, queriendo yo hacer el bien, hallo esta ley: que el mal está en mí*» (romanos 7:21). ¿Conseguirán deshacerse del mal con reducir, purgar o defecar? Por supuesto, no. A una joven que tomaba 75 laxantes diarios la animé para que dijera: «Renuncio a defecar como un medio para limpiarme; confío en la obra purificadora de Cristo». En cuanto dijo esto comenzó a llorar y siguió llorando de forma incontrolable por unos diez minutos. Cuando se hubo recuperado, le pregunté:

—¿Qué pensabas durante todo ese tiempo?

—¡No puedo creer que haya creído tantas mentiras! —respondió.

La esposa de un pastor me escribió después de una conferencia:

«Me cuesta comenzar a contarle todo lo que el Señor ha hecho en mi vida por medio de la verdad que comprendimos en la conferencia. Ahora estoy más consciente de los engaños del enemigo y esto hace que sea muy real mi gratitud por mi poderoso y misericordioso Salvador. Fui bulímica por once años. Pero ahora puedo estar todo el día en casa sola con una cocina llena de comidas y estar en paz. Cuando la tentación o la mentira de Satanás viene a mi mente, la rechazo de inmediato con la verdad. Estaba esclavizada por aquellas mentiras por muchas horas cada día, siempre con miedo a la comida. Ahora me regocijo en la libertad que me ha traído la verdad».

Pasiones sexuales desatadas

Pablo menciona a engañadores que prohibirán casarse en los últimos tiempos (1 Timoteo 4:3). Él enseñaba que el celibato era bueno, *«pero a causa de las fornicaciones, cada uno tenga su propia mujer, y cada una tenga su propio marido»* (1 Corintios 7:2). Los pecados sexuales forman una categoría por sí mismos. Pablo escribe: *«...Cualquier otro pecado que el hombre cometa, está fuera del cuerpo; mas el que fornica, contra su propio cuerpo peca»* (1 Corintios 6:18). Virtualmente, cada persona que he aconsejado ha confesado algún tipo de aberración sexual. Algunos eran esclavos de una lujuria incontrolable. Otros sufrían por abuso sexual.

El sexo es una parte de nuestro sistema nervioso autónomo dado por Dios. La función sexual normal es una parte regular, rítmica de la vida. Pero cuando Jesús dijo: *«Pero yo os digo que cualquiera que mira a una mujer para codiciarla, ya adulteró con ella en su corazón»* (Mateo 5:28). Estaba describiendo algo que sobrepasa el límite del propósito de Dios para el sexo. La palabra «deseo» es *epithumos*. El prefijo *epi* significa «añadir a» lo que quiere decir que algo se añade al impulso normal. Jesús nos exhorta a no añadir al impulso sexual otorgado por Dios, porque ensuciamos la mente con pensamientos lujuriosos. El único modo de controlar tu vida sexual, es controlar tus pensamientos. El siguiente testimonio revela cómo una mente contaminada lleva a la devastación:

> «Me crié en el que todos llamarían, un hogar perfecto. Mis padres eran cristianos y estaban muy comprometidos con la iglesia. Se salían de su camino para mostrar amor. Cuando llegué a la pubertad me interesé en el sexo como cualquier otro muchacho. Mi padre y mi madre no eran muy buenos para conversar en forma íntima, de modo que lo que aprendí provino de un libro que había en casa.
>
> En ese libro aprendí a masturbarme y no tardé en ser esclavo de ella. Después descubrí la pornografía y también me esclavizó. La encontraba en las tiendas donde no les parecía mal que un estudiante del último año de secundaria entrara. Yo estaba en mi propio mundo privado. Exteriormente era cristiano, comprometido con un grupo de jóvenes, consejero en un campamento cristiano y miembro de la «familia perfecta» de la iglesia. Interiormente era un esclavo de la pornografía y el pensamiento lujurioso.
>
> Ingresé a una universidad cristiana donde seguí alimentando mis hábitos lujuriosos. Me casé con una hermosa cristiana y ante todos los que nos conocían éramos la pareja ideal. Pero yo seguía con mi mundo privado que ni siquiera mi esposa conocía. Mi trabajo me mantenía viajando, viajes que me acercaban cada vez más al adulterio. Siempre pensaba que podía jugar con la pornografía sin cometer adulterio, pero finalmente ocurrió una y otra vez. Tenía sentimiento

de culpa y remordimientos, pero no llegaba a tener un verdadero arrepentimiento.

Finalmente, algunos sucesos, que pienso fueron preparados por Dios, llevaron todo al conocimiento de mi esposa y yo le confesé mi vida secreta de adicción sexual. Con la ayuda de sus libros *Una vía de escape*, *Victoria sobre las oscuridad* y *Rompiendo las cadenas*, pude descubrir mi libertad en Cristo. ¡No más esclavitud! ¡No más servidumbre al pecado!»

Una vía de escape

1 Corintios 10:13 dice: «*No os ha sobrevenido ninguna tentación que no sea humana; pero fiel es Dios, que no os dejará ser tentados más de lo que podéis resistir, sino que dará también juntamente con la tentación la salida, para que podáis soportar*». ¿Dónde está la vía de escape? En el mismo lugar donde se introduce la tentación: en tu mente. Toda tentación, comienza por un pensamiento introducido en tu mente por tu propia carnalidad o por el tentador en persona. Si abrigas el pensamiento y lo consideras una opción, finalmente actuarás y eso es pecado. En cambio, Pablo nos ordena que llevemos todo pensamiento cautivo a la obediencia a Cristo (2 Corintios 10:5). El primer paso para escapar de la tentación es detener todo pensamiento antes que cruce el umbral hacia tu mente.

Una vez que hayas detenido el pensamiento, el paso siguiente es evaluarlo a la luz de los ocho criterios de Pablo: «*Por lo demás, hermanos, todo lo que es verdadero, todo lo honesto, todo lo justo, todo lo puro, todo lo amable, todo lo que es de buen nombre; si hay virtud alguna, si algo digno de alabanza, en esto pensad*» (Filipenses 4:8). Pregúntate: «este pensamiento, ¿está en línea con la verdad de Dios? Si este pensamiento pasa a ser un hecho ¿el resultado será bueno y contribuirá a una vida de excelencia? ¿Aprobarán mis acciones los demás? ¿Es algo por lo que puedo dar gracias a Dios?» Si la respuesta a cualquiera de estas preguntas es no, desecha inmediatamente tal pensamiento y decídete por la verdad. Si el pensamiento regresa, continúa diciéndole no. Cuando aprendas a responder a los pensamientos tentadores deteniéndolos en la puerta de tu mente y evaluándolos sobre la base de la Palabra de Dios, habrás encontrado la vía de escape que la Palabra de Dios promete.

En contraste, si un pensamiento entra en tu mente y pasa la prueba de la verdad, la honra, la justicia y los demás criterios, «*...en esto pensad*» (v. 8) y «*...esto haced...*» (v. 9). «*...y el Dios de paz estará con vosotros*» (v. 9), este es un resultado infinitamente mejor comparado al dolor y el desorden de vida que proviene después de ceder a la tentación e involucrarnos en una conducta pecaminosa.

Sométete, confiesa, resiste y cambia

Las personas atrapadas en el ciclo pecar-confesar-pecar-confesar-pecar-confesar, con el tiempo perderán la esperanza de gozar de una verdadera victoria sobre el pecado. El poder de la voluntad solo no puede impedirles que repitan el pecado que acaban de confesar y Satanás derrame su condenación. El dominio propio parece una ilusión y la vida cristiana se convierte en una constante variación de altos y bajos.

Dios nos dará poder para vencer este ciclo pecaminoso de derrotas. «*Hijitos míos, estas cosas os escribo para que no pequéis; y si alguno hubiere pecado, abogado tenemos para con el Padre, a Jesucristo el justo*» (1 Juan 2:1). Además, tenemos un adversario que nos acusará de todo mal que hagamos. Debemos dirigirnos a nuestro justo Abogado y resistir a nuestro perverso adversario para disfrutar de la victoria y la libertad de la tentación y del pecado. «*Someteos, pues, a Dios; resistid al diablo, y huirá de vosotros*» (Santiago 4:7).

Someterse a Dios requiere más que un genuino arrepentimiento, que significa un cambio de mente y modo de vida. El siguiente testimonio muestra la manera en que un hombre venció el poder del pecado:

«Durante muchos años me vi involucrado en la pornografía y adicto a ella. Toqué fondo cuando finalmente mi esposa me sorprendió. Poco después de ser descubierto, mi esposa y yo estábamos en un

restaurante donde había un estante de libros cristianos para la venta. Entre ellos había uno de sus libros,
Cómo ayudar a encontrar libertad en Cristo (Unilit).
Yo sabía que era para mí. Eso dio comienzo a mi recuperación.

Había llegado hasta el punto de dudar de mi salvación. Dios, ¿me amaba realmente? ¿Habría esperanzas para mí? Ese libro, *Rompiendo las cadenas* y
Una vía de escape me ayudaron a comprender que
el enemigo de mi alma me había mentido y engañado. Así fue como seguí los Pasos hacia la libertad en
Cristo. ¡Ahora soy libre! Creo que tengo redención
y perdón de pecados, que estoy muerto al pecado y
vivo para Dios. Estoy tomando en serio mi responsabilidad de permanecer libre. Cada semana me re-
úno con un grupo de hombres de mi iglesia que
asumimos nuestra responsabilidad. Ahora tengo
diaria y regularmente mi devocionario en la presencia del Señor. Dios está haciendo por mí lo que no
podía hacer yo solo».

Acusado por el padre de mentiras

UNA DE LAS ACTITUDES MÁS COMUNES que he hallado en los cristianos, aun en pastores, líderes cristianos, sus esposas e hijos, es un profundo sentido de desprecio personal. Les he oído decir: «No soy importante; no cumplo los requisitos; no soy bueno». Estoy sorprendido por el número de cristianos que tienen paralizado su testimonio y productividad por pensamientos y sentimientos de inferioridad e indignidad.

Después de la tentación, quizás el ataque más insistente y frecuente de Satanás, sea la acusación. Por la fe hemos entrado en una relación eterna con el Señor Jesucristo. Como resultado hemos muerto al pecado y vivimos para Dios; y ahora estamos sentados en los lugares celestiales con Cristo. En Cristo somos importantes, hemos sido hechos aptos, somos amados. Satanás nada puede hacer para alterar nuestra posición en Cristo ni nuestro valor ante Dios. Pero puede engañarnos para que escuchemos y creamos sus insinuantes mentiras que nos acusan de ser de poco valor delante de Dios y para otras personas.

Satanás suele usar la tentación y la acusación como un brutal golpe de puño. Nos tienta diciendo: «¿Por qué no lo pruebas? Todos lo hacen. Además, puedes pasar inadvertido. ¿Quién se va a dar cuenta?» Entonces, tan pronto caemos en su línea de tentación, cambia su canción por la acusación: «¿Qué clase de cristiano eres que haces estas cosas? Das lástima como hijo de Dios. Nunca lograrás nada. Puedes renunciar a Dios, porque Dios ya ha renunciado a ti». Satanás es llamado «...*el acusador de nuestros hermanos, el que los acusaba delante de nuestro Dios día y noche*» (Apocalipsis 12:10). Todos hemos escuchado su voz mentirosa y odiosa en nuestros corazones y conciencias. Parece que nunca nos deja. Muchos cristianos se sienten perpetuamente desalentados y derrotados porque creen sus persistentes mentiras acerca de ellos. Los que ceden ante acusaciones terminan despojados de la libertad que Dios quiere que su pueblo disfrute. Un cristiano derrotado escribió:

> «Mis antiguos sentimientos acerca que la vida no vale la pena, regresan todo el tiempo. Estoy asustado, solitario, confuso y muy desesperado. En lo profundo, sabía que Dios había vencido esto, pero no podía superarlo. No podía orar. Cuando lo intentaba, había obstáculos en mi camino. Cuando me siento bien y empiezo a poner en acción lo que Dios quiere que haga, me quedo paralizado por aquellas voces y por una fuerza enormes que no me permite continuar. Estoy tan próximo a ceder ante tales voces que casi no las puedo enfrentar. Solo quiero paz».

Debes poner al acusador en su lugar

La buena noticia es que no tenemos que escuchar las acusaciones y mentiras de Satanás y vivir en la desesperación y derrotados. Zacarías 3:1-10 nos da la verdad esencial que necesitamos para resistir por la fe las acusaciones de Satanás y para vivir rectamente al servicio de Dios.

El Señor reveló al profeta Zacarías una escena celestial en que las acusaciones de Satanás contra el pueblo de Dios se ponen en su correspondiente perspectiva:

> *Me mostró al sumo sacerdote Josué, el cual estaba delante del ángel de Jehová, y Satanás estaba a su*

*mano derecha para acusarle. Y dijo Jehová a Satanás:
Jehová te reprenda, oh Satanás; Jehová que ha escogi-
do a Jerusalén te reprenda. ¿No es éste un tizón arre-
batado del incendio? Y Josué estaba vestido de vestiduras viles, y estaba delante del ángel»* (vv. 1-3).

El Señor reprende a Satanás

Observe los personajes de esta escena la que parece un tribunal celestial. El juez es Dios el Padre. El acusador es Satanás. El defensor es Jesús. El acusado es Josué el Sumo sacerdote, que representa a todo el pueblo de Dios. Históricamente, la entrada del
sumo sacerdote en el lugar santísimo cada año, era una ocasión
muy solemne. El sacerdote tenía que realizar elaborados ritos de
purificación y lavados ceremoniales antes de entrar, porque si no
se presentaba en forma correcta delante de Dios, podía caer muerto en el acto. El sacerdote llevaba campanillas en el borde de su
túnica para que desde fuera del santuario se pudiera escuchar si
todavía estaba vivo. Llevaba una cuerda atada al tobillo para poder arrastrarlo fuera del santuario interior si moría en la presencia
de Dios.

Así que aquí tenemos al sumo sacerdote llamado Josué, parado
en la presencia de Dios con ropas comunes, que representan los pecados de Israel. ¡Malas noticias! Satanás el acusador, dice: «Míralo
Dios, está inmundo. Merece la muerte». Pero Dios reprende al
acusador y lo pone en su lugar: «No eres el juez, y no puedes juzgar a mi pueblo». «He rescatado a Josué de las llamas del juicio y
tus acusaciones no tienen fundamento».

Esta escena de un tribunal, sigue cada noche con cada hijo de
Dios, Satanás persiste en señalar nuestras faltas y debilidades ante
Dios y exige que nos elimine por ser menos que perfectos. Pero
nuestro defensor en los cielos es Jesucristo y nunca ha perdido una
causa delante de Dios el Juez. Satanás no puede dar evidencias de
sus acusaciones porque Jesucristo nos ha justificado y vive para interceder por nosotros (Romanos 8:33, 34).

Al mismo tiempo que Satanás nos acusa delante de Dios, sus
emisarios nos acusan personalmente invadiendo nuestra mente

con falsos pensamientos de indignidad e injusticia ante los ojos de Dios: «¿Cómo puedes hacer eso si eres cristiano? No eres realmente un hijo de Dios». Pero Satanás no es tu juez; simplemente es tu acusador. Pero si le prestas atención y le crees, comenzarás a vivir según sus acusaciones como si fueran una sentencia que debes cumplir.

Cuando las acusaciones de Satanás te ataquen, no les prestes atención. En cambio, piensa: «He puesto mi confianza en Jesucristo, y soy hijo de Dios. Como Josué el sumo sacerdote, he sido rescatado por Dios del fuego del juicio y él me ha declarado justo. Satanás no puede dar un veredicto ni dictar una sentencia. Todo lo que puede hacer es acusarte, pero no le hagas caso».

El Señor nos quita las vestiduras viles

Las acusaciones de Satanás no tienen base porque Dios solucionó el problema de nuestras vestiduras comunes. La descripción de la escena celestial en Zacarías continúa:

> «Y habló el ángel, y mandó a los que estaban delante de él, diciendo: Quitadle esas vestiduras viles. Y a él le dijo: Mira que he quitado de ti tu pecado, y te he hecho vestir de ropas de gala. Después dijo: Pongan mitra limpia sobre su cabeza. Y pusieron una mitra limpia sobre su cabeza, y le vistieron las ropas. Y el ángel de Jehová estaba en pie» (Zacarías 3:4, 5).

Dios no solo nos ha declarado su perdón; también ha quitado nuestras vestiduras de injusticia y nos ha vestido de su justicia. Nótese que el cambio de ropaje es algo que Dios hace, no lo hacemos nosotros mismos. Nosotros mismos no tenemos vestidos de justicia para vestirnos, que satisfagan a Dios. Él debe cambiarnos en respuesta a nuestra sumisión a Él en fe.

El Señor nos amonesta a responderle

Habiendo reprendido a Satanás y hecho provisión para nuestra justicia, el Señor nos amonesta a responderle: «*Así dice Jehová de los*

ejércitos: Si anduvieres por mis caminos, y si guardares mi ordenan-
za, también tú gobernarás mi casa, también guardarás mis atrios, y
entre éstos que aquí están te daré lugar» (Zacarías 3:7). La condición
de Dios en este pasaje, nada tiene que ver con tu relación con él ni
con tu posición de justicia; dado que ya estás seguro. Estas amones-
taciones no tienen nada que ver con la derrota de Satanás, puesto
que ya ha sido derrotado. Tienen que ver con tu victoria diaria. Al
llamarnos para andar en sus caminos y realizar su servicio, el Señor sencillamente nos llama a vivir por la fe como hijos de Dios.
Significa crucificar la carne diariamente y andar según el Espíritu.
Significa considerarnos muertos al pecado y vivos para Dios. Significa no permitir que el pecado reine en nuestro cuerpo mortal. Significa llevar todo pensamiento cautivo a la obediencia de Cristo y
ser transformados por la renovación de nuestro entendimiento.

En respuesta a nuestro ministerio diario por medio de la obediencia, Dios promete que gobernaremos su casa y estaremos encar-
gados de sus atrios. Esto significa que participaremos activamente de
su autoridad en el mundo espiritual. Capaces de vivir victoriosos
sobre Satanás y el pecado; además de prometernos un libre acceso
a los lugares celestiales. Tenemos una línea abierta de comunicación con el Padre. A medida que operamos según su autoridad y
vivimos en comunión y armonía con él, nuestra victoria y fructifi-
cación diaria están seguras.

Reconociendo una distinción fundamental

Podrías preguntarte: «¿Cuál es la diferencia entre las acusaciones del diablo y la convicción del Espíritu Santo?» Pablo hace una
clara distinción en 2 Corintios 7: 9, 10:

> *«Ahora me gozo, no porque hayáis sido contristados,*
> *sino porque fuisteis contristados para arrepentimiento;*
> *porque habéis sido contristados según Dios, para que*
> *ninguna pérdida padecieseis por nuestra parte. Porque*
> *la tristeza que es según Dios produce arrepentimiento*
> *para salvación, de que no hay que arrepentirse; pero la*
> *tristeza del mundo produce muerte».*

Todo cristiano se enfrenta con la decisión de andar diariamente por el Espíritu o en la carne. Desde el momento que decides andar según la carne, comienzas a sentir convicción por el Espíritu Santo porque lo que has elegido no es compatible con lo que realmente eres. Si sigues en la carne tendrás la tristeza de la convicción.

Podrías preguntar: «¿Cómo puedo saber qué tipo de tristeza es la que sufro?» Determina si tus sentimientos reflejan pensamientos de verdad o de error, e identificarás su fuente. ¿Te sientes culpable, sin valor, estúpido o inepto? Ese es el pesar provocado por la acusación. Esos sentimientos no reflejan la verdad. Judicialmente ya no eres culpable, has sido justificado por la fe en Cristo y no hay condenación para los que están en Cristo Jesús. No eres indigno, Jesús dio su vida por ti. No eres estúpido ni inepto, tienes la mente de Cristo. Todo lo puedes en Cristo que te fortalece. Cuando encuentras que bajo tus sentimientos de pesar hay mentiras, especialmente si tus sentimientos te echan continuamente por tierra, estás siendo falsamente acusado. Aun si cambiaras, no te sentirías mejor, porque Satanás encontraría otra cosa con que atacarte. Para destruir el pesar de la acusación, debes someterte a Dios y resistir al diablo y sus mentiras.

Si estás triste porque tu conducta no refleja tu verdadera identidad en Cristo, ese es pesar según la voluntad de Dios y tiene por objetivo producir arrepentimiento. El Espíritu Santo te llama a reconocer, basado en 1 Juan 1:9; «Señor, he pecado». Tan pronto como confiesas y te arrepientes, Dios dice: «Me alegra lo que has confesad. Estas limpio. Ahora continúa». De esa confrontación sales libre y la tristeza se va. Tienes una nueva y positiva resolución de obedecer a Dios en aquello que fallaste.

Un ejemplo gráfico del contraste entre la acusación y la convicción, se halla en las vidas de Judas Iscariote y simón Pedro. De alguna manera Judas dejó que Satanás lo engañara para entregar a Jesús a cambio de 30 monedas de plata (Lucas 22:3-5). Cuando comprendió lo que había hecho, Judas sucumbió ante la tristeza según el mundo y se colgó. Su suicidio, ¿fue resultado de la acusación de Satanás o de la convicción de Dios? Tiene que haber sido acusación porque hizo que Judas se suicidara. La acusación lleva a la muerte; la convicción lleva al arrepentimiento para vida.

Pedro también falló negando a Jesús (Lucas 22:24-30). Jesús permitió que Satanás pasara por la zaranda a Pedro porque aparentemente éste le dio entrada al enemigo por la vanagloria. Pero Jesús miró a Pedro y dijo: *«pero yo he rogado por ti, que tu fe no falte; y tú, una vez vuelto, confirma a tus hermanos»* (v. 32).

Pedro había hecho voto de morir con Jesús, pero Jesús le dijo que le negaría tres veces (vv. 33, 34) y así fue.

El remordimiento de Pedro fue tan doloroso como el de Judas. Pero la tristeza de Pedro era de una convicción que conduce al arrepentimiento (Juan 21:15-17). Cuando tus sentimientos de remordimiento te tiran al suelo y te alejan de Dios, la acusación viene de Satanás. Resístele. Pero cuando tu tristeza te conduce a enfrentarte a Cristo y a confesar tu pecado, la convicción viene del Espíritu Santo. Sométete por medio del arrepentimiento.

Según Apocalipsis 12:10, la ocupación continua de Satanás es acusar a los hermanos. Pero la buena noticia es que la ocupación continua de Jesucristo es interceder por nosotros como lo hizo por Pedro. El autor de Hebreos declara: *«Por lo cual puede también salvar perpetuamente a los que por él se acercan a Dios, viviendo siempre para interceder por ellos»* (7:25). Tenemos un adversario persistente, pero tenemos un abogado aun más persistente y eterno que nos defiende ante el Padre sobre la base de nuestra fe en él (1 Juan 2:1).

La arena movediza de la acusación

¿Cuán importante es que aprendamos a resistir las persistentes acusaciones de Satanás? Es absolutamente vital para nuestra victoria diaria en Cristo. Todos en algún momento, hemos tenido la sensación de ser nadie, sin valor. Cuando nos sentimos como seres que nada valen, actuamos como personas sin valor y nuestra vida y ministerio sufren hasta que nos arrepentimos y decidimos creer la verdad. Pero Satanás no se da por vencido y tratará de abatirnos lanzándonos una falsa acusación tras otra. Si no le resistimos, podemos hacernos vulnerables a ataques aun más severos de Satanás.

La historia de Daniela es un caso extremo, pero ilustra lo que puede ocurrir a un cristiano que no toma una posición contra el acusador de los hermanos.

Un pastor me presentó a Daniela. Era una mujer cristiana con graves problemas emocionales. Ese mismo día, junto con ella vino Kurt, el novio. Después de presentármelos, el pastor se preparó para retirarse.

—Espera un momento, por favor. Prefiero que te quedes con nosotros —le dije.

—Tengo problemas cardiacos —respondió el pastor.

Puede ser que haya tenido problemas en el corazón, pero en realidad pensé que tenía miedo de lo que fuera a suceder.

—No creo que aquí ocurra algo que vaya a afectar tu corazón —le aseguré (no me daba cuenta de lo que podía pasar)—. Además, eres su pastor y apreciaré mucho tu apoyo en oración.

El pastor aceptó, pero de mala gana.

A medida que Daniela me contaba su historia, me di cuenta que el acusador de los hermanos había hecho un trabajo de primera calidad en ella. Había sido víctima de un abuso tras otro en su niñez y en su adolescencia. Sus antecedentes incluían una relación morbosa con un amigo que estaba comprometido con el ocultismo. A través de muchos años, Daniela había creído las mentiras de Satanás de que ella era la causa de los problemas y que no tenía valor delante de Dios ni ante los hombres. Su autoestima estaba sumergida en el fango. Reconociendo la famosa estrategia de Satanás, le dije:

—Daniela, podemos ayudarte con tu problema. Se desarrolla una batalla por tu mente y Dios nos ha dado la autoridad para ganarla.

Dicho esto, Daniela de pronto se puso catatónica. Se quedó tan quieta como una piedra, mirando al espacio con ojos vidriosos.

—¿La habían visto así con anterioridad? —le pregunté al pastor y al novio.

—No —respondieron, con los ojos completamente desorbitados. Estaban más que asustados.

—Bueno, no hay por qué preocuparse. Ya he visto esto antes —dije —. Vamos a asumir la autoridad de esto, pero es importante que los dos afirmen su posición correcta delante de Dios.

Oramos con el pastor. Cuando miré hacia Kurt para guiarlo en una oración, éste comenzó a temblar.

—Kurt, ¿hay algo entre tú y Dios que no está bien? Porque si es así, sugiero que lo arregles de inmediato.

En estas circunstancias, Kurt no necesitó que se le empujara. Comenzó a confesar sus pecados, incluida la revelación que él y Daniela habían estado durmiendo juntos. En respuesta a mi consejo, Kurt se comprometió a poner fin a esa práctica. Mientras tanto Daniela seguía inmóvil.

Después de orar juntos para que su vida quedara bien con Dios, le di a Kurt un papel para que leyera una oración que estaba escrita. En cuanto Kurt comenzó la lectura, Daniela hizo un gesto amenazador y luego se lanzó sobre él y arrebató el papel de sus manos. Satanás trataba de usar lo repentino de sus acciones para asustarnos. Por un instante quedamos atónitos pero nos dimos cuenta que era una táctica para causar temor. De ceder al temor, hubiéramos elevado a Satanás a una posición más alta que Dios. Aplicamos la autoridad de Dios y en oración unánime pedimos que el maligno fuese atado en el nombre del Señor Jesucristo.

¡Cómo quisiera haber filmado mi encuentro con Daniela ese día para mostrar a los escépticos lo que ocurre cuando los intentos de Satanás se ven confrontados con la autoridad de Dios! Se quedó sentada, retorciéndose, atada a la silla por las cuerdas de la autoridad de Dios. Sus ojos irritados de odio miraban a Kurt. Mas Daniela no odiaba a Kurt, lo amaba y estaban por casarse. Pero Satanás odiaba el hecho de que sus fortalezas en Kurt y Daniela se vieran derribadas y su odio se reflejaba en el rostro de Daniela.

Kurt terminó de leer la oración mientras Daniela seguía retorciéndose en la silla. Entonces oré:

—Señor, declaro nuestra dependencia de ti, porque sin Jesucristo nada podemos hacer. Ahora, en el nombre y con la autoridad del Señor Jesucristo, ordenamos a Satanás y a todas sus fuerzas que dejen libre a Daniela y queden atados para que ella pueda obedecer a su Padre celestial.

Repentinamente, Daniela se desplomó en la silla y despertó de su estado catatónico.

—¿Recuerdas lo que hemos estado haciendo? —le pregunté.

—No, ¿qué ha ocurrido? —respondió con expresión de asombro.

—No tienes por qué preocuparte —le dije—. De alguna manera Satanás ha logrado una entrada en tu vida y quisiéramos guiarte a través de los pasos hacia la libertad en Cristo.

Una hora más tarde, Daniela estaba libre.

¿Qué derecho tenía Satanás de controlar a Daniela? Sólo el derecho que le dio al ceder a sus mentiras y vivir en pecado. Satanás la había convencido de que era de poco valor y nada de lo que había hecho tenía importancia. Por eso ella vivía al borde de la inmoralidad y jugaba con el ocultismo, concediendo a Satanás un control aun mayor. Pero una vez que Daniela renunció a su relación con el pecado y con Satanás, se terminó la influencia que él tenía y tuvo que alejarse.

Para la mayoría de nosotros, las acusaciones engañosas de Satanás, no resultan en el tipo de esclavitud ilustrado por la experiencia de Daniela. Pero sí, puede hacerte dudar de tu valor ante los ojos de Dios o de tu efectividad como su hijo por medio de sus acusaciones. Puede neutralizar tu vida de servicio a Dios y poner tus sentimientos a prueba. Toma todo pensamiento cautivo. No creas nada de lo que Satanás dice acerca de ti porque es una mentira. Cree todo lo que Dios dice acerca de ti porque es la verdad lo que te hará libre.

El pecado imperdonable

A pesar de todas las afirmaciones bíblicas, por el contrario, muchos creyentes luchan con el temor de que han cometido un pecado imperdonable. Esto es algo fundamental para resolver, dado que una de las piezas de la armadura de Dios es el yelmo de la salvación (Efesios 6:17). Los atormentados por este temor generalmente sufren en silencio. Piensan que han cometido el pecado imperdonable blasfemando contra el Espíritu Santo. Este temor se debe por lo general a la ignorancia o es un ataque del enemigo. Consideremos Marcos 3:22-30:

> «*Pero los escribas que habían venido de Jerusalén decían que tenía a Beelzebú, y que por el príncipe de los demonios echaba fuera los demonios. Y habiéndolos llamado, les decía en parábolas: ¿Cómo puede Satanás echar fuera a Satanás? Si un reino está dividido contra sí mismo, tal reino no puede permanecer. Y si una casa está dividida contra sí misma, tal casa no puede permanecer. Y si Satanás se levanta contra sí mismo, y se divide, no puede permanecer, sino que ha llegado su fin. Ninguno puede entrar en la casa de un hombre fuerte y saquear sus bienes, si antes no le ata, y entonces podrá saquear su casa. De cierto os digo que todos los pecados serán perdonados a los hijos de los hombres, y las blasfemias cualesquiera que sean; pero cualquiera que blasfeme contra el Espíritu Santo, no tiene jamás perdón, sino que es reo de juicio eterno. Porque ellos habían dicho: Tiene espíritu inmundo*».

Es tarea exclusiva del Espíritu Santo conducir a las personas a Cristo. Si rechazas ese testimonio, entonces nunca podrás venir a Cristo y a la salvación. Los que acuden a Cristo son hijos de Dios y sus pecados y blasfemias les son perdonados porque están en Cristo. Si rechazas el testimonio del Espíritu de Dios, entonces nunca vendrás a Cristo. Por eso ningún cristiano puede cometer un pecado imperdonable. Delante de los escribas y fariseos estaba el Mesías, Jesús, el Hijo de Dios y ellos atribuyeron al diablo su ministerio de liberación de las personas, de la esclavitud del diablo. Hasta le acusaron de estar poseído por Satanás. Rechazaron completamente el testimonio del Espíritu.

Eran los mismos hombres que odiaban tanto a Jesús que maliciosamente organizaron la traición. Su arresto, su juicio escarnecedor, su flagelo, los golpes y la crucifixión. Detestaban a Jesús, lo maldijeron, le escupieron el rostro y se burlaron de él cuando colgaba de la cruz. Si el Espíritu santo te ha dado convicción y has confiado en Cristo, has hecho lo contrario del pecado imperdonable.

Hemos conversado con muchos creyentes que dudan de su salvación y están bajo una pesada convicción. El hecho de sentir convicción de pecados es la mejor evidencia de que son cristianos o que el Espíritu Santo los convence de su naturaleza pecaminosa y los guía hacia la salvación. Si el Espíritu Santo no estuviera obrando en ellos, esas cosas ni siquiera les preocuparían.

El diablo es un acusador. Es como un fiscal que por medio de engaños trata de desacreditar y de desanimar el testimonio. Apunta con su dedo acusador y dice: «¡Ajá! ¡Lo hiciste! No tienes esperanzas, blasfemaste contra el Espíritu Santo». Quizás hayas dudado de un don espiritual, o de un predicador ungido, o de una manifestación sobrenatural evidente. ¿Es eso blasfemar del Espíritu Santo? Por supuesto que no. En realidad se necesita discernimiento. Escucha a Juan: «*Amados, no creáis a todo espíritu, sino probad los espíritus si son de Dios; porque muchos falsos profetas han salido por el mundo*» (1 Juan 4:1). El cristiano puede entristecer al Espíritu Santo (Efesios 4:30) y aun apagar al Espíritu Santo (1 Tesalonicenses 5:19), pero ninguno de estos es imperdonable.

El peligro del engaño

ACABABA DE HABLAR EN EL SERVICIO del domingo por la noche cuando un amigo me pasó una nota que decía: «Traje una familia a la iglesia esta noche. ¿Podrías hablar con ellos antes de irte?» En realidad, estaba bastante cansado. Después de un fin de semana con varios compromisos como orador y aun tenía que atender algunas personas que me esperaban para conversar después del servicio. Sin embargo, si la familia podía esperar hasta terminara, accedí a hablar con ellos.

Yo no lo sabía, pero mi amigo había traído prácticamente a rastras a Alicia, de 26 años y a sus padres al servicio. Eran cristianos, pero cuando nos sentamos a conversar, era obvio que tenían un problema. Alicia fue la joven de aspecto más patético que haya visto en mi vida. Estaba peligrosamente delgada. Hacía tres días que había perdido su trabajo y sus ojos sin brillo demostraban que había perdido toda esperanza en la vida.

El padre de Alicia contó que ella había sufrido mucho de síndrome premenstrual durante la adolescencia y se había hecho adicta a los calmantes. Tenía mucho talento y había sido una cristiana muy comprometida. Pero en ese momento era una drogadicta y había sido arrestada por posesión ilegal de drogas de venta por receta. A medida que su padre contaba la triste historia, Alicia estaba sentada asintiendo a todo como si dijera: «Así es, todo eso soy yo y mi vida es un desastre».

Finalmente le tome las manos y dije:

—Quiero que me digas quién piensas que eres.

Soy un fracaso, no hay nada de bueno en mí —lloriqueó.

—No eres un fracaso —respondí—. Eres una hija de Dios.

Ella continuó expresando sus conceptos negativos acerca de sí misma y yo seguí contradiciendo su negativismo con las buenas nuevas acerca de quién era ella en Cristo. Se había hecho tarde y yo estaba cansado, pero mientras más conversábamos, más consciente estaba de la presencia de Cristo ministrando a Alicia. La animé para que orara, pidiéndole al Señor que le mostrara la fuente y la verdadera naturaleza de todos esos pensamientos negativos.

Después de orar dijo:

—¿Quiere usted decir que todos estos pensamientos negativos acerca de mí misma, no son sino un engaño de Satanás?

—Exactamente, Alicia —afirmé—. Le has estado prestando atención a un espíritu engañador y no tienes que creer tales mentiras. Cuando descubres quién eres en Cristo y aprendes a llevar todo pensamiento cautivo a la obediencia a Cristo, estarás libre de la esclavitud a la que te condena las mentiras de Satanás.

Dos semanas después, Alicia se inscribió en un curso intensivo de doce semanas sobre crecimiento espiritual en el Centro Julián cerca de San Diego. Al terminar el curso, Alicia había aprendido a tomar la iniciativa de creer la verdad en lugar de ser engañada por el padre de mentiras. Encontró trabajo y subió unas veinticinco libras. Ahora, Alicia es libre.

La estrategia número uno de Satanás

Si yo te tentara, lo sabrías. Si te acusara, lo sabrías. Pero si te engaño, no lo sabrías. Si supieras que te estoy engañando, ya no te podría engañar. Eva fue engañada y creyó una mentira. El engaño ha sido la estrategia fundamental de Satanás desde el principio. Por eso la verdad nos hace libres. Jesús oró: «*Santifícalos en tu verdad; tu Palabra es la verdad*» (Juan 17:17). «*...ceñidos vuestros lomos con la verdad...*» (Efesios 6:14), es nuestro principal medio de defensa.

Hay tres vías principales por las que Satanás tratará de disuadirte de la verdad de Dios y engañarte para que creas sus mentiras: el *autoengaño*, *los profetas / maestros falsos* y los *espíritus de engaño*. Nosotros somos vulnerables a las mentiras de Satanás si no llevamos todo pensamiento cautivo a la obediencia a Cristo (2 Corintios 10:5).

Cuidado con el autoengaño

Hay varias vías por las que nos podemos engañar a nosotros mismos:

Nos engañamos a nosotros mismos cuando oímos la Palabra pero no la hacemos (Santiago 1:22; 1 Pedro 1:13). Con frecuencia me he encontrado con pastores, misioneros y maestros de la Biblia que predican y enseñan contra los pecados que ellos mismo cometen. Los que somos llamados a predicar o a enseñar la Palabra de Dios, en primer lugar debemos aplicarnos el mensaje a nosotros mismos. Necesitamos arrodillarnos delante de Dios y preguntar: «Señor, lo que estoy por enseñar, ¿es una verdad en mi vida?». Si no, es mejor ser suficientemente honestos para decir a quienes nos oyen: «Quisiera ser un mejor ejemplo de este pasaje, pero aunque no lo soy, es necesario que predique todo el consejo de Dios. Por favor, oren por mí, como yo oro por ustedes, para que todos podamos vivir acordes a esta verdad». Proclamar la Palabra de Dios como si se reflejara en nuestra vida cuando no lo es, es vivir una mentira y nos engañamos a nosotros mismos.

Los que recibimos la Palabra, también somos vulnerables al autoengaño si no lo ponemos en práctica. Escuchamos un sermón o una lección y decimos: «¡Qué gran verdad!» y la damos a conocer a otros sin procesarla nosotros mismos y sin aplicarla a nuestra vida. Santiago dice que los oidores de la Palabra que no son hacedores de ella se engañan a sí mismos (Santiago 1:22).

¿Por qué tenemos miedo de reconocer cuando nuestra vida no concuerda perfectamente con la Escritura? ¿No sabemos que hemos sido perdonados y que Dios nos acepta por quienes somos? Su amor y aceptación incondicional nos dan la libertad para ser auténticos. Los que se sienten impulsados a ganar el amor y la aceptación de Dios, luchan con el perfeccionismo y se les hace difícil reconocer el fracaso. Pero no podemos ser modelos de perfección porque no somos perfectos; solo podemos ser modelo de *crecimiento*. La gente que nos rodea necesita saber que somos personas reales que están en el proceso de llegar a ser como Cristo. Necesitan ver como tratamos el fracaso y cómo administramos el éxito. Cuando somos modelo de este tipo de honestidad en la comunidad cristiana, ayudamos a reducir la posibilidad de que el engaño obtenga una entrada.

Nos engañamos a nosotros mismos cuando decimos que no tenemos pecado (1 Juan 1:8). La Escritura no dice que no tenemos pecado; dice que es posible que pequemos, porque el pecado reside en nuestro cuerpo mortal (Romanos 6:12). No somos santos sin pecado; somos santos que pecan. Es importante que llevemos una cuenta honesta de nuestro fracaso y tomemos nuestra cruz diariamente. Cuando tomamos conciencia de una discrepancia entre nuestra identidad en Cristo y nuestra conducta, debemos confesarla y ponerle remedio. La persona que se engaña, ignora las discrepancias pecaminosas y permite que se acumulen, va directamente a una caída.

Los que viven en la zona sísmica del sur de California oyen continuamente del «gran terremoto». Cuando los temblores menores afectan a los residentes de esa área, causándoles daños menores; los californianos del sur se alegran, dado que estos temblores menores indican que las placas subterráneas se desplazan y se acomodan a la presión. Los cambios lentos son buenos y si continúan sucediendo, existiría la posibilidad que nunca ocurrirá «el gran terremoto".

Lo mismo podemos aplicarnos a nosotros. Si decimos, «no tengo pecado», o no reconocemos nuestros fracasos y ajustamos nuestras diferencias con las personas y con Dios; entonces tendremos la gran crisis. Podemos decidir humillarnos pero si no lo hacemos, Dios nos humillará. «*...Dios resiste a los soberbios y da gracia a los humildes*» (Santiago 4:6). Testimonio de esto es el alcohólico que no reconoce que tiene un problema hasta que pierde la salud, la familia, el trabajo y los amigos. El pecado no reconocido es como las células cancerosas. Si se detecta en una etapa temprana de desarrollo por medio de controles regulares, el pronóstico es bueno; pero si se le permite desarrollarse sin detectarlo, el pronóstico es malo. Si vivimos en la luz y llevamos cuentas diarias delante de Dios, evitamos una grave crisis espiritual.

Nos engañamos a nosotros mismos cuando pensamos que somos algo que no somos (Romanos 12:3; Gálatas 6:3). La Escritura nos dice que no tengamos más alto concepto de nosotros mismos que el que debamos tener. «Pero yo sé quien soy», tú dices. «Soy un hijo de Dios; estoy sentado con Cristo en lugares celestiales. Todo lo puedo en Él. Eso me hace muy especial». Sí, eres muy especial ante los ojos de Dios. Pero eres lo que eres por la gracia de Dios (1 Corintios 15:10). Tu vida, los talentos que posees y los dones recibidos no son logros personales; son la expresión de la gracia de Dios. Nunca te acredites lo que Dios te ha provisto; más bien, deléitate en cumplir dignamente los hechos que glorifican al Señor.

Nos engañamos a nosotros mismos cuando nos creemos sabios en esta era (1 corintios 3:18, 19). Lo máximo de la arrogancia intelectual es creerse sabio sin la revelación de Dios. *«Profesando ser sabios se hicieron necios»* (Romanos 1:22). A veces somos tentados a pensar que podemos competir en agudeza e intelecto con el dios de este siglo. Pero no podemos competir con él en la carne. Cuando pensamos que podemos superar a Satanás por nuestros propios medios, somos los primeros candidatos a ser extraviados por su astucia. Sin embargo, Satanás no puede competir con Dios. Es importante que nosotros no nos apoyemos en nuestra propia prudencia, sino empleemos la mente de Cristo y le reconozcamos en todos nuestros caminos (Proverbios 3:5, 6; 1 Corintios 2:16).

Nos engañamos a nosotros mismos cuando pensamos que somos religiosos pero no ponemos freno a nuestra lengua (Santiago 1:26). Nada entristece más a Dios que cuando con nuestra boca denigramos a las personas en lugar de edificarlas. Jamás, debemos utilizar nuestra lengua para derribar a otros. En cambio debemos edificarnos unos a otros con lo que decimos y dar gracia a los que nos oyen (Efesios 4:29, 30). Si tu lengua está fuera de control, te estás engañando al creer que tiene una vida espiritual coherente.

Nos engañamos a nosotros mismos cuando pensamos que no segaremos lo que sembramos (Gálatas 6:7). Como cristianos, a veces creemos que este principio no es para nosotros. Pero tendremos que vivir con las consecuencias de nuestros pensamientos, palabras y acciones, sean buenas o malas.

Nos engañamos a nosotros mismos cuando pensamos que los injustos heredarán el reino de Dios (1 Corintios 6:9, 10). Catalina, una joven que asistía a una de las iglesias donde yo trabajé, un día entró a mi oficina completamente destrozada. Acababa de enterarse que su hermana mayor, quien la había llevado a Cristo, se había apartado de Dios y mantenía una relación lesbiana. «Mi estilo de vida no importa; Dios me ama y me ha personado», era su argumento. Catalina estaba angustiada y confusa.

Le pedí que buscara 1 Corintios 6: «*¿No sabéis que los injustos no heredarán el reino de Dios? No erréis; ni los fornicarios, ni los idólatras, ni los adúlteros, ni los afeminados, ni los que se echan con varones* (homosexuales)..., *heredarán el reino de Dios*» (vv. 9, 10). De alguna manera, la hermana de Catalina y otras como ella se engañan y no pueden entender esta verdad. Una vida descaradamente pecaminosa es una evidencia muy fuerte de una posición injusta delante de Dios. El evangelio no es por obras; es cuestión de identificar a los verdaderos discípulos por sus frutos. Estás engañado si crees que tu estilo de vida no necesita estar en línea con tu profesión de fe.

Nos engañamos a nosotros mismos cuando pensamos que podemos andar continuamente en mala compañía sin corrompernos (1 Corintios 15:33). Cuando yo era un creyente nuevo solía escuchar un disco de un evangelista de Nueva Orleáns a quien llamaban «el predicador de la Calle Borbón». Este hombre vivía en un barrio de vida licenciosa y pretendía tener un ministerio con las prostitutas y a otros personajes de dudoso carácter. Pero según 1 Corintios 15:33, quienquiera que esté por mucho tiempo en ese ambiente va a tener problemas. Eso fue lo que le ocurrió a este evangelista. Se enredó tanto con el lado sórdido de la calle Borbón que a la larga perdió su ministerio.

¿Significa esto que no podemos ministrar a gente de baja moral? No, debemos presentarles a Cristo. Sin sumergimos en su ambiente.

Cuidado con los maestros y profetas falsos

No hace mucho tiempo, un hombre de poco más de treinta años me fue derivado para atenderlo. Álvaro estaba desalentado y derrotado. Por varios años había creído que tenía un especial don de Dios para las profecías. Lo invitaban de diversas iglesias para hablar como emisario de Dios profetizando en un modo característico. Pero a lo largo de algunos meses su vida personal comenzó a desmoronarse. Finalmente llegó hasta el punto de no poder circular en sociedad y comenzó a apartarse completamente de la gente. Cuando me vino a ver hacía dos años que estaba sin trabajo. Su padre lo mantenía y era esclavo de drogas.

Álvaro y yo leímos 1 Tesalonicenses 5:19-21: «*No apaguéis al Espíritu. No menospreciéis las profecías. Examinadlo todo; retened lo bueno*».

—Álvaro —le dije—, aquí dice la Biblia que hay un don de profecía. Pero Satanás puede falsificar los dones espirituales y engañarnos para que creamos que son de Dios. Por eso la Escritura nos dice que pongamos todo a prueba.

Después de una larga discusión sobre profetas y maestros falsos Álvaro dijo:

—Pienso que mi problema comenzó cuando no probé los «dones» de lenguas y de profecía que me confirieron falsos maestros —reconoció—. No solo yo fui engañado; también engañé a otros.

—¿Estás dispuesto a poner a prueba tu don de lenguas? —pregunté.

Le aseguré a Álvaro que íbamos a probar al espíritu, no a él. Estuvo de acuerdo, así que le pedí que comenzara a orar en voz alta en su «lenguaje espiritual». Cuando Álvaro comenzó a orar en lo que pensaba era el don de lenguas, dije:

—En el nombre de Jesucristo y en obediencia a la Palabra de Dios, pido a este espíritu que se identifique.

Álvaro dejó de orar y dijo:

—Yo soy él.

En una situación como esta, si eres inexperto en esta materia o careces de discernimiento espiritual, podrías ser tentado a quitar el calzado de tus pies, pensando que estás en tierra santa. Pero yo seguí probando al espíritu:

—¿Eres el Cristo que fue crucificado por orden de Poncio Pilato, fue sepultado y resucitado al tercer día y que ahora está sentado a la diestra del Padre?

—No; no soy él —fue la respuesta.

Obviamente era un espíritu maligno.

Los que están en contra de ciertos dones del espíritu, escuchen la instrucción de Pablo: «*Así que, hermanos, procurad profetizar, y no impidáis el hablar lenguas*» (1 Corintios 14:39) y «*No apaguéis al Espíritu. No menospreciéis las profecías*» (1 Tesalonicenses 5:19, 20). Para los que desean la plenitud de Dios pero carecen de discernimiento, escuchen la instrucción de Pablo: «*Examinadlo todo; retened lo bueno. Absteneos de toda especie de mal*» (1 Tesalonicenses 5:21, 22). Los profetas y maestros falsos surgen porque los cristianos aceptan su ministerio sin ejercer el discernimiento espiritual.

Comparar lo falso con lo verdadero

Todo verdadero profeta de Dios en el Antiguo Testamento era esencialmente un evangelista. El profeta verdadero llevaba al pueblo de regreso a Dios y a su Palabra. El llamado a la justicia era la norma que separaba al verdadero profeta de quien no lo era. Jeremías escribe: «*Así ha dicho Jehová de los ejércitos: No escuchéis las palabras de los profetas que os profetizan... No envié yo aquellos profetas, pero ellos corrían; yo no les hablé, mas ellos profetizan. Pero si ellos hubieran estado en mi secreto, habrían hecho oír mis palabras a mi pueblo, y lo habrían hecho volver de su mal camino, y de la maldad de sus obras*» (23:16, 21, 22).

El Señor reveló por medio de Jeremías, otro criterio para distinguir el profeta verdadero del falso: *«Yo he oído lo que aquellos profetas dijeron, profetizando mentira en mi nombre, diciendo: Soñé, soñé... El profeta que tuviere un sueño, cuente el sueño; y aquel a quien fuere mi palabra, cuente mi palabra verdadera. ¿Qué tiene que ver la paja con el trigo? dice Jehová»* (vv. 25, 28). Dios advierte a su pueblo contra los profetas que dan más valor a sus sueños que a Su Palabra.

Dios solía hablar a su pueblo de la Biblia, por medio de sueños. Pero en comparación con el nutritivo grano de su Palabra, los sueños son solo paja. Si le das nada más que paja a tu ganado, morirá. Duermen sobre la paja, pero no la comen porque no tiene valor nutritivo. De igual manera, los sueños son de algún valor, pero no se pueden igualar a la Palabra de Dios, ni sirven como base para nuestra fe. Los sueños deben estar en armonía con la Palabra de Dios, y no por el contrario.

Jeremías continúa: *«¿No es mi palabra como fuego, dice Jehová, y como martillo que quebranta la piedra?»* (23:29). Si asistes a una comunidad donde las profecías son parte del culto público, no esperes profecías como «Yo os amo, hijitos» o «Vengo pronto». Si los miembros de la congregación viven en pecado (aunque tales afirmaciones son verdad y los que conocen la Biblia ya debieran conocerlas), el Espíritu de Dios no va a adormecer su pueblo en una complacencia injusta. Recuerda, el juicio comienza por la casa de Dios (1 Pedro 4:17).

Un mensaje profético debiera motivar al pueblo a la justicia, y no apaciguarlo en su pecado. Según Pablo, el don de profecía revelará los secretos del corazón de una persona, provocándole a caer sobre su rostro y adorar a Dios (1 Corintios 14:24, 25). Dios está más preocupado por la pureza de la iglesia que de su crecimiento. Porque la pureza de la iglesia es un requisito esencial para su crecimiento. El consuelo es solo para los que sufren y son perseguidos por causa de la justicia.

Jeremías da otras evidencias de lo que es un falso profeta: *«Por tanto, he aquí que yo estoy contra los profetas, dice Jehová, que hurtan mis palabras cada uno de su más cercano»* (23:30). Eso es plagio;

tomar lo que Dios le dio a otro y usarlo como si fuera tuyo: «*Dice Jehová: He aquí que yo estoy contra los profetas que endulzan sus lenguas y dicen: Él ha dicho*» (v. 31).

Declarar que tus palabras vienen directamente del Señor cuando no es así, es una tremenda ofensa a Dios. La manipulación de las personas, pretendiendo que una palabra viene del Señor es un abuso espiritual. Por ejemplo, he aconsejado a varias esposas cuyos maridos les dijeron: «Dios me ha revelado que tenemos que casarnos».

Hay otro engaño sutil del que debemos estar conscientes. ¿Te ha dicho alguien alguna vez, «El Señor me dijo que te dijera?» Yo probablemente respondería: «No, el Señor nada te ha dicho». Si Dios quiere que yo sepa algo, ¿por qué no me lo habría de decir directamente? Creo en el sacerdocio de los creyentes; Dios puede animarnos y confirmar su palabra a nosotros por medio de otras personas. Por ejemplo, otra persona puede darme un mensaje profético llamándome a arreglar mis asuntos con Dios de modo que él pueda guiarme. Pero cuando Dios habla a sus hijos: «Porque hay un solo Dios, y un solo mediador entre Dios y los hombres, Jesucristo hombre» (1 Timoteo 2:5). Ningún cristiano puede funcionar como médium.

Señales y maravillas: ¿Quién es probado?

El falso profeta queda delatado cuando sus profecías no se cumplen. Moisés nos ordena no creerle al profeta cuyas predicciones fallan (Deuteronomio 18:22). También Deuteronomio 13:1-3 nos advierte acerca del falso profeta cuyas señales y maravillas son verdaderas: «*Cuando se levantare en medio de ti profeta, o soñador de sueños, y te anunciare señal o prodigios, y si se cumpliere la señal o prodigio que él te anunció, diciendo: Vamos en pos de dioses ajenos, que no conociste, y sirvámosles; no darás oído a las palabras de tal profeta, ni al tal soñador de sueños; porque Jehová vuestro Dios os está probando, para saber si amáis a Jehová vuestro Dios con todo vuestro corazón, y con toda vuestra alma*» (véase además, Mateo 24:4-11, 23-25; Apocalipsis 13:11-14).

Es un error suponer que toda experiencia milagrosa es de Dios. Él puede usar señales y maravillas para confirmar la Palabra, pero la Biblia también advierte que «*Porque se levantarán falsos Cristos y falsos profetas, y harán señales y prodigios, para engañar, si fuese posible, aun a los escogidos*» (Marcos 13:22). También Satanás puede mostrar señales y maravillas, pero lo hace con el solo propósito de alejarnos de la adoración que debemos a Dios. Deuteronomio 13:5-11 revela la gravedad de atribuir a Dios la actividad de Satanás. Las personas comprometidas en eso debían ser ejecutadas aun cuando fueran familiares. Debemos amar a Dios, obedecer su Palabra y probar todas las señales, maravillas y sueños.

Falsificaciones en la iglesia

¿Qué te viene a la mente cuando oyes las expresiones "falsos profetas" y "falsos maestros?" Mucha gente tiene la tendencia a pensar en místicos y *gurús* orientales, los portavoces de otras religiones o líderes dinámicos de alguna secta. Personas que están definitivamente fuera de los límites de la iglesia cristiana. También, el apóstol Pedro dedica todo un capítulo de una de sus cartas a los profetas y maestros falsos que obran dentro de la iglesia: «*Pero hubo también falsos profetas entre el pueblo, como habrá entre vosotros falsos maestros, que introducirán encubiertamente herejías destructoras, y aun negarán al Señor que los rescató, atrayendo sobre sí mismos destrucción repentina*» (2 Pedro 2:1). Es claro que en nuestras iglesias puede haber falsos profetas y falsos maestros disfrazados como maestros de justicia.

Observa cómo los falsos maestros te seducen para que sigas sus engañosas enseñanzas: «*Y muchos seguirán sus disoluciones, por causa de los cuales el camino de la verdad será blasfemado*» (v. 2). Seguimos sus disoluciones cuando elevamos la apariencia, la calidad de la ejecución, el encanto y la personalidad por sobre la verdad: «es una buena persona», «es muy carismático», «es un orador realmente dinámico», «es tan dulce y parece tan sincera». Tener atractivo físico o una personalidad carismática no son criterios bíblicos para validar un ministerio. Las normas son *verdad* y *justicia*; y los falsos maestros difaman ambas cosas.

Pedro pasa a revelar dos maneras por las cuales podemos identificar a los falsos profetas y falsos maestros que obran dentro de la iglesia. Primero, llega el momento en que ellos revelan su inmoralidad, «...*siguiendo la carne, andan en concupiscencia e inmundicia...*» (v. 10). Pretenden que Dios es todo amor y gracia, de modo que no podemos regirnos por absolutos morales. Quizás no sea fácil detectar su inmoralidad, pero en algún momento aflorará en sus vidas (2 Corintios 11:13-15).

Segundo, los falsos profetas y falsos maestros «desprecian el señorío» y son atrevidos y contumaces (2 Pedro 2:10). Estas personas tienen un espíritu independiente. No se someten a la autoridad de una denominación o cobertura espiritual, pero establecen su propio comité que aprobará todo cuanto ellos quieran hacer.

Hay tres posiciones de liderazgo del Antiguo Testamento que tienen un equivalente funcional dentro de la iglesia: profeta (predicaciòn y enseñanza), sacerdote (cuidado y seguimiento pastoral) y rey (administración). Solo Jesús, en su perfección puede ocupar los tres roles simultáneamente. Creo que necesitamos el control y equilibrio de una pluralidad de ancianos en la iglesia, distribuyendo los tres roles con más de una persona. La autoridad absoluta corrompe absolutamente. Los cristianos comprometidos en funciones de liderazgo necesitan someterse ellos y sus ideas a otros cristianos maduros que los tengan por responsables. Necesitas buscar otra iglesia si tu pastor no está bajo autoridad o si no muestra el corazón de un pastor y de un siervo.

Cuidado con los espíritus engañadores

Además de engañarnos a nosotros mismos y de ser engañados por profetas y maestros falsos, podemos estar siendo engañados por espíritus engañadores. «*Pero el Espíritu dice claramente que en los postreros tiempos algunos apostatarán de la fe, escuchando a espíritus engañadores y a doctrinas de demonios*» (1 Timoteo 4:1). Juan también nos advierte que probemos los espíritus para desenmascarar a los anticristos (1 Juan 2:18) y para distinguir el espíritu de verdad del espíritu de error (4:1-6). Las fuerzas demoníacas de Satanás están en acción tratando de contaminar tu mente con mentiras a fin de evitar que camines en la verdad. Hannah Whitehall Smith escribió:

> «Existen las voces del mal y de los espíritus engañadores que mienten, a la espera de enlazar a todo viajero que entre en las regiones más elevadas de la vida espiritual. La misma epístola que nos dice que estamos sentados en los lugares celestiales con Cristo, también nos dice que tendremos que luchar contra enemigos espirituales. Estos enemigos espirituales, deben comunicarse necesariamente con nosotros por medio de nuestras facultades espirituales y sus voces, como la voz de Dios sobre nuestro espíritu. En consecuencia, así como el Espíritu Santo puede decirnos cuál es la voluntad de Dios para nosotros, así también estos enemigos espirituales nos dicen por medio de impresiones lo que es la voluntad de ellos para nosotros, aunque no nos dan su nombre».[1]

Debido a la naturaleza engañosa de sus impresiones, la voz de Satanás no siempre se puede detectar en forma objetiva. La siguiente oración expresa la actitud que debiéramos tener cuando sospechamos de un falso profeta, un falso maestro o un espíritu de engaño:

> «Padre celestial, me someto sin reservas a tu voluntad. Te ruego me muestres la verdadera naturaleza de esta persona o espíritu. Si he sido engañado de alguna manera, te ruego que abras mis ojos al engaño. Ordeno, en el nombre de Jesucristo, que todos los espíritus engañadores se aparten de mí y renuncio a todos los dones falsificados y los rechazo (o cualquier otro fenómeno espiritual). Señor, si viene de ti, bendícelo y que crezca, para que tu cuerpo sea bendecido y edificado por su intermedio. Amén.»

Discernimiento espiritual

El discernimiento espiritual es nuestra primera línea de defensa contra el engaño. El Espíritu Santo ha hecho morada en cada creyente y no calla cuando encontramos las falsificaciones. El discernimiento es una pequeña alarma que se enciende en nuestro interior cuando algo anda mal. Por ejemplo, ¿has visitado a alguien en su hogar donde todos son muy corteses y exteriormente todo parece estar en orden, pero tu sientes una pesadez en el ambiente? Aunque nada visible te lo puede confirmar, tu espíritu capta que algo anda mal.

Para tener un espíritu con discernimiento, necesitas examinar tus motivos. En 1 Reyes 3, el joven rey de Israel clama a Dios pidiendo ayuda. Dios viene a Salomón en un sueño y le pregunta lo que quiere. Entonces Salomón responde: «*Da, pues, a tu siervo corazón entendido para juzgar a tu pueblo, y para discernir entre lo bueno y lo malo...*» (v. 9). «*Y le dijo Dios: Porque has demandado esto, y no pediste para ti muchos días, ni pediste para ti riquezas, ni pediste la vida de tus enemigos, sino que demandaste para ti inteligencia para oír juicio, he aquí lo he hecho conforme a tus palabras; he aquí que te he dado corazón sabio y entendido...*» (vv. 11, 12).

La motivación del verdadero discernimiento no es la promoción de sí mismo, la ganancia personal ni lograr una ventaja sobre otra persona, ni siquiera sobre un enemigo. La palabra griega para discernimiento, *diakrino*, sencillamente significa hacer un juicio o una distinción. El discernimiento tiene una función: distinguir el bien del mal para recibir lo bueno y desechar lo malo. En 1 Corintios 12:10, el discernimiento es la capacidad divinamente concedida de distinguir un buen espíritu de uno malo. Es una manifestación del Espíritu, que ha de ser utilizada para la edificación de la iglesia.

El discernimiento espiritual no es una función de la mente; es una función del espíritu. Nuestra unión con Dios es lo que posibilita el discernimiento espiritual. Nosotros trazamos rectamente la palabra de verdad con nuestra mente, pero el Espíritu nos ayuda a conocer lo que no se puede verificar objetivamente. Podemos discernir si algo es bueno o malo, pero no siempre podemos verificarlo objetivamente.

En muchos casos de consejería puedo percibir en mi espíritu que algo está mal y sé subjetivamente que el problema real no ha salido a la superficie. A veces tengo la impresión de conocer cuál es el problema, pero en lugar de decirlo, lo pruebo. Por ejemplo, si discierno que mi aconsejado es esclavo del homosexualismo, no digo: «Eres homosexual, ¿verdad?». Eso sería un juicio. Si no que pruebo la impresión en el momento oportuno diciendo algo así: «¿Has luchado con pensamientos o tendencias homosexuales?» Si mi discernimiento coincide con la obra de convicción del Espíritu Santo en el aconsejado, el problema usualmente sale a la superficie y se puede solucionar.

Satanás también puede falsificar el discernimiento, llevando a algunos a pensar que tienen discernimiento espiritual dado por Dios. Laura una estudiante que aconsejé, fue engañada por la versión del discernimiento de Satanás. Había visitado a un consejero porque se sentía profundamente turbada. Cuando me vino a ver, Laura me explicó que ella podía caminar por la universidad y señalar a los estudiantes que tenían problemas con drogas y con sexo. No tenía hechos ni información fidedigna; solo «sabía». Y por lo que yo podía conocer de ella, tenía razón. Laura pensaba que ella tenía un don poco usual de Dios. También me dijo que hacía juegos mentales con su consejero.

Cuando dijo eso, me di cuenta que había algo malo en su espíritu.

—Laura, te gusta tener poder sobre la gente, ¿verdad? —le dije.

En el momento mismo que lo delaté, el espíritu falso se manifestó en mi oficina. Cuando finalmente halló su libertad en Cristo, ya no tenía la habilidad de identificar los pecados de otros. La mente de Laura estaba tan quieta que tuvo que aprender a vivir sin el ruido de sus «acompañantes» que le habían oprimido la mente durante años.

Los espíritus malignos obran en el reino de lo demoníaco como el Espíritu Santo en la esfera cristiana. ¿Has sabido que alguien es cristiano antes que esa persona dijera algo al respecto? ¿Has tenido la sensación de un espíritu compatible con otros creyentes? No hay nada de mágico en ello; es la presencia del Espíritu Santo que da testimonio a tu espíritu. En otros momentos, el Espíritu Santo te advierte que el espíritu que controla a otra persona no es un espíritu compatible.

Si aprendieran a estar más espiritualmente conscientes en nuestras iglesias y hogares, Dios nos guardaría de muchos desastres. En el mundo occidental, la orientación cognitiva del cerebro excluye el discernimiento como guía esencial para la navegación en el mundo espiritual. Pero el autor de Hebreos identifica a quienes tienen discernimiento: «*pero el alimento sólido es para los que han alcanzado madurez, para los que por el uso tienen los sentidos ejercitados en el discernimiento del bien y del mal*» (5:14).

No puedes delatar los engaños de Satanás por medio del razonamiento humano; solo puedes hacerlo por la revelación del Espíritu de Dios. Jesús dijo: «*...Si vosotros permaneciereis en mi palabra, seréis verdaderamente mis discípulos; y conoceréis la verdad, y la verdad os hará libres*» (Juan 8:31, 32). Jesús oró: «*Santifícalos en tu verdad; tu palabra es verdad*» (Juan 17:17). Es fundamental que cuando te pongas la armadura de Dios, comiences con el cinto de la verdad (Efesios 6:14). La luz de la verdad es la única arma válida contra las tinieblas del engaño.

Termino este capítulo con una alentadora carta que recibí de una joven que estaba atrapada en el engaño hasta que Jesús la puso en libertad cuando la llevó a través de los pasos hacia la libertad:

> «Siempre recordaré el día cuando acudí a usted en busca de consejo y oración. Desde ese día he sentido esa libertad. Ya no hay más voces o sentimientos de pesadez en mi cerebro. Estoy disfrutando de una sensación física de libertad. Satanás ha regresado en diversas oportunidades tratando de azotarme con aquellos antiguos pensamientos, pero ya no tiene dominio sobre mí.
>
> Nunca olvidaré lo que usted me dijo. Acerca de que los pensamientos negativos que tenía de Dios y de mí, eran mentiras de Satanás plantadas en mi

mente. Dijo que yo tengo el poder por medio de Jesucristo, de rechazar a Satanás y de librarme de sus malos pensamientos. Me ha llevado un tiempo creer realmente eso con todo mi corazón, pero últimamente he decidido repeler los ataques, y eso funciona. Ha sido maravilloso poder enfrentar mis problemas con una mente clara».

El peligro de perder el control

RECIBÍ LA SIGUIENTE CARTA de una joven desconocida. Graciela asistió un sábado, a una conferencia que dirigí en la iglesia a la cual asistía, en la que hablé sobre el modo de resolver los conflictos personales y espirituales. El domingo, el pastor de la iglesia me entregó la siguiente carta de Graciela:

Estimado Neil:

He sido liberada, gracias al Señor. Ayer, por primera vez en años, cesaron las voces. Podía escuchar el silencio. Cuando cantamos podía oír mi canto.

Los primeros catorce años de mi vida los pasé con una madre opresiva y abusadora que nunca dijo, «te quiero», ni me abrazó cuando yo lloraba. No recibí afecto, palabras cariñosas, ni aprobación, sólo abuso físico y emocional. A los quince años me sometieron al Erhard Seminar Training (EST) durante tres semanas, lo que realmente oprimió mi mente. El año siguiente fue un verdadero infierno. Mi madre me expulsó de la casa y fui a vivir con otra familia. Finalmente ellos también me echaron.

Tres años después encontré a Cristo. Mi decisión de confiar en Cristo, se basó principalmente en mi miedo a Satanás y al poder del mal que yo sufrí en mi vida. Aun cuando sabía que Satanás ya me había perdido como posesión suya, yo estaba inconsciente de lo vulnerable que aún era a su engaño y su control. Durante los dos primeros años de mi vida cristiana fui esclava de un pecado. Ni siquiera sabía que era pecado. Cuando me di cuenta de mi pecado, lo confesé a Dios y recibí el perdón. Pensé que finalmente estaba libre de los esfuerzos de Satanás por controlarme. No comprendí que la batalla acababa de comenzar. Sufrí inexplicables sarpullidos, urticaria y verdugones por todo mi cuerpo. Perdí el gozo y la intimidad con el Señor. Ya no podía cantar ni citar las Escrituras. Me volví a la comida como consuelo y seguridad. Los demonios me atacaron en el sentido de lo bueno y lo malo. Me vi envuelta en la inmoralidad, consecuencia de mi búsqueda de identidad y amor. Pero todo esto terminó ayer cuando renuncié al control de Satanás sobre mi vida. He hallado la libertad y protección que vienen de saber que soy amada. No estoy en la cumbre del entusiasmo. Le escribo con una mente clara, un espíritu limpio y una mano tranquila. Aun mi esclavitud a la comida me ha parecido repentinamente ajena.

Nunca había entendido que el cristiano puede ser tan vulnerable al control de Satanás. Estaba engañada, pero ahora estoy libre. Gracias a usted, gracias a ti, Jesús.

Graciela

El caso de Graciela, es un ejemplo que nos enseña la dimensión de la vulnerabilidad que existe en la mayoría de los cristianos y de lo cual no quiere hablar: *la pérdida del control*. Sin embargo, todo ministerio de recuperación trabaja con personas que han perdido el control de su vida por el alimento, sexo, drogas, alcohol o juego. Para Graciela, la vida se había hecho incontrolable y hay muchos como ella. No podía ejercer control alguno sobre sus hábitos alimenticios ni sobre su conducta sexual. En realidad podía, pero ella no sabía cómo. Los cristianos en general están de acuerdo en que son vulnerables a la tentación del enemigo, a la acusación y el engaño. Pero, por alguna razón vacilamos en considerar lo que ocurriría si nos rendimos voluntariamente a las influencias demoníacas.

El pecado trae consecuencias y nuestra protección espiritual, en parte, depende de nosotros. Se nos dice «*sino vestíos del Señor Jesucristo, y no proveáis para los deseos de la carne*» Romanos 13:14). Pero ¿qué ocurrirá si hacemos provisión para la carne? Se nos dice que llevemos «*...llevando cautivo todo pensamiento a la obediencia a Cristo*» (2 Corintios 10:5). Pero, ¿qué ocurrirá si no hacemos eso y preferimos creer la mentira o escuchar a espíritus engañadores? Se nos dice que nos pongamos toda la armadura de Dios y estemos firmes. Pero, ¿qué ocurrirá si no lo hacemos? Es nuestra responsabilidad, no permitir que reine el pecado en nuestro cuerpo mortal; lo hacemos no utilizando nuestros cuerpos como instrumentos de injusticia (Romanos 6:12, 13). Pero, ¿qué pasa si usamos nuestros cuerpos como instrumentos de injusticia? Se nos dice que nos sometamos a Dios y resistamos al diablo (Santiago 4:7). Y ¿qué pasa si no nos sometemos a Dios y no nos levantamos contra el reino de las tinieblas? ¿Podemos asumir una posición espiritual neutral sin consecuencias negativas? Decir que nada negativo nos ocurrirá o que Satanás no se aprovechará de nuestra indecisión o indiscreción es bíblicamente erróneo y crea una falsa esperanza para los creyentes.

En este capítulo vamos a considerar algunos claros ejemplos bíblicos de lo que ocurre cuando los creyentes sucumben a la tentación, la acusación y el engaño. Antes de considerar este nivel de vulnerabilidad, quiero enfatizar que cada creyente pertenece a Dios. Hemos sido comprados por la sangre del Cordero y ni siquiera los poderes del infierno nos pueden apartar del amor de

Dios (Romanos 8:35-39; 1 Pedro 1:17-19). En su libro *What Demons Can Do to Saints* (Lo que los demonios pueden hacer a los santos), el doctor Merril Unger escribe: «El demonio entra... como un ocupante ilegal y no como propietario, visita, o como alguien que tiene derecho. Entra como un intruso, invasor y enemigo. Pero entra si la puerta está abierta por un pecado grave y prolongado».[1] Satanás sabe que no nos puede poseer. Pero si te puede engañar para que le cedas el control de tu vida en alguna forma, él puede impedir tu crecimiento y destruir tu testimonio por Cristo.

Reinos en conflicto

El argumento común contra el nivel de vulnerabilidad espiritual que estamos considerando, es la afirmación de que un espíritu maligno y el Espíritu Santo no pueden coexistir. Hay varias razones porque no creo que esto sea verdad. Primero, Satanás es el dios de este siglo y «príncipe de la potestad del aire» (Efesios 2:2). Por lo tanto, Satanás y sus demonios están presentes en la atmósfera de este mundo, pero también está el omnipresente Espíritu Santo, lo que significa que a veces coexisten. Segundo, Satanás tiene acceso a nuestro Padre en los cielos, lo que significa que él y nuestro padre coexisten, por algún tiempo. Tercero, el Espíritu Santo coexiste con nuestro espíritu y seguramente no consideramos perfecto nuestro espíritu humano. Cuarto, los argumentos espaciales no se aplican a la esfera de lo espiritual. No hay barreras naturales ni límites físicos para los espíritus. Por eso no podemos pensar en el edificio de una iglesia como un santuario. Nuestro único santuario es Cristo, no algún refugio físico. Quinto, si una persona escucha a un espíritu engañador, no puede ser solamente externo. La batalla se produce en la mente. Si un espíritu malo y el Espíritu Santo no pueden obrar al mismo tiempo y en la misma esfera, no es necesario estar alertas ni vestirse con la armadura de Dios.

La expresión «posesión demoníaca» también ha causado controversia en la iglesia. El problema se centra en torno a la palabra «posesión», que no existe realmente en los textos griegos. La expresión poseído por demonio es la traducción de una sola palabra *daimonizomai* (verbo) o *daimonizomenos* (participio), que es mejor traducir como «endemoniado» (Mateo 4:24; 9:32; 15:22; Marcos 5:15). Estar endemoniado significa estar bajo el control de uno o más demonios. La palabra nunca aparece en las epístolas, de modo que no podemos saber precisamente cómo se aplica en la era de la iglesia. Creo que cada creyente está poseído por el Espíritu Santo. Con esto quiero decir que el Espíritu Santo mora en nosotros y nunca nos dejará ni nos abandonará.

Otra frase griega en los Evangelios es *echein daimonion*, que significa «tener un demonio». Los líderes religiosos usaban esta frase para acusar a Juan el Bautista y a Jesús de estar endemoniados (Lucas 7:33; Juan 7:20).

La influencia que Satanás y sus demonios pueden tener sobre los creyentes es cuestión de grados. Puesto que vivimos en un mundo que tiene por dios a Satanás, está siempre presente la posibilidad de ser tentado, engañado y acusado. Si permites que sus artimañas influyan sobre ti, puedes perder el control hasta el punto que has sido engañado. (Para una discusión más detallada sobre nuestra vulnerabilidad, te invito a leer *Three Crucial Questions About Spiritual Warfare* (Tres Preguntas Fundamentales sobre la Guerra Espiritual, por el doctor. Clinton Arnold, publicado por Baker Books).

En mi libro *Libre de ataduras* hay varios estudios de casos, escritos desde la perspectiva de la víctima. Sus problemas varían desde desórdenes de alimentación, hasta abuso sexual y adicción. Todas las víctimas luchan con su vida pensante y el sexo siempre parece ser un problema. Todos profesaban ser cristianos y dos estaban en un ministerio de dedicación completa. Escribí el libro para que la comunidad cristiana escuche sus historias, porque muchos creyentes considerarán a estas queridas personas como inconversos, lo que no les ayuda en nada.

Santos esclavizados

Es fundamental que los cristianos entiendan su vulnerabilidad hacia las influencias demoníacas, para que tengan una respuesta bíblica adecuada para cualquier situación que enfrenten. Pablo dice que no ignoremos las maquinaciones de Satanás (2 Corintios 2:11).

184 Rompiendo las cadenas

Los que no entienden su vulnerabilidad probablemente culpen a Dios o a sí mismos por sus problemas. Si nos acusamos a nosotros mismos, nos sentimos sin esperanzas, porque nada podemos hacer para detener lo que estamos haciendo. Si acusamos a Dios, se rompe nuestra confianza en Él como nuestro Padre amoroso. De cualquier forma, no tenemos posibilidad de obtener la victoria. Entonces la iglesia del mundo occidental tiene la tendencia a atribuir a la carne todas las actividades de Satanás. Esto también nos deja sin posibilidades de resolver los conflictos espirituales. Veamos los siguientes pasajes de las Escrituras que muestran lo destructivo que Satanás puede ser para los creyentes:

Lucas 13:10-17: *«Enseñaba Jesús en la sinagoga... y había allí una mujer que desde hacía dieciocho años tenía espíritu de enfermedad, y andaba encorvada, y en ninguna manera se podía enderezar»* (v. 11). El versículo 16 afirma que su incapacidad física era causada por una atadura de Satanás. No era inconversa, era «hija de Abraham» (v. 16), mujer temerosa de Dios, con fe y un problema espiritual. En cuanto Jesús la liberó de su atadura, fue sanada de su enfermedad.

Nótese que esta mujer no estaba protegida del control demoníaco por estar dentro de la sinagoga. Las murallas de una sinagoga ni las murallas de una iglesia son un refugio contra la influencia demoníaca. Es verdad que esto ocurrió antes de la crucifixión; pero es un indicio de que los demonios pueden afectar físicamente a los creyentes.

Lucas 22:31-34: El apóstol Pedro es el caso de un creyente que pierde el control de su vida. *«Dijo también el Señor: Simón, Simón, he aquí Satanás os ha pedido para zarandearos como a trigo»* (v. 31). ¿Qué derecho tenía Satanás para hacer tal demanda? Pedro aparentemente había dado entrada a Satanás por medio del orgullo, mientras discutía con los discípulos acerca de quién de ellos sería el más grande (22:24). Aun cuando el deseo del corazón de Pedro era estar con su Maestro hasta el punto de morir o ir a la cárcel por él (v. 33), Jesús anuncia que Pedro le negará tres veces (v. 34), lo cual hizo. Sin embargo, es alentador destacar que Jesús ya había orado por Pedro y por la recuperación de este incidente (v. 32).

Efesios 6 10-11: Este pasaje contiene la conocida exhortación de Pablo a los creyentes: «*Vestíos de toda la armadura de Dios, para que podáis estar firmes contra las asechanzas del diablo*» (v. 11). ¿Cuál es el propósito de la armadura? Impedir que los dardos del enemigo penetren en el cuerpo y hieran al soldado. Si fuera imposible que los dardos de Satanás nos penetren, no habría necesidad de ponernos la armadura. Las instrucciones acerca de la armadura espiritual sugieren que es posible que el enemigo penetre nuestra vida y obtenga una medida de control.

Santiago 3:14-16: Santiago indica que si cedemos a los celos y la ambición egoísta, podemos abrir una puerta al control de una sabiduría que es «terrenal, animal y diabólica» (v. 15). Tuve un estudiante de seminario cuya lógica bíblica era completamente confusa. Había sido completamente ortodoxo en la fe hasta que encontró una prostituta que sacudió su fe hasta el extremo. Entonces comenzó a aparecer con toda clase de nuevas ideas luminosas, pero nadie se las podía entender. Sus argumentos sonaban como si procedieran de un libro de Mary Baker Eddy (fundadora de Ciencia cristiana) y ninguno de los estudiantes estaba de acuerdo con él. Hasta lo que conozco, el joven nunca se recuperó de su experiencia con la lógica demoníaca.

1 Timoteo 4:1-3: Pablo escribe: «*...algunos apostatarán de la fe, escuchando a espíritus engañadores y a doctrinas de demonios*» (v. 1). Pablo ilustra cómo el engaño espiritual puede afectar nuestros hábitos de comida y matrimoniales (v. 3). Es ingenuo decir que los cristianos no pueden prestar atención a un espíritu engañador. Ocurre en todo el mundo. En los últimos 15 años he aconsejado a más de mil cristianos profesantes, que luchaban con su vida pensante. Algunos tenían dificultades para orar y leer la Biblia. Otros oían voces. Hacer pasar esto como una especie de desequilibrio químico, es sacar a la iglesia del ministerio de dar libertad a los cautivos. Si todos los pensamientos negativos son solo patrones de

la carne, entonces, ¿por qué los pensamientos desaparecen cuando
estos creyentes se someten a Dios y resisten al diablo? Los patrones
de la carne están clavados y no se retiran instantáneamente cuando se les ordena hacerlo.

1 Corintios 5:1-13: Este pasaje contiene las instrucciones de pablo acerca de un hombre en la iglesia de Corinto que tenía una relación inmoral con la esposa de su padre (v. 1). Era un hombre tan
engañado por Satanás y controlado por inmoralidad que aparentemente alardeaba de ello ante toda la congregación. El juicio de
Pablo sobre la situación fue enérgico: «*el tal sea entregado a Satanás para destrucción de la carne, a fin de que el espíritu sea salvo en
el día del Señor Jesús*» (v. 5). Pablo estaba dispuesto a darle vía libre
a Satanás en este hombre por un tiempo, con la esperanza de que
el hombre dijera finalmente ¡Basta! y se arrepienta.

Algunos dudan que una persona en este nivel de inmoralidad
sea realmente cristiano. Pablo no lo habría disciplinado si no fuera
cristiano, porque a la iglesia solo se le pide disciplinar a sus
miembros. Este hombre era creyente (por lo menos Pablo lo trató
como tal), uno que se había dejado atrapar por la inmoralidad. La
esperanza de Pablo era que sufriera las consecuencias naturales
del pecado, se arrepintiera y fuera liberado de su esclavitud.

Efesios 4:26, 27: Pablo ordena: «*Airaos, pero no pequéis; no se
ponga el sol sobre vuestro enojo, ni deis lugar al diablo*». Dar lugar,
no significa darle entrada. Pablo dice que podemos dar lugar al
diablo en nuestra vida si no hablamos la verdad en amor y somos
emocionalmente honestos. La ira que se convierte en amargura y
en negativa del perdón es una invitación abierta para que los demonios tomen el control (2 Corintios 2:10, 11).

1 Pedro 5:6-9: Pedro advierte: «*...vuestro adversario el diablo,
como león rugiente, anda alrededor buscando a quien devorar*» (v. 8).
La palabra «devorar» significa consumir o tragar. Es la misma palabra usada en 1 Corintios 15:54: «*...Sorbida es la muerte en victoria*».
Ser tragado por algo, ciertamente iguala el pensamiento de ser

controlado por algo. Si los creyentes no son vulnerables al control de Satanás, Pedro no necesitaría alentarnos sobre esa posibilidad.

El contexto de la advertencia de Pedro sugiere dos condiciones que pueden predisponer al creyente a la vulnerabilidad. En el versículo seis se nos llama a humillarnos delante del Señor. Quizás con el recuerdo doloroso de su autoexaltación, Pedro indica que cuando se resiste a la soberbia, uno resiste a Satanás. Los versículos siete y ocho sugieren que si no aprendemos a echar nuestra ansiedad sobre el Señor, nos hacemos presa fácil para Satanás.

Hechos 5:1-11: Quizás este sea el pasaje más claro sobre el poder de Satanás para controlar a los creyentes. Los miembros de la joven iglesia de Jerusalén vendían voluntariamente sus propiedades y traían el producto a los apóstoles para uso en el ministerio (Hechos 4). *«Pero cierto hombre llamado Ananías, con Safira su mujer, vendió una heredad, y sustrajo del precio, sabiéndolo también su mujer; y trayendo solo una parte, la puso a los pies de los apóstoles. Y dijo Pedro: Ananías, ¿por qué llenó Satanás tu corazón para que mintieses al Espíritu Santo, y sustrajeses del precio de la heredad?... No has mentido a los hombres, sino a Dios»* (vv. 1-4).

El problema no fue que Ananías y Safira retuvieran una parte del dinero, sino que mintieron al respecto, dando a entender que daban el total de lo recibido. La consecuencia del pecado de la pareja fue inmediata y aleccionadora: murieron allí mismo (vv. 5, 10).

Algunas personas que tienen dificultades con la idea del control satánico sobre los creyentes han argumentado que Ananías y Safira eran incrédulos. No creo ese argumento. Primero, Hechos 4:32 afirma que el hecho ocurrió dentro del contexto de la comunidad cristiana de la cual Ananías y Safira eran miembros. Segundo, Hechos 5:11 declara, *«Y vino gran temor sobre toda la iglesia...»*. Si Dios estaba juzgando a alguien de *fuera* de la iglesia, ¿por qué vino temor *sobre* la iglesia? Hubo gran temor entre los creyentes porque Dios mostró en forma dramática su actitud hacia los *creyentes* que viven en la mentira. Tercero, la gravedad del castigo indica que Dios estaba enfatizando la importancia de la verdad en la comunidad de los creyentes. Los incrédulos mienten todo el tiempo y generalmente no son juzgados con la misma rapidez que Ananías y Safira. Creo que Dios estaba enviando un enérgico mensaje a la iglesia. Sabía que si Satanás podía engañar a los creyentes, tomaría el control de sus vidas.

El problema de Ananías fue que permitió que Satanás con su engaño le llenara (controlara) su corazón. La palabra «llenó» en Hechos 5:3 (*pleroo*) es la misma palabra usada en Efesios 5:18: «...*sed llenos del Espíritu*». Es posible que el creyente sea lleno del engaño satánico o del Espíritu. Cualquiera que fuere la fuente a la que se rinde, esa fuente lo llenará (esto es, la controlará). Cuando permites que Satanás te engañe en alguna área de tu vida, eres vulnerable a su control en la misma.

El diablo no causa que lo hagas

Para no dejarnos llevar por la idea de echar toda la culpa de Anania y Safira sobre Satanás, debemos recordar que estos dos creyentes fueron participantes voluntarios en la mentira que los llevó a la muerte. Pedro confrontó a Ananías y Safira respectivamente: «¿Por qué pusiste esto en tu corazón?... ¿Por qué convinisteis en tentar al Espíritu del Señor?» (Hechos 5:4, 9). Satanás llenó sus corazones con engaño y ejerció una medida de control sobre ellos en su mala acción. Pero lo pudo hacer solo porque en algún punto Ananías y Safira le abrieron la puerta.

Por amor a los que me piden ayuda, nunca acepta la excusa, «el diablo me lo hizo». Todos somos responsables de nuestras actitudes y acciones. Satanás simplemente se aprovecha de las oportunidades que le damos. Tenemos todos los recursos y la protección que necesitamos para llevar una vida victoriosa en Cristo. Si no la vivimos es por decisión nuestra. Cuando dejamos una puerta abierta para el diablo al no resistir la tentación, la acusación o el engaño, él entrará. Si luego le seguimos dando acceso, asumirá derechos de ocupante. No perderemos la salvación, pero perderemos nuestra victoria diaria.

Si entramos en la batalla sin parte de nuestra armadura, sufriremos perjuicios. Si no nos cubrimos con la armadura de Dios, somos vulnerables en las partes descubiertas. El doctor Unger comenta:

Si el creyente no usa la armadura, ¿dejará Satanás
de invadir la ciudadela del creyente? Si la invade es
porque el creyente ha sido llevado cautivo «a voluntad de él» (2 Timoteo 2:26). El enemigo invade e in-
festa al creyente; el enemigo, como cualquier invasor,
no permite el uso de ningún tipo de armas por los
ciudadanos invadidos. Como resultado no hay lucha;
solo una sumisión y servidumbre forzosas.[2]

Santiago 4:1 revela que la fuente de nuestras rencillas y conflictos son los placeres que batallan contra nuestros miembros. Pablo ordena «No reine, pues, el pecado en vuestro cuerpo mortal,
de modo que lo obedezcáis en sus concupiscencias» (Romanos
6:12). El mundo, la carne y el diablo están continuamente en guerra contra la vida del Espíritu en nosotros. Pero, ¿si no estamos firmes en la fe? ¿Todavía estaremos victoriosos sobre los placeres y
lujurias que luchan por reinar sobre nosotros?

Elegir la verdad, llevar una vida justa y ponerse la armadura
de Dios son responsabilidad de cada creyente. Yo no puedo responder por ti, ni tú por mí. Puedo orar por ti, estimularte en la fe
y aconsejarte, pero si entras en la batalla sin tu armadura puesta,
puedes caer herido. Por mucho que esto me preocupe, no puedo
hacer decisiones responsables por ti. Esas decisiones son solo tuyas,
pero tienen una decisión y sobre eso habla el resto del libro.

Finalmente, permite que te dé a conocer uno de mis testimonios favoritos. A medida que esta mujer narra su historia, hazte algunas preguntas: lo que describe, ¿es normal? ¿Es solo un caso se-
vero de hablar de sí en forma negativa que todos tenemos? ¿Es un
caso de doble personalidad? ¿Es sicópata? ¿Tiene múltiples personalidades o la expresión de un pasado en su infancia? Un consejero
podría dar alguno de estos diagnósticos en conformidad con su
educación o experiencia. ¿Cuál es el problema, según tu parecer?
El siguiente es su testimonio:

Silencio

Cuando me siento y pienso, en muchas cosas: mi
vida, lo que quiero hacer, lo que pienso sobre problemas y personas; tengo conversaciones conmigo

misma en mi cabeza. Me hablo y me respondo... Soy mi mejor amiga. ¡Lo pasamos bien! A veces converso tanto conmigo durante el día que al final estoy realmente cansada. Pero me mantengo ocupada y me ayuda a meditar en las cosas.

A veces pienso como si yo fuera dos personas: una que soy cada día de la semana... la que yo quiero cambiar. La que tiene baja estima y tiene miedo de ser auténtica delante de los demás. Y también, la que está en mi interior... mi yo confidente que quisiera que salga, pero por alguna razón no lo hace. Esa parte de mí la llamo «ella». Ella . Es muy osada y todos la aman; por lo menos eso es lo que creo que ocurriría si yo pudiera dejarla salir. Si yo pudiera ser yo misma... la vida sería mucho más fácil y feliz.

Pero mientras tanto, converso con ella en mi interior. Conversamos sobre lo que haremos hoy día, dónde iremos a comer, qué nos pondremos, con quién conversaremos. A veces ella viene con muy buenas ideas, y me impresiona que yo sea tan inteligente y astuta. «Si solo me conociera la gente como yo soy», pienso, «me amarían». A veces la oigo decirme cosas que para mí no tienen sentido. «Realmente yo no haría aquello», pienso. «Eso no es bueno. Podría perjudicar a alguien. Es estúpido hacer aquello». En esas ocasiones no la escucho. Pero no importa. Me gusta conversarle, así que sigo hablando.

Un día las cosas cambiaron entre nosotras. Mi vida marchaba bien, pero quería andar más cerca de Dios. Quería liberarme del pasado y sanar mi corazón del pesar que llevaba. Alguien me dijo que debía seguir los «Siete pasos hacia la libertad en Cristo», así que marqué una cita con un consejero. No pensé en mi amiga de mi interior; estaba pensando en mí.

En la sesión de consejería, se me pidió que leyera algunas oraciones y versículos de la Biblia en voz alta. Mientras lo hacía mi mente se puso confusa y no me podía concentrar. Por sobre todo, cuando trataba de hablarle a ella en mi mente, me confundí. No podía oírla claramente. Me asusté, se me aceleró el corazón e interiormente me airé. Temblaba. ¿Dónde estaba mi amiga dentro de mí? ¿Por qué tan repentinamente se volvió loca? ¿Qué estaba pasando? ¿Qué había de mal en mí?

Entonces me di cuenta. Ella no era mi amiga. Ella no era realmente yo. Ella no quería que estableciera una relación correcta con Dios. No tenía sentido, porque esas eran cosas que yo quería hacer. Pensé que ella estaba de mi lado. Pero estaba equivocada. Le tuve que pedir con voz muy fuerte que se fuera. ¿Por qué con voz fuerte? Porque ella no puede leer mis pensamientos. Esto tiene sentido por que ella no es Dios que es omnisciente. Así que cuando le dije que se fuera, así lo hizo.

Hubo un gran silencio. No más conversaciones que iban y venían en mi mente. La extrañé. No debía extrañarla pero así fue. Sabía que no era buena para mí y Dios quería que hablara con Él en lugar de ella. No podía soportar el silencio. Me sentí sola. Ella trataba de volver y cuando lo intentaba me asustaba. Ella estaba furiosa y yo sentí traicionarla. Pero después de un tiempo me acostumbre al silencio. Me recordaba que debía hablarle a Dios y así lo hice. Dios no me contestaba como ella y yo no podía oír Su voz igual que la de ella. Pero comencé a querer hablar con Dios. Cantarle y realmente sentirme cerca de Él. Sentía que Dios tenía cuidado de mí. Entonces me olvidé del silencio.

Después de algún tiempo me sentí sola nuevamente. Me olvidé del silencio y me encontré conversando nuevamente. Mi vida estaba totalmente confusa y no sabía por qué, hasta que un día tuve que orar. Mi amiga, quien solía disciplinarme, ahora quería ayudarme. Ella comenzó a hablarme de mi rebelión y que necesitaba parar de vivir independientemente de Dios. Oí una fuerte voz en mi interior que me gritaba «YO SOY INDEPENDIENTE DE DIOS» y me asustó. ¿Era que yo sentía verdaderamente así? No, Ella había regresado. Yo estaba muy enojada, porque quería que ella se fuera y la había dejado aparecer nuevamente. No me podía mover ni decir nada. Mi amiga oraba conmigo. Me decía que imaginara el cielo con mucha luz y el trono de Dios. Comencé a sentir calma nuevamente. Pero de pronto la voz comenzaba a gritarme: «¡No! ¡No! ¡No!». Entonces abrí los ojos y me di por vencida. Mi corazón comenzó a endurecerse y en realidad no quería darle todo a Dios. Yo quería seguir teniendo control. Había algunas cosas que no quería entregar. Pero en mi interior deseaba el silencio nuevamente. «¡Que irónico!» Pensé. «Algo que no quería al principio, pasó a ser mi libertad». En mi interior batallaba por orarle y por el otro lado huir de Él. Era tan fácil huir y escapar. No me sentía arrepentida. No sentía dejar ciertos pensamientos que necesitaba. Me preguntaba si volvería a sentirme bien otra vez.

Fue en ese tiempo que leí acerca de los «Pasos para la libertad en Cristo» que saltó hacia mí desde la página. Decía: Fe es algo que tú decides hacer, no algo que tú sientes hacer». De manera que decidí hacerlo.

Y ahora vivo en un maravilloso silencio.

TERCERA PARTE

¡CAMINA EN LIBERTAD!

Pasos hacia la libertad en Cristo

CAPÍTULO TRECE

CRISTO TE HA PUESTO EN LIBERTAD Por Medio de su victoria sobre el pecado y su muerte de cruz. Pero si no has estado firme en la fe, o si has pecado voluntariamente, es responsabilidad tuya hacer lo necesario para mantener una buena relación con él. Tu destino eterno no está en juego, pero sí tu victoria cotidiana. Serás tentado a pasar por alto este capítulo, o a leerlo sin hacerlo, pero por amor a ti, te ruego que lo leas y lo hagas.

En este capítulo quiero comunicar siete problemas específicos que todo cristiano necesita resolver. Puede ser que tú ya hayas enfrentado uno o más de estos problemas, pero posiblemente no te haga daño seguir cada paso. Aun cuando nada nuevo se logre, estarás preparado para participar de la comunión de la Cena del Señor, la próxima vez que la iglesia te la ofrezca.

A medida que avanzas a través de estos pasos, recuerda que Satanás no está obligado a conocer tus pensamientos. Busca un lugar privado donde puedas procesar verbalmente cada paso. Estos son problemas fundamentales entre tú y Dios y es posible procesarlos personalmente, porque Jesús es tu Maravilloso Consejero. Sin embargo, algún lector podría sentirse incapaz de seguir cada paso por su cuenta. En ese caso, pide ayuda. Pídele a tu pastor o a tu consejero cristiano que te guía a través de los pasos, o llama a nuestra oficina, y nosotros trataremos de ayudarte a encontrar una persona capacitada.

Aun cuando tus problemas procedan de una fuente distinta de las que abarcan estos pasos, nada pierdes con seguirlos. Es un proceso completo de sometimiento a Dios y de resistir al diablo (Santiago 4:7). No hay diferencia si hay o no malos espíritus presentes. El verdadero problema es tu relación con Dios y la falta de solución de uno de estos problemas afectará tu relación con él.

Se explica cada paso de modo que no tendrás problema para saber lo que debes hacer. Si sientes alguna resistencia, detente y ora. Si sientes alguna oposición mental, ignórala. Es solo un pensamiento y no puede tener poder sobre ti a menos que le creas. A lo largo del proceso, le pedirás a Dios que te dirija. Él es el único que puede conceder el arrepentimiento que lleva al conocimiento de la verdad que te hará libre (2 Timoteo 2:24-26). Inicia los pasos con la siguiente oración y declaración (no tienes que leer las palabras entre paréntesis; son solo aclaraciones o referencias).

Oración

> Amado Padre Celestial: Reconozco tu presencia en esta sala y en mi vida. Tú eres el único Dios omnisciente (que todo lo sabe), omnipotente (que todo lo puedes), y omnipresente (siempre presente). Dependo de ti, porque sin ti nada puedo hacer. Creo la verdad de que toda autoridad ha sido dada en el cielo y en la tierra a Cristo resucitado, y debido a que soy de Cristo, ten participación en esa autoridad para hacer discípulos y poner en libertad a los cautivos. Te pido que me llenes de tu Espíritu Santo y me guíes a toda verdad. Pido tu completa protección y ruego que me guíes. Te lo ruego en el nombre de Jesús, Amén.

Declaración

> En el nombre y autoridad del Señor Jesucristo, ordeno a Satanás y a todo espíritu malo que me dejen libre para tener libertad de elegir la voluntad de Dios.

Como hijo de Dios que está sentado con Cristo en los
lugares celestiales, ordeno a todo espíritu malo que
salga de mi presencia. Pertenezco a Dios y el malo no
me puede tocar.

Paso 1: Falso contra verdadero

El primer paso para tener la libertad en Cristo es renunciar verbalmente a toda participación pasada o presente en prácticas ocultas, enseñanzas, rituales sectarios y religiones no cristianas.

Debes renunciar a toda actividad o grupo que niega a Jesucristo u ofrece orientación por medio de alguna fuente distinta que la autoridad absoluta de la Biblia. También debes renunciar a todo grupo que exige algo oscuro, iniciaciones secretas, ceremonias, promesas o pactos. Comienza este paso orando en voz alta:

> *Amado Padre celestial, te ruego que traigas a mi*
> *mente cualquier cosa y todo cuanto he hecho a sabien-*
> *das o sin saberlo que comprenda ocultismo, sectas o*
> *enseñanzas y prácticas no cristianas. Quiero gozar de*
> *tu libertad y renunciar a estas cosas ahora mismo. En*
> *el nombre de Jesús, Amén.*

Aun si tomaste parte en algo y pensaste que era solo un juego o una broma, necesitas renunciar. Satanás tratará de sacar provecho de todo lo que pueda en nuestra vida, de modo que siempre es sabio ser tan íntegro como sea posible. Aun cuando hayas estado solo parado mirando a otros necesitas renunciar a tu participación pasiva. Quizás ni siquiera te hayas dado cuenta en el momento que se trataba de algo malo. Sigue adelante y renuncia a ello.

Si te viene algo a la mente y no estás seguro de lo que debes hacer al respecto, confía en que el Espíritu de Dios está respondiendo la oración que hiciste, sigue adelante y renuncia a eso.

La siguiente es una «Lista de control de espiritualidad no cristiana». Este inventario incluye muchas de las sectas, agrupaciones y prácticas religiosas, no cristianas y ocultistas. Sin embargo, no es una lista completa. Por lo tanto, siente la libertad de añadir otras que conozcas o te hayas visto envuelto personalmente.

Después de la lista de control, verás algunas preguntas adicionales, destinadas a ayudar a tomar conciencia de otras cosas a las que necesites renunciar. Debajo de esas preguntas hay una breve oración de confesión y de renuncia. Haz la oración en voz alta y llena los espacios con los grupos, enseñanzas o prácticas que el Espíritu Santo te haya impulsado a renunciar durante el período de evaluación personal.

Lista de control de espiritualidad no cristiana

(Marca todas aquellas en que hayas tomado parte)

- ❏ Experiencia extracorporal (proyección astral)
- ❏ Tablero ouija
- ❏ María sanguinaria
- ❏ Liviano como una pluma (u otros juegos ocultistas)
- ❏ Levantar mesas
- ❏ Las ocho bolas mágicas
- ❏ Hechizos o maldiciones
- ❏ Telepatía o control mental de otras personas
- ❏ Escritura automática
- ❏ Trances
- ❏ Guías espirituales
- ❏ Ver o verse la suerte / adivinación (por ej., con hojas de té)
- ❏ Cartas Tarot
- ❏ Levitación
- ❏ Magia. La reunión
- ❏ Brujería, sortilegios
- ❏ Satanismo
- ❏ Lectura de manos
- ❏ Astrología, horóscopos
- ❏ Hipnosis (aficionado o autoinducción)

- Sesiones de espiritismo
- Magia blanca y negra
- Calabozos y Dragones® y otros juegos similares
- Pactos de sangre o mutilaciones intencionales
- Objetos de adoración, cristales, amuletos para la buena suerte
- Espíritus sexuales
- Artes marciales (misticismo, devoción al sensei)
- Supersticiones
- Mormonismo (Santos de los Ultimos Días)
- Testigos de Jehová (La Atalaya)
- Nueva Era (libros, objetos, seminarios, medicinas)
- Masonería
- Ciencia Cristiana
- Ciencia de la mente
- El Camino Internacional
- Iglesia de la Unificación (Moonies)
- El foro (est)
- Iglesia de la palabra viva
- Hijos de Dios (hijos del amor)
- Iglesia de la Cientología
- Unitarianismo /Universalismo
- Roy Masters
- Control mental Silva
- Meditación trascendental
- Yoga
- Hare Krishna
- Bahaismo
- Adoración de espíritus de los indios (norteamericanos)
- Islam

❑ Hinduismo

❑ Budismo (incluido el zen)

❑ Musulmanes negros

❑ Rosacruces

❑ Otras religiones o sectas no cristianos

❑ Videos y juegos de computadora ocultistas o violentos

❑ Películas, programas de televisión, música, libros, revistas o tiras cómicas que el Señor te traiga a la mente (especialmente las que glorifican a Satanás, que causan temor o pesadillas, las que son cruelmente violentas o que estimulan la carne). Haz una lista a continuación:

A continuación hay una lista de preguntas adicionales que tienen el propósito de ayudarte a tomar conciencia de otras cosas a las que necesites renunciar.

1. ¿Has visto, escuchado o sentido una presencia espiritual en tu habitación?

2. ¿Tienes pesadillas continuas? Renuncia específicamente a cualquier miedo que las acompañe.

3. ¿Tienes o has tenido un amigo imaginario, espíritu guía o «ángel» que te ofrece dirección o compañía? (si tiene nombre, renuncia a él por nombre).

4. ¿Has escuchado voces en tu cabeza o tenido pensamientos que se repiten insistentemente tales como «soy mudo», «soy feo», «nadie me ama», «nada me sale bien», como si estuvieran ocurriendo dentro de tu cabeza? (anota cualquier pensamiento persistente)

5. ¿Has consultado un médium, espiritistas o portavoces?

6. ¿Has visto o entrado en contacto con seres que pensaste eran extraños?

7. ¿Has hecho un voto o pacto secreto?

8. ¿Te ha visto envuelto en rituales satánicos de cualquier especie o has asistido a conciertos en que Satanás era el centro?

9. ¿Qué otras experiencias espirituales has tenido que fueran malas, confusas o atemorizadoras?

Cuando hayas completado la lista de control y las preguntas, confiesa y renuncia a cada punto en que te hayas involucrado, pronunciando la siguiente oración en voz alta:

> *Señor, confieso haber participado en _____. Yo sé que es malo y ofensivo delante de ti. Gracias por tu perdón. Renuncio a cualquiera y a toda participación con _____, y rechazo toda y cualquier base que el enemigo haya ganado en mi vida por esta actividad. En el nombre de Jesús, Amén.*

Renuncia a las prioridades equivocadas

Quién o qué es tan importante para nosotros que pasa a ser lo que adoramos. Nuestros pensamientos, amor, confianza, adoración y obediencia se dirigen a este objeto por sobre todas las demás. El objeto de adoración es verdaderamente nuestro Dios o dios.

Fuimos creados para adorar al Dios vivo y verdadero. De hecho, el Padre, tales adoradores busca, los que le adoren en espíritu y en vedad (Juan 4:23). Como hijos de Dios, *«Pero sabemos que el Hijo de Dios ha venido, y nos ha dado entendimiento para conocer al que es verdadero; y estamos en el verdadero, en su Hijo Jesucristo. Este es el verdadero Dios, y la vida eterna»* (1 Juan 5:20).

El apóstol completa el pasaje de arriba con la advertencia: *«Hijitos, guardaos de los ídolos»* (1 Juan 5:21). Un ídolo es un dios falso, cualquier objeto de culto que no sea el Dios verdadero. La siguiente oración expresa el compromiso de un corazón que decide adorar *«...Al Señor tu Dios adorarás, y a él servirás»* (Mateo 4:10).

> *Amado Señor Dios, yo sé que es fácil dejar que otras cosas y otras personas se hagan más importantes*

para mí que tú. También sé que es terriblemente ofensivo ante tus santos ojos, puesto nos has mandado que no tengamos dioses ajenos fuera de ti.

Confieso ante ti que no te he amado con todo mi corazón, con toda mi alma y con todo mi entendimiento. Como resultado he pecado contra ti y violando el primer y más grande mandamiento. Me arrepiento y me aparto de esta idolatría y ahora decido regresar a ti, Señor Jesús, como mi primer amor.

Por favor, revela a mi mente cualquier y todos los ídolos de mi vida. Quiero renunciar a cada uno de ellos y al hacerlo, quitar toda base que Satanás pudiera haber logrado en mi vida por medio de mi idolatría. En el nombre de Jesús, el Dios verdadero, Amén.

(Véase Éxodo 20:3; Mateo 22:37;
Apocalipsis 2:4, 5)

La lista de control que aparece a continuación puede ayudarte a reconocer espacios donde alguna cosa o persona ha llegado a ser más importante para ti que el Dios verdadero, Jesucristo. Nótese que la mayoría de ellas (si no todas) no son malas en sí; se convierten en ídolos cuando usurpan el lugar que le corresponde a Dios como Señor de nuestra vida.

- ❏ Ambición
- ❏ Alimento o alguna sustancia
- ❏ Dinero / posesiones
- ❏ Computadores / juegos / *softwares*
- ❏ Seguridad económica
- ❏ Estrellas de rock / famosos de los medios / deportistas
- ❏ Activismo eclesiástico
- ❏ Películas de TV /música /otros medios

- ❏ Deportes / aptitud física
- ❏ Diversiones / placeres
- ❏ Ministerio
- ❏ Apariencia / imagen
- ❏ Trabajo
- ❏ Negocios / actividad
- ❏ Amigos
- ❏ Poder / control
- ❏ Novio / novia (oficial o no oficial)
- ❏ Popularidad / opinión de los demás
- ❏ Pareja
- ❏ Conocimiento / tener la razón
- ❏ Hijos
- ❏ Aficiones
- ❏ Padres

Use la siguiente oración para renunciar a toda área de idolatría o de prioridad errónea que el Espíritu Santo le traiga a la memoria.

> *En el nombre del Dios vivo y verdadero, Jesucristo, renuncio a adorar al dios falso de (nombre el ídolo). Decido adorarte solo a ti, Señor. Te ruego, Padre, que me des poder para mantener este aspecto de mi vida en el lugar que le corresponde.*

Si te has involucrado en rituales satánicos o en intensa actividad ocultista (o sospechas que así ha sido porque tus recuerdos están bloqueados, pesadillas nocturnas graves y continuas, o por la esclavitud o disfunción sexual), te exhortamos enérgicamente que digas en voz alta la «Renuncia especial por la participación en ritual satánico». Lee la página, y renuncia al primer punto de la columna «Dominio de las tinieblas» y anuncia la primera verdad de la columna «Reino de la luz». Continúa a lo largo de la página de esa manera.

Además de la lista de «Renuncias especiales», se debe renunciar específicamente a todo otro ritual satánico, convenios (promesas), tareas a medida que el Señor te las traiga a la mente.

Algunas personas que se han visto sujetas a al abuso ritual satánico desarrollan múltiples personalidades para sobrellevar su dolor. Si así ocurre en tu caso, necesitas a alguien que entienda de conflictos espirituales para que te ayude a enfrentar este problema. Por ahora sigue a lo largo de los «Pasos para la Liberación en Cristo» de la mejor forma que sea posible. Es importante que quites las fortalezas demoníacas de tu vida *antes* de tratar de integrar las personalidades. A la larga, toda otra personalidad (si es tu caso) debe ser identificada y guiada a resolver el problema que provocó su formación. Luego, todas las personalidades verdaderas pueden estar de acuerdo en integrarse en Cristo.

Paso 2: Engaño contra verdad

La Palabra de Dios es la verdad y es necesario que aceptemos su verdad en lo más íntimo de nuestro ser (Salmo 51:6). Sea que *sintamos* o no que es verdad, es necesario que creamos que es la verdad. Dado que Jesús es la verdad, el Espíritu Santo es el Espíritu de verdad y la Palabra de Dios es verdad, debemos hablar la verdad en amor (véase Juan 14:6; 16:13; 17:17; Efesios 4:15).

El creyente en Cristo no se ocupa en engañar a otros por medio de la mentira, diciendo «mentiras blancas», con exageraciones, excediendo los límites de la verdad o con algo relacionado con falsedades. Satanás es el padre de mentiras y procura esclavizar a la gente por medio del engaño, pero es la verdad en Jesús la que nos hace libres (véase Juan 8:32; 36:44; 2 Timoteo 2:26; Apocalipsis 12:9). Hallaremos verdadero gozo cuando dejemos de servir a la mentira y andemos abiertamente en la verdad. Después de confesar su pecado, el rey David escribió: « *Bienaventurado el hombre a quien Jehová no culpa de iniquidad, y en cuyo espíritu no hay engaño*» (Salmo 32: 2).

Renuncias especiales por la Participación en Rituales Satánicos

Dominio de las tinieblas	Reino de Luz
1. Renuncio a firmar o a lo que haya firmado a favor de Satanás.	1. Anuncio que ahora mi nombre está escrito en el Libro de la Vida del Cordero.
2. Renuncio a cualquier ritual en que me haya casado con Satanás.	2. Anuncio que soy la esposa de Cristo.
3. Renuncio a cualquiera y a todos los tratos, acuerdos o promesas que haya hecho a Satanás.	3. Anuncio que he hecho un nuevo pacto solo con Jesucristo que reemplaza cualquier acuerdo previo.
4. Renuncio a todas las tareas satánicas para mi vida incluidos, deberes, matrimonio e hijos.	4. Anuncio y me comprometo a conocer y a hacer solamente la voluntad de Dios y acepto solo su dirección para mi vida eterna.
5. Renuncio a todos los espíritus guías que se me hayan asignado.	5. Anuncio y acepto solo la dirección del Espíritu Santo.
6. Renuncio a dar mi sangre en servicio a Satanás.	6. Confío sólo en la sangre derramada de mi Señor Jesucristo
7. Renuncio a comer carne o beber sangre en cultos satánicos.	7. Por la fe, recibo la Santa Comunión, el cuerpo y la sangre del Señor Jesús.
8. Renuncio a todos los guardianes y padres satanistas que se me hayan asignado.	8. Anuncio que Dios es mi Padre celestial y el Espíritu Santo es mi custodio, el cual me ha sellado.
9. Renuncio a cualquier bautismo por el que me identifique con Satanás.	9. Anuncio que he sido bautizado en Cristo Jesús y mi identidad ahora se encuentra en Él solamente.
10. Renuncio a cualquier sacrificio hecho en mi favor por el cual Satanás pueda reclamar derechos de propiedad sobre mí.	10. Anuncio que solo el sacrificio de Cristo tiene derechos sobre mí. Le pertenezco. He sido comprado por la sangre del Cordero.

¿Cómo podemos hallar fortaleza para andar en la luz? (1 Juan 1:7). Cuando estamos seguros que Dios nos ama y acepta, tenemos la libertad de reconocer nuestros pecados y enfrentar la realidad en vez de huir a escondernos de las circunstancias dolorosas.

Inicia este paso diciendo la siguiente oración en voz alta. No dejes que pensamientos contrarios, como «Es pérdida de tiempo» o «Me gustaría creer eso, pero no puedo», además, te impidan orar y escoger la verdad. Aun cuando esto te sea difícil, sigue a lo largo de este paso. Dios te fortalecerá si descansas en él.

> *Amado Padre celestial, yo sé que quieres que conozca la verdad, crea la verdad y viva en conformidad con la verdad. Gracias a ti, es la verdad la que me hará libre. De diversas maneras he sido engañado por Satanás, el padre de mentira, y me he engañado a mí mismo también.*
>
> *Padre, en el nombre del Señor Jesucristo, en virtud de su sangre y de su resurrección, te pido que reprendas todos los demonios de Satanás que me están engañando.*
>
> *He confiado solo en Jesús para mi salvación, de modo que soy tu hijo a quien has perdonado. Por lo tanto, puesto que me aceptas como soy en Cristo, tengo libertad para enfrentar mi pecado sin esconderlo. Pido que el Espíritu Santo me guíe a toda verdad. Te ruego «Examíname, oh Dios, y conoce mi corazón; pruébame y conoce mis pensamientos; Y ve si hay en mí camino de perversidad, Y guíame en el camino eterno» En el nombre de Jesús que es la verdad, te lo ruego. Amén.*
>
> (Véase Salmo 139:23, 24.)

Hay muchas maneras en que Satanás, el dios de este siglo, procura engañarnos. Como lo hizo con Eva, el diablo trata de convencernos para que nos apoyemos en nosotros mismos y tratemos de satisfacer nuestras necesidades. Por medio del mundo que nos rodea, en vez de confiar en la provisión de nuestro Padre celestial.

El siguiente ejercicio te ayudará a abrir los ojos a la manera que has sido engañado en el sistema del mundo. Marca cada área de engaño que el Señor traiga a tu memoria y confiésala usando la siguiente lista de oración.

Modos en que el mundo te puede engañar

- ❏ Creer que adquirir dinero y cosas te traerá felicidad permanente (Mateo 13:22; 1 Timoteo 6:10)
- ❏ Creer que el consumo excesivo de alimentos y alcohol te hará feliz (Proverbios 20:1; 23:19-21)
- ❏ Creer que un gran cuerpo y personalidad me dará lo que quiero (Proverbios 31:10; 1 Pedro 3:3, 4)
- ❏ Creer que la lujuria sexual me dará satisfacción duradera (Efesios 4:22; 1 Pedro 2:11)
- ❏ Creer que puedo pecar y seguir tranquilo sin que afecte mi corazón (Hebreos 3:12, 13)
- ❏ Creer que necesito más de lo que Dios me ha dado en Cristo (2 Corintios 11:2-4; 13-15)
- ❏ Creer que puedo hacer lo que quiera y nadie me puede tocar (Proverbios 16:18; Abdías 3; 1 Pedro 5:5).
- ❏ Creer que personas injustas que se niegan a recibir a Cristo van al cielo de todos modos (1 Corintios 6:9-11)
- ❏ Creer que puedo andar en malas compañías y no corromperme (1 Corintios 15:33, 34)
- ❏ Creer que no habrá consecuencias en la tierra para mi pecado (Gálatas 6:7, 8)
- ❏ Creer que debo ganar la aceptación de ciertas personas para ser feliz (Gálatas 1:10)
- ❏ Creer que tengo que lograr cierta medida para sentirme bien conmigo (Gálatas 3:2, 3; 5:1)

> *Señor, confieso que he sido engañado por_____. Te doy gracias por tu perdón, y me comprometo a creer solo tu verdad. En el nombre de Jesús, Amén.*

Es importante saber que además de ser engañados por el mundo, los falsos maestros y los espíritus engañadores, podemos engañarnos a nosotros mismos. Además, ahora que estás vivo en Cristo, completamente perdonado y totalmente aceptado, no necesitas defenderte como antes lo hacías. Cristo es ahora tu defensa. Usando la siguiente lista y las oraciones de confesión, confiesa las maneras en que has sido engañado según el Señor te muestre o te has defendido equivocadamente:

Modos de engañarte a ti mismo

- ❏ Oír la Palabra de Dios pero no hacer lo que dice (Santiago 1:22)
- ❏ Decir que no tenemos pecado (1 Juan 1:8)
- ❏ Pensar que soy lo que realmente no soy (Gálatas 6:3)
- ❏ Pensar que soy sabio en este mundo (1 Corintios 3:18, 19)
- ❏ Pensar que soy verdaderamente religioso, pero no le pongo freno a mi lengua (Santiago 1:26)

> *Señor, confieso que me he engañado a mí mismo por _____. Gracias por tu perdón. Me comprometo a creer solo tu verdad. En el nombre de Jesús, Amén.*

Modos de defenderte equivocadamente

- ❏ Negación de la realidad (consciente o inconsciente)
- ❏ Fantasía (escapar de la realidad soñando despierto, televisión, cine, música, computación, juegos de video, drogas, alcohol, etc.)
- ❏ Aislamiento emocional (apartándose de la gente o manteniendo la gente a distancia para evitar el rechazo)
- ❏ Regresión (regresar a épocas menos amenazadoras)
- ❏ Ira desplazada (cargar contra gente inocente nuestras frustraciones)
- ❏ Proyección (culpar a otros por mis problemas)
- ❏ Racionalización (hallar excusas para mi mala conducta)

> *Señor, confieso que me he defendido equivocadamente por _____.*

> *Gracias por tu perdón. Ahora me compro-*
> *meto a confiar en tu defensa y protección.*
> *En el nombre de Jesús, amén.*

Elegir la verdad puede resultarte difícil si has creído la mentira por muchos años. Será necesario algo de consejería que te ayude a desarraigar cada mecanismo de defensa en que te hayas apoyado para hacer frente a la vida. Cada cristiano necesita aprender que Cristo es la única defensa que necesita. Comprender que ya has sido perdonado y aceptado por Dios por medio de Jesucristo, te ayudará para que seas libre de poner toda tu dependencia en Él.

La fe es la respuesta bíblica a la verdad y creer lo que Dios dice es una decisión que todos podemos hacer. Si dices, «Me gustaría creer en Dios, pero no puedo», estás engañado. Por cierto, puedes creer a Dios porque lo que Dios dice siempre es la verdad.

A veces se nos impide andar por fe en nuestro Padre Dios debido a las mentiras que hemos creído acerca de Él. Debemos tener un temor de Dios sano (reverencia pro su santidad, poder y presencia), pero no debemos tenerle miedo (s). Romanos 8:15 dice: *«Pues no habéis recibido el espíritu de esclavitud para estar otra vez en temor, sino que habéis recibido el espíritu de adopción, por el cual clamamos: ¡Abba, Padre!»*

El siguiente ejercicio te ayudará a romper las cadenas de esas mentiras y te capacitará para gozar de la íntima relación «Abba, Padre» con Él.

Sigue detenidamente la siguiente lista, paso por paso, de izquierda a derecha. Comienza cada punto con la afirmación en negrita que hay al comienzo de la página. Lee las listas en voz alta.

Una parte fundamental de andar en la verdad y rechazar el engaño es tratar los temores que infestan nuestra vida. Primera de Pedro 5:8 dice que nuestro enemigo, el diablo, anda como león rugiente buscando a quien devorar. Así como el rugido del león llena de terror el corazón de quien lo oye, Satanás usa el terror en los corazones para tratar de paralizar a los cristianos. Sus tácticas de intimidación tienen como objetivo quitarnos la fe en Dios y nos llevan a tratar de satisfacer nuestras necesidades por medio del mundo o de la carne.

Renuncio a la mentira que mi Padre Dios es...	Con gozo acepto la verdad que mi Padre es...
1. distante y desinteresado	1. íntimo e interesado (Sal. 139:1-18)
2. insensible y despreocupado	2. bondadoso y compasivo (Sal. 103:8-14)
3. severo y exigente	3. dispuesto a aprobar, lleno de gozo y amor (Sof. 3:17; Ro. 15:7)
4. pasivo y frío	4. cálido y afectivo (Is. 40:11; Os. 11:3, 4)
5. ausente o muy ocupado para atenderme	5. siempre a mi lado y deseoso de estar conmigo (Jer. 31:20; Ez. 34:11-16; Heb. 13:5)
6. insatisfecho, impaciente o airado con lo que yo hago	6. paciente y lento para la ira (Éx. 34:6; 2 P. 3:9)
7. cruel, malo o abusivo	7. amante, gentil y mi protector (Sal. 18:2; Jer. 31:3; Is. 42:3)
8. uno que intenta quitar todo lo divertido de mi vida	8. digno de confianza; quiere darme una vida plena; su voluntad es buena, perfecta y aceptable (Lam. 3:22, 23; Jn. 10:10; Ro. 12:1, 2)
9. controlador o manipulador	9. lleno de gracia y misericordia; me da libertad para fallar (Lc. 15:11-16; Heb. 4:15, 16)
10. condenador e implacable	10. tierno y perdonador; su corazón y sus brazos siempre están abiertos para recibirme (Sal. 130:1-4; Lc. 15:17-24).
11. maniático, riguroso o perfeccionista	11. comprometido con mi crecimiento y orgulloso de mí como hijo que crece (Ro. 8:28, 29; 2 Co. 7:4; Heb. 12:5-11)

Yo soy la niña de su ojo
(Deuteronomio 32:10)

El temor nos debilita, no hace centrados en nosotros mismos y nubla nuestra mente de modo que todo lo que podemos pensar al respecto es la cosa que nos atemoriza. Pero el temor nos controla solo si se lo permitimos.

Sin embargo, Dios no quiere que seamos dominados por nada, incluido el temor (1 Corintios 6:12). Jesucristo debe ser nuestro único Señor (Juan 13:13; 2 Timoteo 2:21).Para comenzar a gozar la libertad de la esclavitud al temor y la capacidad de andar por la fe en Dios, haga la siguiente oración desde su corazón:

> *Amado Padre celestial, te confieso que he escuchado los rugidos del diablo y he dejado que el miedo me domine. No siempre he andado por la fe en ti, antes me he dejado llevar por los sentimientos y las circunstancias. Gracias por perdonar mi incredulidad. Ahora mismo renuncio al espíritu de temor y afirmo la verdad que no me has dado espíritu de temor, sino de poder, amor y de una mente sana. Señor, revela a mi mente ahora todos los temores que me han estado controlando para poder renunciar a ellos y quedar libre para caminar por la fe en ti.*
>
> *Te doy gracias por la libertad que me das para andar por la fe y no por temor. En el poderoso nombre de Jesús, te lo ruego, amén.*
>
> (Véase 2 Corintios 4:16-18; 5:7;
> 2 Timoteo 1:7.)

La siguiente lista puede ayudarte a reconocer algunos de los temores que el diablo ha utilizado para impedir que andes por la fe. Marca los que se aplican a tu vida. Anota otros que el Espíritu de Dios te traiga a la memoria. Entonces, renuncia uno por uno, a tales temores en voz alta, usando la renuncia que se sugiere después de la lista.

- ❑ Temor de morir
- ❑ Miedo a Satanás

❑ Miedo al fracaso
❑ Miedo al rechazo de la gente
❑ Miedo a la reprobación
❑ Miedo de llegar a ser o de ser homosexual
❑ Miedo a los problemas financieros
❑ Miedo de no llegar a casarse
❑ Miedo a la muerte de un ser querido
❑ Miedo de ser un caso perdido
❑ Miedo de perder la salvación
❑ Miedo de haber cometido el pecado imperdonable
❑ Miedo de no ser amado por Dios
❑ Miedo de no amar ni ser amado por otros
❑ Miedo de pasar vergüenza
❑ Miedo de ser víctima de un crimen
❑ Temor al matrimonio
❑ Temor al divorcio
❑ Miedo de volverse loco
❑ Miedo del dolor o la enfermedad
❑ Temor al futuro
❑ Temor a la confrontación
❑ Miedo de personas específicas (haga una lista)
❑ Otros temores específicos que me vienen a la mente ahora:

> *Renuncio a (nombre del temor) porque Dios no me ha dado espíritu de temor. Elijo vivir por la fe en el Dios que prometió protegerme y satisfacer todas mis necesidades si camino por fe en Él.*

(Véase Salmo 27:1; Mateo 6:33, 34;
2 Timoteo 1:7.)

Cuando hayas terminado de renunciar a todos los temores específicos a los que hayas permitido que te controlen, haz la siguiente oración:

> *Amado Padre celestial, gracias porque eres digno de confianza. Decido creerte a ti, , aun cuando mis sentimientos y circunstancias me dicen que tema. Me has dicho que no tema porque tú estás conmigo; que no busque ansiosamente a mi alrededor, porque tú eres mi Dios. Tú me fortalecerás, me ayudarás y seguramente me sostendrás con la diestra de tu justicia. Te lo ruego por la fe en el nombre de Jesús mi Señor, amén.*
> (Véase Isaías 41:10.)

(Para comprender mejor cómo el temor de Dios es el principio de la sabiduría, y echa afuera a todo otro temor, véase el libro del que soy coautor con Rich Miller, *Libre del miedo*, publicado por Editorial Unilit.)

El movimiento Nueva Era ha tergiversado el concepto de fe diciendo que hacemos que algo sea verdad creyéndolo. No, nosotros no podemos crear la realidad con nuestra mente; solo Dios puede hacerlo. Nosotros solo podemos enfrentar la realidad con nuestra mente. La fe consiste en decidir creer y actuar sobre lo que Dios dice, sin importar los sentimientos o circunstancias. Sin embargo, creer algo no lo convierte en verdad. *Es verdad, en consecuencia, decidimos creerla.*

Tener fe no es suficiente. La pregunta clave es si el objeto de tu fe es digno de confianza. Si el objeto de tu fe no es digno de confianza, entonces ninguna cantidad de fe lo cambiará. Por eso nuestra fe debe estar en la roca sólida de Dios y su Palabra. Es la única forma de llevar una vida responsable y fructífera. Por otra parte, si lo que crees no es verdad, entonces la vida que lleves no será recta.

Durante generaciones, los cristianos han conocido la importancia de declarar públicamente lo que creen. Lee en voz alta la siguiente «Declaración de la verdad» pensando en lo que dices. Encontrarás muy provechoso leerla diariamente durante varias

semanas para renovar tu mente con la verdad y reemplazar toda
mentira que estés creyendo.

Declaración de la verdad

1. *Reconozco que hay un solo Dios vivo y verdadero que existe como Padre, Hijo y Espíritu Santo. Es digno de toda honra alabanza y gloria como quien hizo todas las cosas y las
   sostiene* (véase Éxodo 20:2, 3; Colosenses 1:16, 17).

2. *Reconozco que Jesucristo es el Mesías, el Verbo que se hizo
   carne y habitó entre nosotros. Creo que Él vino a destruir
   las obras del diablo, y que desarmó los principados y autoridades y los exhibió públicamente, habiendo triunfado sobre ellos* (véase Juan 1:1, 14; Colosenses 2:15; 1 Juan 3:8).

3. Creo que él me ha liberado del reino de las tinieblas y me
   ha trasladado a su reino, y en él. *Creo que Dios demostró
   su amor por mí en que siendo aún pecador, Cristo murió
   por mí. Tengo redención, el perdón de los pecados* (véase
   Romanos 5:8; Colosenses 1:13, 14).

4. *Creo que ahora soy hijo de Dios y estoy sentado con Cristo en los lugares celestiales. Creo que soy salvo por la gracia de Dios por medio de la fe y que fue un don y no el resultado de obra alguna por mi parte* (véase Efesios 2:6, 8,
   9; 1 Juan 3:1-3).

5. *Decido fortalecerme en el Señor y en el poder de su fuerza.
   No pongo la confianza en la carne, porque las armas no son
   de la carne, sino son poderosas para la destrucción de fortalezas. Me pongo la armadura de Dios y resuelvo estar firme
   en mi fe y resistir al malo* (véase 2 Corintios 10:4; Efesios
   6:10-20; Filipenses 3:3).

6. *Creo que sin Cristo nada puedo hacer, de modo que declaro
   mi completa dependencia de Él. Decido permanecer en
   Cristo a fin de llevar mucho fruto y glorificar a mi Padre.
   Aviso a Satanás que Jesús es mi Señor. Rechazo cada uno y
   todos los dones falsificados y obras de Satanás en mi vida*
   (véase Juan 15:5, 8; 1 Corintios 12:3).

7. *Creo que la verdad me hará libre y que Jesús es la verdad. Si él me da la libertad, seré verdaderamente libre.
Reconozco que andar en la luz es el único camino de verdadera comunión con Dios y el hombre. En consecuencia, me levanto contra todo engaño de Satanás llevando
todo pensamiento cautivo a la obediencia a Cristo. Declaro que la Biblia es la única norma con autoridad para la
verdad y la vida* (véase Juan 8:32, 36; 14:6; 2 Corintios 10:5;
2 Timoteo 3:15-7).

8. *Decido presentar mi cuerpo a Dios como sacrificio vivo y
santo y los miembros de mi cuerpo como instrumento de
justicia. Decido renovar mi mente por medio de la Palabra
viva de Dios para probar que la voluntad de Dios es buena,
aceptable y perfecta. Me despojo del viejo hombre con sus
malas prácticas y me visto el nuevo. Declaro que soy una
nueva criatura en Cristo* (véase Romanos 6:13; 12:1, 2; 2 Corintios 5:17; Colosenses 3:9, 10).

9. *Por fe, decido ser lleno del Espíritu para ser guiado a
toda verdad. Decido andar por el Espíritu para no satisfacer los deseos de la carne* (véase Juan 16:13; Gálatas 5:16;
Efesios 5:18).

10. *Renuncio a toda meta egoísta y escojo la meta final del
amor. Decido obedecer los dos mandamientos más grandes:
Amar a el Señor mi Dios con todo mi corazón, con toda mi
alma, con toda mi mente y con todas mis fuerzas* (véase Mateo 22:37-39; 1 Timoteo 1:5).

11. *Creo que el Señor Jesús tiene toda potestad en el cielo y en la
tierra, y es Cabeza sobre todo principado y potestad. En Él
estoy completo. Creo que Satanás y sus demonios están sometidos a mí en Cristo, puesto que soy miembro del cuerpo de
Cristo. En consecuencia, obedezco el mandamiento de someterme a Dios y resistir al diablo, y ordeno a Satanás en el
nombre de Jesucristo que se aleje de mi presencia* (véase
Mateo 28:18; Efesios 1:19-23; Colosenses 2:10; Santiago 4:7).

Paso 3: Amargura contra perdón

Es necesario perdonar a los demás para que Satanás no se aproveche de nosotros (2 Corintios 2:10, 11). Se nos manda a sacar toda amargura de nuestra vida y perdonar a los demás de la manera que nosotros hemos sido perdonados (Efesios 4:31, 32). Pide a Dios que te haga recordar a personas a quienes necesitas perdonar y repite la siguiente oración en voz alta:

> *Amado Padre celestial, te doy gracias por las riquezas de tu misericordia, bondad y paciencia conmigo, sabiendo que tu bondad me guía a arrepentimiento. Confieso que no he mostrado la misma bondad y paciencia hacia quienes me han herido. Al contrario, he guardado ira, amargura y resentimiento hacia ellos. Te ruego que traigas a mi memoria todas las personas que necesito perdonar y así hacerlo. En el nombre de Jesús, amén.*

(Véase Romanos 2:4.)

En otra hoja haz una lista de personas que te vengan a la memoria. En este punto no preguntes si necesitas perdonarlos o no. Si te viene un nombre a la memoria, escríbelo. Muchas veces tenemos cosas contra nosotros mismos y nos castigamos por decisiones erradas del pasado. Escribe «Yo» al final de la lista para que puedas perdonarte a ti mismo. Perdonarte a ti mismo es aceptar la verdad de que Dios ya te ha perdonado en Cristo. Si Dios te perdona, te puedes perdonar a ti mismo.

Además, escribe «pensamientos contra Dios» al pie de tu lista. Obviamente, Dios nunca ha hecho nada malo que tengas que perdonarle. Sin embargo, a veces guardamos pensamientos de enojo contra Él porque no hizo lo que queríamos. Esos sentimientos de ira o resentimiento contra Dios se pueden convertir en una muralla entre nosotros y Él, de modo que tenemos que hacerlos desaparecer.

Antes de comenzar el trabajo de perdonar a los que están en la lista, tómate unos minutos para repasar lo que es y no es el perdón.

Perdonar no es olvidar. La persona que quiere olvidar todo lo que le han hecho, encontrará que no puede hacerlo. No deseches la idea de perdonar a quienes te han dañado esperando que el dolor desaparezca un día. Cuando eliges perdonar a alguien, entonces Cristo puede comenzar a sanar tus heridas. Pero la sanidad no comenzará si no perdonas primero.

El perdón es una elección, una decisión de tu voluntad. Dado que Dios requiere que perdones, es algo que puedes hacer. A veces resulta difícil perdonar a alguien porque en forma natural deseamos la venganza por lo que hemos sufrido. El perdón parece ir en contra de nuestro sentido de lo que es justo y bueno. Por eso nos aferramos a nuestro enojo y castigamos a las personas repetidas veces en nuestra mente por el dolor que nos causaron.

Pero Dios dice que no nos venguemos (Romanos 12:19). Que Dios trate a la persona. Deja que salgan de tu anzuelo, porque mientras les niegues el perdón, todavía estás enganchado con esa persona. Sigues encadenado a tu pasado, ligado a tu amargura. Al perdonar, sacas a la otra persona de tu anzuelo, pero esa persona no está fuera del anzuelo de Dios. Debes confiar en que Dios tratará a esa persona en forma justa y buena, lo que tú sencillamente no puedes hacer.

«Pero no sabes cuánto me perjudicó esa persona». Tienes razón. Nosotros no lo sabemos, pero Jesús lo sabe, y Él te dice que perdones. ¿No lo ves? Mientras conserves tu enojo y el odio, esa persona te seguirá causando daño. No puedes hacer volver el reloj y cambiar el pasado, pero puedes liberarte de Él. Puedes detener el dolor, pero hay una sola manera de hacerlo, perdonar.

Perdona a otros por amor a ti mismo, para que puedas estar libre. El perdón es principalmente un asunto de obediencia a Dios. Dios quiere librarte; no hay otro camino.

Perdonar es aceptar vivir con las consecuencias del pecado de la otra persona. Vas a vivir con esas consecuencias te guste o no, de modo que la única decisión que tienes para hacer, es hacerlo *esclavizado a la amargura* o en la *libertad del perdón*. Nadie perdona verdaderamente sin aceptar y sufrir el dolor del pecado de la otra persona. Eso parecerá injusto y podrás preguntarte dónde está la justicia, pero la justicia se encuentra en la cruz, que hace que el perdón sea moral y legal.

Jesús cargó las consecuencias *eternas* del pecado sobre Sí. «*Al que no conoció pecado, por nosotros lo hizo pecado, para que nosotros fuésemos hechos justicia de Dios en él*» (2 Corintios 5:21). Sin embargo, nosotros solemos sufrir las consecuencias del pecado de otras personas. Esa es una dura realidad de la vida que todos tenemos que enfrentar.

No esperes que la otra persona te pida perdón. Recuerda, Jesús no esperó que nos disculpáramos para que lo crucificaran y así perdonarnos. Aun cuando se burlaban y lo ridiculizaban, él oró «*...Padre, perdónalos que no saben lo que hacen...*» (Lucas 23:34).

Perdona de corazón. Deja que Dios saque a la superficie las emociones dolorosas que sientes contra los que te han dañado. Si tu perdón no toca el centro emocional de tu vida, será incompleto. Con mucha frecuencia tenemos miedo del dolor, así que sepultamos las emociones en lo más profundo de nuestro interior. Deja que Dios las saque a la superficie para que Él comience a sanar esas emociones perjudicadas.

Perdonar es decidir no volver a levantar nunca más, el pecado de alguien en su contra. Es común que la persona amargada traiga a la superficie los problemas que ha tenido con los que le han dañado. Pero nosotros tenemos que dejar que el pasado se vaya y decidir rechazar todo pensamiento de venganza. Esto no significa que toleres los futuros pecados de otros. Dios no tolera el pecado y tampoco debes tolerarlo tú. No permitas que otros abusen continuamente contigo. Ponte contra el pecado mientras continúas ejerciendo gracia y perdón hacia los que te hieren. Si necesitas ayuda para fijar límites sabios para protegerte de mayores abusos, conversa con un amigo de confianza, con un consejero o un pastor.

No esperes hasta que tengas deseos de perdonar. Nunca los tendrás. Toma la difícil decisión de perdonar aun cuando no tengas deseos. Cuando hayas decidido perdonar, Satanás habrá perdido su poder sobre ti en esa área y el toque sanador de Dios podrá moverse libremente. Libertad es lo que ganarás de inmediato, no necesariamente un cambio de sentimientos.

Ahora estás listo para comenzar. Toma el primer nombre de tu lista y decide perdonar a esa persona por todos los recuerdos dolorosos que su nombre trae a tu mente. Sigue pensando en ese individuo hasta que estés seguro de haber enfrentado todo dolor que te haya venido a la memoria. Después sigue haciendo lo mismo con el resto de la lista.

Cuando comiences a perdonar a las personas, Dios traerá a tu mente recuerdos dolorosos que habías olvidado completamente. Deja que lo haga, aunque te duela. Dios quiere que seas libre; perdonar a tales personas es el único método. No trates de excusar la conducta del ofensor, aun cuando sea una persona muy íntima.

No digas, «Señor ayúdame a perdonar». Ya te está ayudando y estará contigo a lo largo de todo el proceso. No digas, «Señor quiero perdonar...» porque eso pasa por alto la decisión difícil que tienes que hacer. Deber decir: «Señor, he *decidido* perdonar...».

Por cada recuerdo doloroso que tienes de cada persona de tu lista ora en voz alta:

> *Señor, he decidido perdonar a (<u>nombra la persona</u>)*
> *por (<u>lo que hicieron o dejaron de hacer</u>) porque me*
> *hace sentir (<u>nombra los sentimientos dolorosos</u>).*

Después de perdonar a una persona todas las ofensas que hayas recordado y después de expresar honestamente cómo te sientes, concluye el perdón de esa persona orando en voz alta:

> *Señor, he decidido no mantener mi resentimiento.*
> *Te doy gracias por liberarme de la esclavitud de mi*
> *amargura. Renuncio a mi derecho de buscar venganza*
> *y te ruego que sanes mis emociones dañadas. Ahora te*
> *ruego que bendigas a los que me han dañado. En el*
> *nombre de Jesús te lo ruego. Amén.*

Paso 4: Rebelión contra sumisión

Vivimos en una era de rebeldía. Muchas personas obedecen las leyes y a las autoridades cuando les conviene. Hay una generalizada falta de respeto por quienes gobiernan y los cristianos suelen ser tan culpables, como el resto de la sociedad, de albergar un espíritu crítico y rebelde. Desde luego, no se espera que estemos de acuerdo con políticas de líderes que violan las Escrituras, pero tenemos que «*Honrar a todos. Amad a los hermanos. Temed a Dios. Honrad al rey*» (1 Pedro 2:17).

Es fácil creer la mentira de que nuestras autoridades nos roban la libertad de hacer lo que queremos. La verdad es que Dios los ha puesto allí para nuestra protección y libertad. La rebelión contra Dios y contra las autoridades que Él ha establecido, es un pecado muy grave que da a Satanás amplia oportunidad para atacar. La sumisión es la única solución. Sin embargo, Dios requiere más que solo la apariencia externa de sumisión. Quiere que sinceramente, de corazón nos sometamos a quienes están en autoridad. Cuando estás bajo la autoridad de Dios y de los que Él ha establecido como autoridades, cortas esta peligrosa apertura para los ataque demoníacos. La Biblia deja claramente establecido que tenemos dos responsabilidades hacia los que están en autoridad sobre nosotros: orar por ellos y someternos a ellos (Romanos 13:1-7; 1 Timoteo 2:1, 2). Para comprometerte a ese piadoso estilo de vida, haz de corazón la siguiente oración en voz alta:

> *Querido Padre celestial: En la Biblia dices que la rebelión es como hechicería y tan mala como la idolatría. Yo sé que en esto no te he obedecido y me he rebelado en mi corazón en tu contra y contra las autoridades que has establecido. Gracias por haberme perdonado la rebelión. Por la sangre que el Señor Jesucristo derramó, te ruego que sea cancelado todo el espacio que los malos espíritus han ganado en mi vida debido a mi rebelión. Te ruego que me muestres todas las formas en que he sido rebelde. He decidido adoptar un espíritu de sumisión y un corazón de siervo. Te lo ruego en el precioso nombre de Jesús. Amén.*

(Véase 1 Samuel 15:23.)

Estar bajo la autoridad es un claro acto de fe. Al someterte, confías en que Dios obrará por medio de las líneas de autoridad

Pasos hacia la libertad en Cristo 221

aun cuando la autoridad es severa o sin misericordia o te ordene hacer algo que no quieres. Ocurre muchas veces que los que están sobre ti abusan de su autoridad y quebrantan las leyes ordenadas por Dios para protección del inocente. En esos casos tendrás que buscar protección en una autoridad superior. Las leyes de tu estado pueden requerir que tal abuso sea denunciado a la policía o a otra agencia del gobierno. Si hay abuso continuo (físico, mental, emocional o sexual) donde tú vives, necesitarás más ayuda de un consejero para enfrentar la situación.

Si las autoridades abusan de su posición y te exigen que quebrantes la ley de Dios o transijas en tu compromiso con Dios, entonces es necesario que obedezcas a Dios antes que a los hombres (Hechos 4:19, 20). Sin embargo, ten cuidado. No supongas que una autoridad está violando la Palabra de Dios solamente porque te pide que hagas algo que no te gusta. Todos necesitamos adoptar un espíritu humilde, sumiso los unos con los otros en el temor de Cristo (Efesios 5:21). Además, Dios ha establecido líneas específicas de mando para protegernos y poner orden en nuestra vida cotidiana.

Mientras miras con oración la nueva lista, permite que el Señor te muestre alguna forma específica en que hayas sido rebelde contra la autoridad. Luego, usando la oración que sigue a la lista, confiesa específicamente lo que el Señor traiga a tu memoria.

❑ Gobierno civil (incluidas leyes del tránsito, impuestos, actitud hacia los funcionarios del gobierno (Romanos 13:1-7; 1 Timoteo 2:1-4; 1 Pedro 2:13-17).
❑ Padres, padres adoptivos, o tutores legales (Efesios 6:1-3).
❑ Maestros, entrenadores, autoridades escolares (Romanos 13:1-4).
❑ Empleadores (pasados y presentes) (1 Pedro 2:18-23)
❑ Maridos (1 Pedro 3:1-4) (*nota a los maridos*: Dedica unos momentos y pide al Señor si tu falta de amor por tu esposa puede haber hecho que ella abrigue un espíritu de rebeldía. Si es así, confiésalo como una violación de Efesios 5:22-33).
❑ Líderes eclesiásticos (Hebreos 13:7).

❏   Dios (Daniel 9:5, 9).

Por cada forma de rebelión que el Espíritu de Dios traiga a tu memoria, usa la siguiente oración y confiesa específicamente ese pecado:

> *Señor. Confieso que he sido rebelde hacia (nombre) cuando (expresa específicamente lo que hiciste). Gracias por perdonar mi rebelión. Ahora decido ser sumiso y obediente a tu Palabra. En el nombre de Jesús, amén.*

Paso 5: Orgullo contra humildad

El orgullo mata. El orgullo dice: «No necesito a Dios ni la ayuda de otro. Puedo arreglármelas solo». No, no puedes. Necesitamos a Dios y nos necesitamos mutuamente. Pablo escribe sabiamente: «...*en espíritu servimos a Dios y nos gloriamos en Cristo Jesús, no teniendo confianza en la carne*» (Filipenses 3:3). Esa es una buena definición de humildad: no poner la confianza en la carne, esto es en nosotros mismos; más bien «...*fortaleceos en el Señor y en el poder de su fuerza*» (Efesios 6:10). La humildad es la confianza adecuadamente puesta en Dios.

Proverbios 3:5-7 expresa un pensamiento similar: «*Fíate de Jehová de todo tu corazón, y no te apoyes en tu propia prudencia. Reconócelo en todos tus caminos, y él enderezará tus veredas. No seas sabio en tu propia opinión; Teme a Jehová, y apártate del mal*» (Santiago 4:6-10 y 1 Pedro 5:1-10 también nos advierten que el orgullo tiene como resultado graves problemas espirituales) Usa la siguiente oración para expresar tu compromiso de vivir humildemente delante de Dios:

> *Amado Padre celestial, tú has dicho que antes de la destrucción va la soberbia y la altivez de espíritu antes de la caída. Confieso que he estado pensando principalmente en mí mismo y no en los demás. No me he negado a mí mismo, ni he tomado mi cruz cada día para seguirte. Como resultado, he dado lugar al diablo*

en mi vida. He pecado creyendo que podría ser feliz y tener éxito por mí mismo. Confieso que he puesto mi voluntad por encima de la tuya, y he centrado mi vida en mí mismo y no en ti.

Me arrepiento de mi orgullo y egoísmo y pido que sea recuperado todo el espacio ocupado por los enemigos del Señor Jesucristo en mis miembros. Elijo apoyarme en el poder del Espíritu Santo y en su dirección para no hacer nada por egoísmo o vanagloria. Con humildad de mente considero a los demás como superiores a mí. Y elijo Señor, hacer de ti lo más importante de mi vida.

Te ruego que me muestres ahora todas las formas específicas en que he vivido con soberbia. Capacítame para servir a los demás con amor y en cuanto a honra preferir a los demás. Te ruego esto en el humilde nombre de Jesús, mi Señor. Amén.

(Véase Proverbios 16:18; Mateo 6:33; 16:24; Romanos 12:10; Filipenses 2:3.)

Hecho ese compromiso con Dios en oración, ahora permite que Él te muestre toda forma específica en que hayas vivido con soberbia. La siguiente lista te puede ayudar. A medida que el Señor traiga a tu mente áreas de orgullo, usa la oración de la página siguiente para guiarte en la confesión.

❑ Tener un deseo más fuerte de hacer mi propia voluntad que la de Dios.

❑ Apoyarme demasiado en mi entendimiento y experiencia en vez de buscar la dirección de Dios por medio de la oración y su Palabra.

❑ Confiar en mis propias fuerzas y capacidades en lugar de depender del poder del Espíritu Santo.

❑ Estar más preocupado de controlar a otros que en desarrollar mi propio control.

❑ Estar demasiado ocupado haciendo cosas «importantes» para dedicar tiempo a hacer cosas pequeñas en favor de los demás.

❑ Tener la tendencia a pensar que no tengo necesidades.

❑ Encontrar difícil reconocer cuando estoy equivocado.

❑ Estar más preocupado de agradar a la gente que agradar a Dios.

❑ Preocuparme por lograr el crédito que creo merecer.

❑ Pensar que soy más humilde, espiritual, religioso o consagrado que los demás.

❑ Estar motivado para obtener reconocimiento por medio de grados, título o posiciones.

❑ Sentir con frecuencia que mis necesidades son más importantes que las de otra persona.

❑ Considerarme mejor que otros debido a mis habilidades y logros académicos, artísticos o deportivos.

❑ Otras formas de tener más alto concepto de mí que el que debo tener.

Para cada una de las áreas mencionada que hayan sido así en tu vida, ora en voz alta:

> *Señor, reconozco que he sido orgulloso en (nombra el área). Gracias por perdonar mi orgullo. Decido humillarme delante de ti y de los demás. Elijo poner toda mi confianza en ti y no en mi carne. En el nombre de Jesús, amén.*

Cómo enfrentar el prejuicio y la intolerancia

La soberbia fue el pecado original de Lucifer. Pone a una persona o grupo de personas contra otros. La estrategia de Satanás siempre es dividir para vencer, pero Dios nos ha dado un ministerio de reconciliación (2 Corintios 5:19). Considera por un momento la obra de Cristo al derribar la antigua barrera del prejuicio racial entre judíos y gentiles:

«Porque él (Cristo) es nuestra paz, que de ambos pueblos hizo uno, derribando la pared intermedia de separación, aboliendo en su carne las enemistades, la ley de los mandamientos expresados en ordenanzas, para crear en sí mismo de los dos un solo y nuevo hombre, haciendo la paz, y mediante la cruz reconciliar con Dios a ambos en un solo cuerpo, matando en ella las enemistades. Y vino y anunció las buenas nuevas de paz a vosotros que estabais lejos, y a los que estaban cerca; porque por medio de él los unos y los otros tenemos entrada por un mismo Espíritu al Padre» (Efesios 2: 14-18).

Muchas veces negamos que haya prejuicio o intolerancia en nuestro corazón, sin embargo, «*Y no hay cosa creada que no sea manifiesta en su presencia; antes bien todas las cosas están desnudas y abiertas a los ojos de aquel a quien tenemos que dar cuenta*» (Hebreos 4:13). La siguiente es una oración que pide a Dios que ponga su luz sobre tu corazón y revele toda área de orgulloso prejuicio:

Amado Padre celestial, yo sé que amas a todos los pueblos por igual y no muestras favoritismo. De toda nación aceptas a quienes son temerosos de Dios y hacen justicia. No basas tu juicio en el color de la piel, raza, posición económica, antecedentes étnicos, género, preferencia denominacional, ni otra consideración mundana. Confieso que con frecuencia he juzgado a los demás o me he considerado superior debido a estas cosas. No siempre he sido un ministro de reconciliación, sino he sido un agente orgulloso de división por medio de mis actitudes, palabras y obras. Me arrepiento de toda intolerancia odiosa y perjuicio soberbio, y te pido, Señor, que reveles a mi mente todas las formas específicas en que este orgullo ha corrompido mi corazón y mente. En el nombre de Jesús, amén.

(Véase Hechos 10:34; 2 Corintios 5:16.)

Por cada área de prejuicio, superioridad o intolerancia que el Señor te haga recordar, haz de corazón la siguiente oración en voz alta:

> *Confieso y renuncio el pecado orgulloso de prejuicio contra (nombre del grupo). Te doy gracias por el perdón, Señor, y te pido que cambies mi corazón y me hagas un agente misericordioso de reconciliación con (nombra el grupo). En el nombre de Jesús, amén.*

Paso 6: Servidumbre contra libertad

Muchas veces nos sentimos atrapados en un círculo vicioso de pecado – confesión – pecado – confesión, que parece que nunca acabará. Podemos desalentarnos y terminar cediendo y entregándonos a los pecados de nuestra carne. Para hallar libertad debemos seguir Santiago 4:7: «*Someteos, pues, a Dios; resistid al diablo y huirá de vosotros*». Nos sometemos a Dios por medio de la confesión de pecados y por el arrepentimiento (apartarse del pecado). Resistimos al diablo rechazando sus mentiras. En cambio andamos en la verdad y nos ponemos toda la armadura de Dios (véase Efesios 6:10-20).

Recuerda, la confesión no es decir «lo siento»; es reconocer abiertamente: «lo hice» (1 Juan 1: 9). Sea que necesites ayuda de otra persona o solo la responsabilidad de andar en la luz delante de Dios, haz la siguiente oración en voz alta:

> *Amado Padre celestial, me has dicho que me vista del Señor Jesucristo y no haga provisión para la carne ni a su concupiscencia. Confieso que he cedido a los deseos carnales que batallan contra mi alma. Te doy gracias que en Cristo mis pecados ya han sido perdonados, pero he quebrantado tu santa ley y he dado al diablo la oportunidad de batallar contra mi cuerpo. He acudido a ti ahora para confesar y renunciar a estos pecados de la carne que he cometido y las forma en que he agraviado a su Espíritu Santo. En el santo nombre de Jesús te lo ruego, amén.*
>
> (Véase Proverbios 28:13; Romanos 6:12, 13; 13:14; 2 Corintios 4:2; 1 Pedro 2:11; 5:8.)

Hay muchos pecados de la carne que nos controlan. La siguiente lista contiene muchos de ellos, pero un examen de Marcos 7:20-23, Gálatas 5:9-21, Efesios 4:25-31 y otras escrituras con oración, te ayudarán a ser más completo. Observa la lista que hay a continuación y pídele al Espíritu Santo que te haga recordar los que necesitas confesar. También te puede revelar otros. Por cada pecado que te muestre el Señor, haz de corazón una oración de confesión. Después de la lista hay una oración de confesión (nótese: Los pecados sexuales, el divorcio, los desórdenes alimenticios, el abuso sustancial, el aborto, las tendencias suicidas y el perfeccionismo serán tratados en un paso posterior. Quizás sea necesaria más consejería para hallar completa sanidad y libertad en esta y otras áreas).

- ❑ Robo
- ❑ Riña / pelea
- ❑ Celos / envidia
- ❑ Queja / crítica
- ❑ Acciones lujuriosas
- ❑ Murmuración /calumnias
- ❑ Jurar
- ❑ Apatía / pereza
- ❑ Mentira
- ❑ Odio
- ❑ Ira
- ❑ Pensamientos sensuales
- ❑ Borracheras
- ❑ Engaños
- ❑ Indecisiones
- ❑ Codicia / materialismo
- ❑ Otros:

> *Señor, confieso que he cometido el pecado de (nombra el pecado). Te doy gracias por tu perdón y limpieza. Ahora me apartaré de este pecado y me vuelvo a ti, Señor. Fortaléceme por tu Espíritu Santo para obedecerte. En el nombre de Jesús, amén.*

Es responsabilidad tuya no permitir que el pecado controle tu cuerpo. No debemos usar nuestros cuerpos o el cuerpo de otra persona como instrumento de injusticia (véase Romanos 6:12, 13). La inmoralidad sexual es pecado contra tu cuerpo, que es templo del Espíritu Santo (1 Corintios 6:18, 19). Para hallar libertad de la esclavitud sexual, comienza por hacer la siguiente oración:

> *Señor, te ruego que traigas a mi mente todo uso sensual de mi cuerpo como instrumento de injusticia para poder renunciar a estos pecados ahora mismo. En el nombre de Jesús te lo ruego, amén.*

A medida que el Señor te haga recordar cada uso sexual pecaminoso de tu cuerpo, sea que te hayan obligado (violación, incesto, acoso sexual) o lo hayas hecho voluntariamente (pornografía, masturbación, inmoralidad sexual), renuncia en cada ocasión:

> *Señor, renuncio a (nombra el uso específico de tu cuerpo) con (nombre de cada persona involucrada). Te pido que rompas ese lazo pecaminoso con (nombre).*

Después de terminar, consagra tu cuerpo al Señor orando:

> *Señor, renuncio a todos estos usos de mi cuerpo como instrumento de injusticia, y reconozco toda participación voluntaria. Ahora he decidido presentarte mis ojos, boca, mente, corazón, manos, pies y órganos sexuales como instrumentos de justicia. Ofrendo todo mi cuerpo como sacrificio vivo, santo y agradable a ti.*

Mi decisión es reservar el uso sexual exclusivamente para el matrimonio.

Rechazo la mentira del diablo que mi cuerpo no es limpio, que es sucio, o que en alguna forma sea inaceptable para Ti como resultado de mis experiencias sexuales del pasado. Señor, gracias porque me has limpiado y perdonado totalmente y por amarme y aceptarme de la manera que yo soy. Por lo tanto, ahora elijo aceptarme yo mismo y mi cuerpo como limpios delante de tus ojos. Amén.

(Véase Hebreos 13:4.)

Oraciones especiales por necesidades específicas

Divorcio

Señor, confieso toda parte que he tenido en mi divorcio (pide al Señor que te muestre los detalles). Te doy gracias por el perdón, y decido perdonarme a mí mismo también. Renuncio a la mentira que mi identidad es ahora «divorciado». Soy hijo de Dios y rechazo la mentira que dice que soy un cristiano de segunda clase debido al divorcio. Rechazo la mentira que dice que mi vida está vacía y carece de sentido. Estoy completo en Cristo que me ama y me acepta como yo soy. Señor, entrego a ti la sanidad de todas las heridas de mi vida puesto que he decidido perdonar a quienes me han dañado. Además, pongo mi futuro en tus manos y confío en que por medio de la iglesia me darás la compañía humana que creaste para mí, y si es tu voluntad, por medio de nuevo cónyuge. Ruego todo esto en el nombre sanador de Jesús mi Salvador, Señor y amigo más íntimo. Amén.

Homosexualidad

Señor, renuncio a la mentira que me hayas creado a mí o a otras personas para ser homosexual, y concuerdo

*en que en tu palabra prohíbes claramente la conducta
homosexual. Decido aceptarme como hijo de Dios, y
te doy gracias por crearme con un sexo definido (varón
o mujer). Renuncio a todo pensamiento, estímulo,
impulsos y actos homosexuales, y cancelo todos los
medios que Satanás ha utilizado para pervertir mis relaciones. Anuncio que soy libre en Cristo para relacio-
narme con el sexo opuesto y con mi propio sexo de la
manera que tú estableciste. En el nombre de Jesús,
amén.*

Aborto

*Señor, confieso que no fui guardiana y conservado-
ra adecuada de la vida que me confiaste y reconozco
eso como pecado. Gracias por tu perdón; por eso me
puedo perdonar a mí misma. Reconozco que el bebé
está ahora en tus manos cariñosas por toda la eternidad. En el nombre de Jesús, amén.*

Tendencia suicida

*Señor, renuncio a todo pensamiento y a todo inten-
to que he hecho por acabar con mi vida o de dañarme.
Renuncio a la mentira que la vida no tiene esperanzas
y que puedo alcanzar la paz y la libertad quitándome
la vida. Satanás es ladrón y viene a robar, matar y destruir. Elijo la vida en Cristo que dice que vino a darme
vida y vida en abundancia. Te doy gracias por tu perdón que me permite perdonarme a mí mismo. Escojo
creer que siempre hay esperanzas en Cristo. Te lo ruego en el nombre de Jesús. Amén.*

(Véase Juan 10:10.)

Iniciativa personal y perfeccionismo

*Señor, renuncio a la mentira de que mi dignidad
depende de mi habilidad para realizar. Anuncio la
verdad que mi identidad y sentido de valor personal se*

encuentra en el hecho de que soy tu hijo. Renuncio a buscar la aprobación y la aceptación de otras personas, y decido creer que ya he sido aprobado y aceptado en Cristo por su muerte y resurrección por mí. Decido creer la verdad de ser salvo, no por obras hechas en justicia, sino conforme a tu misericordia. Decido creer que ya no estoy bajo la maldición de la ley porque Cristo se hizo maldición por mí. Recibo el don gratuito de la vida en Cristo y decido permanecer en Él. Renuncio a luchar por la perfección viviendo bajo la ley. Por tu gracia, Padre celestial, decido de hoy en adelante, andar por la fe en el poder de tu Espíritu Santo puesto que lo que has dicho es la verdad. En el nombre de Jesús, amén.

Desórdenes alimenticios o automutilación

Señor, renuncio a la mentira que mi valor como persona depende de mi apariencia o mis logros. Renuncio a cortarme o a abusar de mí, vomitando, usando laxantes o sometiéndome al hambre como medio de controlarme, de alterar mi apariencia, o tratar de limpiarme del mal. Anuncio que solo la sangre de Cristo me limpia del pecado. Comprendo que he sido comprado por precio y que mi cuerpo, templo del Espíritu Santo, pertenece a Dios. En consecuencia, decido glorificar a Dios en mi cuerpo. Renuncio a la mentira que soy malo y que toda parte de mi cuerpo es mala. Gracias porque me aceptas como soy en Cristo. En el nombre de Jesús te lo ruego. Amén.

Abuso de sustancias

Señor, confieso que he hecho mal uso de sustancias (alcohol, tabaco, alimentos, drogas restringidas, o ilegales) con el propósito de tener placer, para huir de la realidad, o para hacer frente a problemas difíciles.

*Confieso que he abusado de mi cuerpo y he programa-
do mi mente de una manera dañina. Además, he apa-
gado al Espíritu. Gracias por perdonarme. Renuncio a
toda conexión o influencia satánica en mi vida por el
mal uso de alimentos o de sustancias químicas. Pongo
todas mis ansiedades en Cristo que me ama. Me com-
prometo a no ceder al abuso de las drogas, pero decido
permitir que el Espíritu Santo me dirija y me dé poder. En el nombre de Jesús, amén.*

Después de haber confesado todo pecado conocido, ora:

*Señor, ahora confieso a ti estos pecados y por la san-
gre del Señor Jesús reclamo mi perdón y purificación.
Cancelo todo espacio que los espíritus malos hayan lo-
grado por mi participación voluntaria en el pecado.
Te ruego esto en el nombre maravilloso de mi Señor y
Salvador Jesucristo. Amén.*

Paso 7: Maldiciones contra bendiciones

El paso siguiente hacia la libertad es renunciar a los pecados de
tus antepasados y a las maldiciones que puedan haber puesto sobre ti grupos de personas engañadas y malas. Al dar los diez mandamientos, Dios dijo:

*«No te harás imagen, ni ninguna semejanza de lo
que esté arriba en el cielo, ni abajo en la tierra, ni
en las aguas debajo de la tierra. No te inclinarás a
ellas, ni las honrarás; porque yo soy Jehová tu
Dios, fuerte, celoso, que visito la maldad de los
padres sobre los hijos hasta la tercera y cuarta
generación de los que me aborrecen, y hago
misericordia a millares, a los que me aman y
guardan mis mandamientos»* (Éxodo 20:4-6).

Las iniquidades pueden pasar de una a otra generación si no renuncias a los pecados de tus antepasados y reclamas de Cristo la nueva herencia espiritual. No tienes la culpa de los pecados de tus antepasados, pero debido al pecado de ellos, podrías ser vulnerable a los ataques de Satanás.

Debido a la caída estás genéticamente predispuesto a ciertas fortalezas y debilidades y te dejas influir por la atmósfera física y espiritual en que te criaste. Estas condiciones contribuyen como causa a la lucha de alguien con un pecado específico. Pide al Señor que te muestre específicamente qué pecados son característicos en tu familia y haz la siguiente oración:

> *Amado Padre celestial, te ruego que reveles a mi mente todos los pecados de mis antepasados que he recibido a través del linaje familiar. Quiero ser libre de tales influencias y caminar en mi nueva identidad como hijo de Dios. En el nombre de Jesús, amén.*

A media que el Señor trae a tu mente las esferas de pecado familiar, haz una lista de ellos. Renunciarás en forma específica a ellos más adelante en este paso.

1. _____

2. _____

3. _____

4. _____

5. _____

6. _____

7. _____

8. _____

9. _____

10. _____

Para andar libre de los pecados de tus antepasados y de toda maldición o cargas destinadas a ti, lee la siguiente declaración y haz en voz alta la siguiente oración. Recuerda, tienes toda la autoridad y protección que necesitas en Cristo para levantarte contra tales actividades.

Declaración

Aquí y ahora rechazo y me desligo de todos los pecados de mis antepasados. Específicamente renuncio a los pecados de (haz una lista de las esferas de pecados familiares que el Señor te haya revelado). Como quien ha sido ahora liberado del dominio de las tinieblas al reino del hijo de Dios, cancelo toda obra demoníaca que me haya sido traspasada de mi familia. Como crucificado y resucitado con Cristo Jesús y que ahora está sentado en los lugares celestiales, renuncio a toda tarea satánica que esté dirigida contra mí y contra mi ministerio. Cancelo toda maldición que Satanás y sus obreros hayan puesto en mi contra. Anuncio a Satanás y a todas sus fuerzas que Cristo fue hecho maldición por mí cuando murió por mis pecados en la cruz. Rechazo cada una y todas las formas en que Satanás pueda reclamarme como posesión suya. Pertenezco al Señor Jesucristo que me compró con su sangre. Rechazo todo sacrificio de sangre por medio de los cuales Satanás pueda pretender que soy posesión suya. Me declaro plena y eternamente entregado y consagrado al Señor Jesucristo. Por la autoridad que tengo en Cristo, ahora ordeno a todo espíritu de la familia y a todo enemigo del Señor Jesucristo que influya sobre mí, que se aleje de mi presencia. Me consagro a mi Padre celestial para hacer su voluntad desde este día en adelante.

(véase Gálatas 3:13.)

Oración

> *Amado Padre celestial, vengo a ti como hijo tuyo,*
> *redimido de la esclavitud del pecado por la sangre del*
> *Señor Jesucristo. Tú eres el Señor del universo y Se-*
> *ñor de mi vida. Someto a ti mi cuerpo como instru-*
> *mento de justicia, como sacrificio vivo y santo para*
> *glorificarte en mi cuerpo. Ahora te ruego que me lle-*
> *nes de tu Espíritu Santo. Me consagro a la renovación*
> *de mi mente para probar que tu voluntad es buena*
> *aceptable y perfecta para mí. Todo esto lo ruego en el*
> *nombre y por la autoridad del Señor Jesucristo resuci-*
> *tado. Amén.*

Cómo mantener tu libertad

Aun después de hallar la libertad en Cristo pasando por estos siete pasos, todavía podrías ser atacado por las influencias demoníacas que tratan de reconquistar el control de tu mente; horas, días o semanas más tarde. Pero no se lo tienes que permitir. Mientras continúas caminando en humilde sumisión a Dios, puedes resistir al diablo y él huirá de ti (Santiago 4:7).

El diablo es atraído por el pecado como las moscas son atraídas por la basura. Si te deshaces de la basura, las moscas irán a lugares más apropiados. De la misma manera, anda en la verdad, confiesa los pecados y perdona a quienes te hayan herido y el diablo no tendrá lugar en tu vida.

Entiende que una victoria no significa que las batallas estén terminadas. Hay que mantener la libertad. Después de completar los pasos hacia la libertad, una dama feliz me preguntó: «¿Será siempre así?» Le dije que estaría libre mientras mantuviera una buena relación con Dios. «Aun cuando tropiece y caiga, sabrá como restablecer la buena relación con Dios», la animé.

Una víctima de horribles atrocidades nos cuenta lo siguiente:

> Es como ser obligada a seguir un juego con una horrible persona desconocida en mi propia casa. Siempre perdía y deseaba irme, pero la persona no me dejaba.

Finalmente, llamé a la policía (una autoridad superior), ellos vinieron y sacaron al extraño. La persona llamó a la puerta tratando de volver a entrar, pero esta vez reconocí su voz y no le permití entrar.

¡Qué bello cuadro de ganar y conservar tu libertad en Cristo! Invocamos a Jesús la autoridad final, y Él saca al enemigo de nuestras almas y de nuestra vida.

Cómo conservar tu libertad

Hay que conservar la libertad. No podemos dejar de enfatizar esto. Has logrado una batalla muy importante en una guerra que está en desarrollo. La libertad será tuya mientras sigas eligiendo la verdad y te mantengas firme en la fuerza del Señor. Si estás consciente de las mentiras que has creído, renuncia a ellas y elige la verdad. Si afloran recuerdos nuevos y dolorosos, perdona a quienes te hieren. Si el Señor muestra otras esferas de pecado en tu vida, confiésalos con prontitud. Este instrumento te servirá como guía permanente para tratar lo que el Señor te señale. Algunas personas han hallado provechoso volver a pasar los «Pasos para la libertad en Cristo». Si lo haces, lee las instrucciones cuidadosamente.

Para estímulo y crecimiento te recomendamos otros libros: *Victoria sobre la oscuridad* (o la versión para jóvenes, *Emergiendo de la oscuridad*), *Caminando con libertad* (devocionario de seguimiento de 21 días), y Viviendo libre en Cristo. Para conservar tu libertad en Cristo, sugerimos con firmeza lo siguiente:

1. Participar en la comunión fraternal de una iglesia cariñosa donde puedas ser franco y honesto con los demás y donde se enseña la verdad de Dios con gracia.

2. Lee y medita en la Biblia diariamente. Memoriza versículos claves de «Pasos hacia la libertad en Cristo». Lee diariamente en voz alta la «Declaración de la verdad» (véase paso 2) y estudia los versículos mencionados.

3. Aprende a llevar todo pensamiento cautivo a la obediencia a Cristo. Asume la responsabilidad por tu vida

pensante. No permitas que tu mente se haga pasiva. Rechaza todas las mentiras, elige concentrarte en la verdad y mantente firme en tu verdadera identidad como hijo de Dios en Cristo.

4. No retrocedas a viejos patrones de pensamiento, sentimiento y acciones. Esto puede ocurrir muy fácilmente si te vuelves espiritual y mentalmente perezoso. Si luchas por andar en la verdad, discute tus batallas francamente con amigos de confianza que oren por ti y te animen a permanecer firme.

5. No esperes que otros peleen tus batallas por ti. Te pueden ayudar, pero no pueden pensar, orar, leer la Biblia o elegir la verdad por ti.

6. Dedícate diariamente a la oración. La oración demuestra una vida que depende de Dios y confía en Él. Puedes hacer las siguientes oraciones con frecuencia y con confianza. Que las palabras vengan de tu corazón y de tus labios y siéntete libre para cambiarlas y convertirlas en tus oraciones.

Oración y declaración diaria

Amado Padre celestial, te alabo y te honro como mi Señor. Tu tienes el control de todas las cosas. Te doy gracias porque siempre estás conmigo y nunca me dejarás ni me abandonarás. Eres el único Dios todopoderoso y sabio. Eres bondadoso y misericordioso en todos tus caminos. Te amo y te doy gracias que estoy unido con Cristo y espiritualmente vivo en Él. He decidido no amar al mundo ni las cosas del mundo y crucifico la carne con todas sus pasiones.

Gracias por la vida que ahora tengo en Cristo. Te ruego que me llenes de tu Espíritu Santo para que pueda decirle no al pecado y sí a ti. Declaro mi completa dependencia de ti y tomo posición contra Satanás y contra todos sus caminos de mentira. Decido creer la verdad de la Palabra de Dios a pesar de lo que me

*digan mis sentimientos. Me niego a ser desalentado; tú
eres el Dios de toda esperanza. Nada es difícil para ti.
Tengo confianza en que satisfarás todas mis necesidades mientras procure vivir de acuerdo con tu Palabra.
Te doy gracias que puedo estar contento y vivir res-
ponsablemente por medio de Cristo que me fortalece.
Ahora estoy firme contra Satanás y le ordeno que él y
todos sus espíritus malos se aparten de mí. Decido ponerme toda la armadura de Dios a fin de estar firme
contra todas las asechanzas del diablo. Someto mi
cuerpo como sacrificio vivo y santo para Dios y decido
renovar mi mente por la Palabra viva de Dios. Al hacerlo podré probar que la voluntad de Dios es buena,
agradable y perfecta para mí. En el nombre de mi Señor y Salvador Jesucristo. Amén.*

Oración al acostarse

*Gracias, Señor que me has traído a tu familia y me
has bendecido con bendiciones en los lugares celestiales
en Cristo. Gracias por el tiempo de renovación y reposo por medio del sueño. Lo acepto como una de las
bendiciones tuyas para tus hijo, y confío que guardarás mi mente y mi cuerpo durante el sueño.*

*Como he pensado en ti y en tu verdad durante el día,
he decidido que esos buenos pensamientos continúen
en mi mente mientras estoy dormido. Me entrego a ti
para mi protección contra todo intento de ataque de
Satanás y sus demonios durante mi sueño. Guarda mi
mente de pesadillas. Renuncio a todo temor y echo
toda mi ansiedad sobre ti como mi roca, mi fortaleza y
mi castillo. Que tu paz esté en este lugar de reposo
ahora. En el poderoso nombre de Jesucristo te lo ruego. Amén.*

Oración para limpiar el hogar / apartamento / habitación

Después de quitar y destruir todo objeto de culto falso, di en voz alta esta oración en cada habitación si es necesario:

> *Padre celestial, reconozco que eres Señor del cielo y la tierra. En tu soberano poder y amor, me has dado todas las cosas para disfrutar. Te doy gracias por este lugar para vivir. Reclamo mi hogar como un lugar de seguridad espiritual para mí y mi familia y pido tu protección de todos los ataques del enemigo. Como hijo de Dios, resucitado y sentado en los lugares celestiales con Cristo, ordeno a todo espíritu malo que reclame espacio en este lugar, sobre la base de actividades del pasado o por ocupantes presentes, yo incluido, que se vayan y no regresen jamás. Renuncio a todas las maldiciones y hechizos dirigidos contra este lugar. Te pido, Padre celestial que pongas tu ángel guerrero en este lugar para guardarlo de todos los esfuerzos del enemigo por entrar y perturbar tus propósitos hacia mí y mi familia. Te doy gracias, Señor, por hacer esto, en el nombre del Señor Jesucristo. Amén.*

Oración por vivir en un ambiente no cristiano

Después de quitar y destruir todo objeto de culto falso que tengas en posesión, pronuncia en voz alta esta oración en el lugar donde vives:

> *Te doy gracias, Padre celestial, por un lugar para vivir y por ser renovado por medio del suelo. Te ruego que apartes mi habitación (o parte de la habitación) como lugar de especial seguridad para mí. Renuncio a toda lealtad dada a dioses o espíritus falsos por otros ocupantes. Renuncio a todo reclamo que Satanás haga sobre esta habitación (espacio) sobre la base de actividades de ocupantes del pasado o presentes, incluido yo. Sobre la base de mi posición como hijo de Dios y*

> *coheredero con Cristo, que tiene toda potestad en el*
> *cielo y en la tierra, ordeno a todos los espíritus malig-*
> *nos que salgan de este lugar y no regresen jamás. Te*
> *ruego, Padre celestial, que pongas tu ángel custodio*
> *para protegerme mientras vivo aquí. En el poderoso*
> *nombre de Jesucristo te lo ruego. Amén.*

Sigue caminando en la verdad que tu identidad y valor es por lo que eres en Cristo. Renueva tu mente con la verdad que tu *aceptación, seguridad* y *significación* están solamente en Cristo.

Te recomendamos que medites en las siguientes verdades diariamente, quizás leyendo toda la lista en voz alta, por la mañana y por la noche, durante las dos semanas siguientes. Piensa en lo que estás leyendo y que tu corazón se regocije en la verdad.

En Cristo

Renuncio a la mentira que soy rechazado, que no me aman, que soy sucio o doy vergüenza, porque en Cristo soy completamente aceptado. Dios dice...

Soy hijo de Dios (Juan 1:12)

Soy amigo de Cristo (Juan 15:5)

He sido justificado (Romanos 5:1)

Estoy unido con el Señor y soy un espíritu con Él
(1 Corintios 6:17)

He sido comprado por precio: pertenezco a Dios
(1 Corintios 6:19, 20)

Soy miembro del cuerpo de Cristo (1 Corintios 12:27)

Soy santo, un santo (Efesios 1:1)

He sido adoptado como hijo de Dios (Efesios 1:5)

Tengo acceso directo a Dios por medio del Espíritu Santo
(Efesios 2:18)

He sido redimido y perdonado de todos mis pecados
(Colosenses 1:14)

Estoy completo en Cristo (Colosenses 2:10)

Renuncio a la mentira que soy culpable, estoy solo, no tengo protección o que estoy abandonado, porque en Cristo estoy completamente seguro. Dios dice...

Para siempre estoy libre de condenación (Romanos 8:1, 2)

Estoy seguro que todas las cosas ayudan a bien (Romanos 8:28)

Estoy libre de toda acusación condenatoria (Romanos 8:31-34)

No puedo ser separado del amor de Dios (Romanos 8:35-39)

He sido confirmado, ungido y sellado por Dios (2 Corintios 1:21, 22)

Confío en que la buena obra que Dios comenzó en mí será perfeccionada (Filipenses 1:6)

Soy ciudadano del cielo (Filipenses 3:20) estoy escondido con Cristo en Dios (Colosenses 3:3)

No he recibido el espíritu de temor, sino de poder, amor y dominio propio (2 Timoteo 1:7)

Puedo hallar gracia y misericordia en tiempo de necesidad (Hebreos 4:16)

He nacido de Dios y el mal no me toca (1 Juan 5:18)

Renuncio a la mentira que soy indigno, inadecuado, inútil o desamparado, porque en Cristo tengo una profunda significación. Dios dice...

Yo soy la sal de la tierra y la luz del mundo (Mateo 5:13, 14)

Soy un pámpano de la vida verdadera, Jesús, un canal de su vida (Juan 15:1, 5)

Fui elegido y designado por Dios para llevar fruto (Juan 15:16)

Soy un testigo personal de Cristo, dotado del Espíritu Santo (Hechos 1:8)

Soy templo de Dios (1 Corintios 3:16)

Soy ministro de reconciliación para Dios (2 Corintios 5:17-21)

Soy colaborador de Dios (2 Corintios 6:1)

Estoy sentado con Cristo en los lugares celestiales (Efesios 2:6)

Soy hecho de Dios, creado para buenas obras (Efesios 2:10)

Tengo acceso a Dios con seguridad y confianza (Efesios 3:12)

Todo lo puedo en Cristo que me fortalece (Filipenses 4:13).

Yo no soy el gran Yo Soy, pero por la gracia de Dios soy lo que soy

(Véase Éxodo 3:14; Juan 8:24, 28, 58; 1 Corintios 15:10.)

La búsqueda del perdón

«Por tanto, si traes tu ofrenda al altar, y allí te acuerdas que tu hermano tiene algo contra ti, deja allí tu ofrenda delante del altar, y anda, reconcíliate primero con tu hermano, y entonces ven y presenta tu ofrenda. Ponte de acuerdo con tu adversario pronto, entre tanto que estás con él en el camino, no sea que el adversario te entregue al juez, y el juez al alguacil, y seas echado en la cárcel. De cierto te digo que no saldrás de allí, hasta que pagues el último cuadrante» (Mateo 5:23-26).

La motivación para la búsqueda del perdón

Mateo 5:23-26 es el pasaje clave para la búsqueda del perdón. Varios puntos de estos versículos son enfáticos. El que viene ante Dios para adorar por medio de su ofrenda *recuerda* que alguien tiene algo en su contra. El Espíritu Santo es quien le trae a la mente el mal que se hizo. Es necesario confesar a otras personas solo las acciones que les han herido. Si tuviste pensamientos de celo, codicia o enojo contra alguien y ellos nada saben al respecto, tales cosas deben confesarse solo a Dios.

La excepción a este principio se produce cuando hay que hacer restitución. Si robaste o rompiste algo, dañaste la reputación de alguien, y otras cosas por el estilo, necesitas ir a esa persona y hacer reparación, aun cuando esté inconsciente de lo que hiciste.

El proceso de la búsqueda del perdón

1. Escribe lo que hiciste mal y por qué lo hiciste.

2. Asegúrate que ya los perdonaste por algo que pudieran haberte hecho.

3. Piensa exactamente cómo le pedirás que te perdone. Asegúrate de:

   a. Calificar tu acción como «mala».

   b. Ser específico y reconocer lo que hiciste.

   c. No defenderse ni dar excusas.

   d. No culpar a la otra persona, y no esperar ni exigir que te pidan perdón.

   e. Tu confesión debe conducir a la pregunta directa: ¿Me perdonarás?

4. Busca el lugar adecuado y el momento oportuno para acercarte a la persona ofendida.

5. Pide perdón en persona a alguien con quien puedes entenderte cara a cara, con la siguiente excepción: *No vayas solo* cuando tu seguridad peligra.

6. A menos que no haya otro medio de comunicación, *no escribas una carta* porque una carta puede leerla una persona ajena al caso (que no tenga que ver con la situación ni la confesión): una carta puede ser guardada cuando debiera ser destruida.

7. Cuando hayas procurado el perdón con sinceridad, eres libre, sea que la otra persona te perdone o no (Romanos 12:18).

8. Después del perdón ten comunión con Dios en adoración (Mateo 5:24).

Ayudar a otros a encontrar libertad en Cristo

DESPUÉS DE HABER DADO ALGUNOS testimonios acerca de personas que hallaron su libertad en Cristo, una mujer preguntó:

—¿Es usted exorcista?

—No, no soy exorcista —respondí—. No creo que haya tal cosa como un exorcista ni creo que exista el don del exorcismo. Solo soy un hermano en Cristo que se preocupa.

A través de los años he tenido el privilegio de ver a miles de personas que reciben su liberación en Cristo. Creo que cada creyente consagrado, especialmente los pastores y consejeros, pueden hacer lo que yo hago para ayudar a otros a solucionar sus conflictos personales y espirituales. Ayudar a los demás a hallar su libertad en Cristo no requiere el ejercicio de un don especial; requiere una aplicación fiel de la verdad.

Nuestro ministerio prepara a miles de obreros cristianos a través de todo el mundo. En este capítulo quiero describir brevemente cómo puedes ayudar a otros, indistintamente de lo que seas, pastor, consejero, o un cristiano consagrado a un ministerio personal y está dispuesto a ser usado por Dios. Una iglesia que conozco tiene un «ministerio de liberación» (que ha guiado a centenares de personas hacia la libertad en Cristo) en que la mayor parte del ministerio lo ejercen laicos preparados. No importa cuál sea tu posición,

las páginas que siguen te darán algunas directrices prácticas y básicas para el ministerio.[1]

Principios para la solución de conflictos

La vida de las personas es como una casa. Imagina que una familia no ha sacado la basura de su casa durante meses. Eso atraerá
muchas moscas. No creo que para resolver el problema sea necesario estudiar los patrones de conducta de las moscas y determinar
sus nombres y sus rangos en la jerarquía de los insectos. Puede ser
que haya algo de valor al hacer eso, de lo que no estoy consciente
al momento, pero no creo que la respuesta se encuentre primaria-
mente en conocer las moscas y saber cómo deshacerse de ellas. En
forma similar, el «enfoque de las moscas» en nuestra vida, es permitir que el diablo establezca nuestra agenda y nos aparte del problema real, que es deshacernos de la basura. El arrepentimiento y
la fe en Dios han sido y seguirán siendo la respuesta de la iglesia.

Para resolver los conflictos personales y espirituales, necesitamos entender que Dios es el Admirable Consejero, que ministrará
a la persona completa y tomará en cuenta toda la realidad. Raras
veces se da que un cristiano tenga solo un problema espiritual o
solo un problema psicológico. Dios se relaciona con nosotros como
personas completas y tiene en cuenta toda la realidad.

Quiero sugerir los cuatro siguientes principios a medida que
consideramos el lado espiritual de la resolución de los conflictos:

1. *Para tratar con el reino de las tinieblas debemos derivar
nuestra metodología principalmente de las epístolas y no de los
Evangelios ni del Libro de Los Hechos.*

Es fácil entender por qué algunos han derivado de los Evangelios y de Los Hechos su metodología para la liberación, porque

---

1   Para una discusión más detallada de la base teológica y la aplicación práctica
de este acercamiento a la consejería, véase mi libro *Cómo ayudar a encontrar
libertad en Cristo* (Unilit). También hay una serie de videos que llevan paso a
paso a lo largo del proceso. Para consejeros y terapeutas profesionales, véase
Christ Centered Therapy (Zondervan) del que soy coautor con dos terapeutas profesionales, Terry y Julie Zuehlke. Es un libro que integra la teología
y la psicología. Además trata los valores, la cosmovisión, la metodología, la
estrategia y la relación entre el consejero profesional y la iglesia.

son la única fuente con autoridad para ejemplos de expulsión de demonios. ¿Por qué no seguir el ejemplo de Jesús y sus discípulos? El ejemplo de ellos revela claramente la batalla entre el reino de las tinieblas, el reino de Dios y prueba que Jesús vino a destruir las obras del diablo (1 Juan 3:8). Sin embargo, los evangelios registran la vida y ministerio de Cristo antes de la cruz. Aún no le había sido dada toda autoridad «...*en el cielo y en la tierra*» (Mateo 28:18). Satanás aún no había sido derrotado y desarmado (Colosenses 2:15). De modo que para enfrentar a Satanás y sus demonios, se necesita un agente especialmente dotado de autoridad. Por eso Jesús «*Habiendo reunido a sus doce discípulos, les dio poder y autoridad sobre todos los demonios...*» (Lucas 9:1).

Todas las teologías sistemáticas conservadoras (del pacto y dispensacional) enseñan claras distinciones entre vivir bajo el antiguo pacto (la ley) y bajo el nuevo pacto (la gracia). Históricamente, Jesús vivió bajo la ley. El nuevo pacto no se hizo efectivo hasta después de su muerte y resurrección. Esto significa que Cristo, nacido bajo la ley, también tuvo que vivir bajo la ley. Jesús dijo: «*No penséis que he venido para abrogar la ley o los profetas; no he venido para abrogar, sino para cumplir*» (Mateo 5:17).

Por ejemplo, si un rico líder de tu comunidad te preguntara cómo podría tener vida eterna, ¿le dirías que guarde los mandamientos? Esa fue la orden que Jesús dio al joven rico (Mateo 19:16, 17). Antes de la cruz y bajo la ley, el pueblo del pacto de Dios demostraba su fe en Dios viviendo conforme a la ley. Pero después de la cruz y bajo la gracia las personas individualmente proclamaban el evangelio. Obviamente nuestro enfoque de la evangelización cambió después de Pentecostés y lo mismo ha ocurrido con el enfoque para la solución de los conflictos espirituales.

El libro de Los Hechos es la narración histórica del período de transición entre la cruz y la terminación del canon. Hay algunas discrepancias entre los cristianos sobre la cantidad de método y teología que se puede establecer sobre este importante libro. Por eso recomiendo cautela en el uso de ejemplos de expulsión demoníaca de Hechos como única base de metodología. La forma sigue a la función, pero surgen muchos problemas cuando derivamos la función de la forma. Sin embargo, Hechos revela claramente que los encuentros con endemoniados siguieron después de la cruz y que las fuerzas malignas siguieron existiendo en oposición al crecimiento de la iglesia. Pero este libro de historia no es la palabra final en el tratamiento de aquellas fuerzas.

2. *El hecho de no haber órdenes en las epístolas acerca de la expulsión de demonios, no significa que los cristianos no pueden tener problemas espirituales. Significa que la responsabilidad de vivir para Cristo se ha desplazado del agente especialmente dotado de autoridad al creyente en general.*

Bajo la ley, el creyente como individuo no tenía autoridad sobre el poder de las tinieblas. Ahora por la gracia de Dios, cada creyente nacido de nuevo está sentado con Cristo en los lugares celestiales. La libertad para los creyentes se basa en lo que Cristo ya hizo y sobre la forma en que el individuo le responde con arrepentimiento y fe. A lo largo de las epístolas hay instrucciones para vivir libre en Cristo y para enfrentar lo demoníaco, pero la responsabilidad final está en el creyente como individuo, no en un agente externo. Yo no puedo creer o arrepentirme por ti, tampoco puedo someterme a Dios y resistir al diablo por ti, pero puedo ayudarte a hacer tales cosas. Cuando vemos el problema desde esta perspectiva, hay un pasaje definitivo en las epístolas pastorales que nos ordena ayudarnos mutuamente (2 Timoteo 2:24-26):

> *«Porque el siervo del Señor no debe ser contencioso, sino amable para con todos, apto para enseñar, sufrido; que con mansedumbre corrija a los que se oponen, por si quizá Dios les conceda que se arrepientan para conocer la verdad, y escapen del lazo del diablo, en que están cautivos a voluntad de él».*

Este pasaje enseña claramente que la verdad deja libre a la persona y que el arrepentimiento lo concede Dios. La consejería cristiana es mucho más que una técnica que aprendemos. La consejería es un encuentro con Dios. Él es el Admirable Consejero.

Solo Dios puede vendar el corazón quebrantado y poner en libertad al cautivo. Sin embargo, Dios obra por medio de sus siervos que dependen de él.

Si tuvieras éxito al expulsar un demonio de alguien sin la intervención de la persona, ¿cómo impedir el regreso de los demonios cuando te alejes? A menos que el individuo asuma la responsabilidad de su libertad, podría terminar como el pobre hombre que liberado de un espíritu, fue ocupado por siete espíritus peores que el primero (Mateo 12:43-45).

Me gradué en un seminario que daba muy poca instrucción para ayudar a los oprimidos espiritualmente. En consecuencia, estaba mal preparado para ayudar a los espiritualmente afligidos. El único método que conocía era llamar a los demonios, obtener sus nombres, rango y expulsarlos. Con este enfoque, el pastor o consejero es el libertador y la información la obtiene de los demonios mismos. ¿Por qué creerle a los demonios? Son todos mentirosos. *«...cuando habla mentira, de suyo habla; porque es mentiroso, y padre de mentira»* (Juan 8:44).

Pienso que las epístolas pintan un cuadro diferente. Primero, el libertador es Cristo y Él ya vino. Segundo, debemos obtener la información de la Palabra de Dios y del Espíritu Santo que nos guiará a toda verdad y la verdad nos hará libres.

No he intentado expulsar demonios de alguna persona por varios años. Pero he visto que centenares de personas hallan su libertad en Cristo cuando les he ayudado a resolver sus conflictos personales y espirituales por medio del arrepentimiento genuino y la fe en Dios. Ya no trato directamente con los demonios ni dialogo con ellos. Tampoco permito su manifestación en las sesiones de consejería. Sino que trabajo con la persona ayudándola a asumir su responsabilidad de someterse a Dios y resistir al diablo (Santiago 4:7).

La experiencia me ha enseñado que si tratas de resistir al diablo sin someterte a Dios, primero vas a tener una pelea de perros. Por otra parte, te puedes someter a Dios sin resistir al diablo y seguir en la esclavitud. La tragedia es que la mayoría de los ministerios de recuperación no hacen ninguna de las dos cosas.

3. *La confrontación con lo demoníaco debe considerarse como un encuentro con la verdad y no como un enfrentamiento de poderes.*

La verdad libera a las personas (Juan 8:32). No hay un solo versículo en la Biblia que nos instruya en la búsqueda del poder, porque como creyentes ya tenemos en Cristo todo el poder que necesitamos (Efesios 1:18, 19). El poder para la vida cristiana se encuentra en la verdad; el poder de Satanás es la mentira. Satanás no quiere que sepas de tu autoridad y poder como creyente en Cristo, porque su poder solo es eficaz en las tinieblas. Todas las tinieblas del mundo no pueden extinguir la luz de una vela. Los cristianos deben buscar la verdad porque ya tienen el poder y autoridad de hacer su voluntad. La verdad es lo que hace que un encuentro con Satanás sea eficaz porque su estrategia principal es el engaño. Las tácticas amedrentadoras tienen el objetivo de provocar una respuesta de temor. Cuando el temor controla al creyente, no lo controla el Espíritu de Dios y Satanás tiene la ventaja. Satanás teme que lo desenmascaren más que cualquiera otra cosa. Cuando llega la luz de la verdad, él y sus demonios, como cucarachas huyen hacia las tinieblas. Ha habido personas que me dicen que los demonios que los atormentan me temen. Si ayudas a alguien no permitas que ese tipo de mentira vaya a tu cabeza. Los demonios realmente tienen miedo *a Dios* y de verse expuestos a la *verdad.* También ha habido personas que me dicen que los demonios se ríen de mí. ¡Se burlaban de mis débiles esfuerzos! Esta es solo una estrategia de intimidación, cuyo propósito es ponernos a la defensiva y desanimar nuestros esfuerzos. Tan pronto como delates la estrategia, dejan de mofarse.

Yo hago todo lo que puedo para evitar que Satanás se manifieste y se glorifique por medio de una confrontación de poderes. Debemos glorificar *a Dios* permitiendo la manifestación de *Su* presencia. Dios hace todas las cosas «*...decentemente y con orden*» (1 Corintios 14:40). Si mantienes el control de todo el proceso, Dios es glorificado. Si pierdes el control, la gloria es para Satanás.

4. *El requisito principal para ayudar a otros a hallar su libertad es un carácter piadoso y la capacidad de enseñar.*

La iglesia a veces supone que los dones, o un puesto oficial en la iglesia es lo que autoriza a una persona para ayudar a otros. Según 2 Timoteo 2:24-26, el primer requisito es ser «siervo del Señor». Para ser instrumento en las manos del Señor, tenemos que ser totalmente dependientes de Él. Además de ese requisito, el siervo del Señor debe ser bondadoso, paciente, gentil y apto para enseñar. En otras palabras necesitamos hablar la verdad en amor, porque la verdad nos deja libres. Me llevó años comprender que la gente está en esclavitud no debido a traumas del pasado; sino a la esclavitud a las mentiras que han creído como resultado de esos traumas.

La resolución de conflictos personales y espirituales, es un encuentro con la verdad y tiene ventajas especiales. Primero, impide que un ministerio se polarice y se convierta en un enfoque psicoterapéutico que no toma en cuenta la realidad del mundo espiritual y la responsabilidad personal. Segundo, el método es transferible porque no depende de algún don o llamamiento poco usual. Tercero, produce resultados perdurables, porque los aconsejados son los que hacen las decisiones y asumen la responsabilidad personal en vez de dejar que el pastor o el consejero lo haga por ellos.

Directrices para ayudar a otros a hallar su libertad

El encuentro con la verdad exige algunas habilidades personales que no requieren otros procedimientos de consejería. Tienes que ser compasivo, no juzgar y debes ser comprensivo. Debes ser un buen oidor, capaz de practicar la empatía. Salomón advierte *«Al que responde palabra antes de oír, le es fatuidad y oprobio»* (Proverbios 18:13). Por lo tanto es necesario que escuches la historia antes que intentes resolver algo. Si no sabes de qué trata el problema, no puedes saber la respuesta.

1. Reúne los antecedentes

Si es posible, que una persona te ayude a llenar un Inventario Personal Confidencial (véase el apéndice) antes de la primera sesión de consejería. En las iglesias prefiero usar la palabra «animador» en vez de consejero y en lugar de consejería, «cita de liberación». Tienes permiso para copiar el inventario o adaptarlo para tu uso.

Mucha gente, sin embargo, no dará por escrito cierta información confidencial.

Primero debes obtener una breve historia familiar de la persona. ¿Qué experiencia religiosa tuvieron sus padres o abuelos? ¿Estuvieron involucrados en el ocultismo o en religiones falsas? ¿Había armonía en sus hogares? ¿Ha habido algún divorcio o problemas de infidelidad en la historia familiar? Familias disfuncionales generan falsas creencias. Por ejemplo, muchos niños se culpan a sí mismos por el divorcio de sus padres. Otros abrigan amargura contra sus padres a lo largo de muchos años por algo que ocurrió en el hogar.

Tienes que averiguar si la familia tiene antecedentes de alcoholismo, drogadicción o adicción sexual. ¿Hay antecedentes de enfermedad mental en la familia? ¿Qué tipo de ejercicios o hábitos de alimentación han caracterizado a la familia? ¿Cuál ha sido el clima moral del hogar?

A fin de conocer su historia, pido a las personas a quienes ayudo, que me cuenten experiencias de su niñez y en la escuela. No tratas de resolver algo al oír su historia personal y familiar. El propósito es entender lo que les ha ocurrido y lo que pueda haberles provocado ciertas creencias. Los detalles íntimos saldrán cuando los conduzcas a través de los pasos. El Inventario Personal Confidencial, dará importante información acerca de su vida física, mental, emocional y espiritual.

2. Determina las creencias falsas

La mayoría de las personas atrapadas en un conflicto espiritual han tergiversado el concepto de Dios. En la figura 14 a, los conceptos verdaderos de Dios del lado izquierdo han sido tergiversados por una cantidad de experiencias negativas que resultan en falsos conceptos de Dios.

La esposa de un pastor me contó acerca de su hogar rígidamente dominado por una madre exigente. El padre era un pelele que solo sabía no interrumpir las agresiones de la madre contra la hija. Cuando llevábamos treinta minutos de sesión le pregunté:

—Amas a Jesús, ¿verdad?

—Ah, sí —respondió ella.

La verdad de Dios pasa por el filtro de:

1. Ignorancia
2. Profetas y maestros falsos
3. Pensamientos blasfemos
4. Relaciones interpersonales insanas durante los primeros años de desarrollo
5. Personajes modelos de papeles de autoridad, especialmente los padres

Amante y cariñoso	Aborrecedor e indiferente
Bueno y misericordioso	Mezquino e implacable
Gracia incondicional	Aprobación condicional
Presente y accesible	Ausente cuando se necesita
Dador de buenas cosas	Fuera, es un «aguafiestas»
Educador y afirmativo	Crítico y desagradable
Aprobador	Negativo
Justo, equilibrado, imparcial	Injusto, desequilibrado, parcial
Estable y digno de confianza	Imprevisible e indigno de confianza

—Y ¿amas verdaderamente al Espíritu Santo?

—Sí, lo amo.

—Pero no te gusta tanto Dios el Padre, ¿verdad?

Ella solo pudo responder con lágrimas. Su concepto del Padre celestial estaba distorsionado por la imagen de su padre terrenal. Concebía a Jesús y al Espíritu Santo activamente comprometidos con su vida, pero en su mente Dios el Padre, como su padre terrenal, solo se sentaba pasiva e indiferentemente mientras ella sufría los abusos verbales de su madre. Emocionalmente ella estaba en el lado derecho del diagrama aun cuando sabía que el lado izquierdo era el teológicamente correcto. Le di una colección de cintas de A. W. Toser sobre los atributos de Dios. Las escuchó tres veces y el impacto fue cero. Pero después que resolvió sus conflictos y halló su libertad en Cristo, el Espíritu dio testimonio a su espíritu que era hija de su Padre y ella se alineó emocionalmente con la verdad.

Las personas con conflictos, frecuentemente tienen falsas creencias acerca de sí. La mayoría no saben quiénes son en Cristo, no entienden lo que significa ser un hijo de Dios. En consecuencia, dudan de su salvación. Muchos piensan que son diferentes de otros, que la vida cristiana no obra en ellos como en los demás. Algunos sienten un quebranto mental y están llenos de ansiedad. Casi todos se sienten faltos de amor, indignos y rechazados. Lo han tratado todo para mejorar su imagen, pero nada resulta. Algunos llegan a sospechar que el problema es espiritual, pero no saben cómo resolver sus conflictos.

Estefanía luchaba con la anorexia. Fue internada en una clínica de desórdenes alimenticios y pasó una consejería extensa, pero con poco resultado. Uno de mis estudiantes sospechó que se trataba de un problema espiritual y trajo a Estefanía a mi consulta. Después de dos sesiones de consejería ella estaba libre de opresión. Estefanía regresó a la clínica para decir a su consejero acerca de su libertad en Cristo. El consejero le dijo que era un clímax temporal. Si era así, todavía Estefanía está en la cumbre, porque hoy disfruta de la libertad en Cristo mientras sirve al Señor en el campo misionero.

Finalmente las personas en conflicto tienen un *concepto distorsionado de los dos reinos*. Piensan que se hallan atrapados entre dos fuerzas opuestas: «el malo Satanás» por una parte, y el «buen Dios» por la otra y «pobrecito yo» en el medio. Desde luego, esta no es la verdad y tales personas son derrotadas si eso es lo que creen. Esta es la verdad: Dios es omnipresente, omnipotente y omnisciente. Satanás es el enemigo derrotado y nosotros estamos en Cristo, sentados con Él en los lugares celestiales.

3. Trata con el individuo, no con los demonios

En el caso de algunas personas Satanás parece estar más presente, es más real y poderoso para ellos que Dios. Este tipo de personas generalmente oyen argumentos opuestos en su cabeza. Se ven constantemente enfrentados con mentiras; se les dice que se vayan de las sesiones de consejería; o se las amenaza con daños y vergüenza.

Una apreciada señora a quien estaba aconsejando, repentinamente se volvió hacia la puerta.

—¿Qué está oyendo? —le pregunté.

—Usted me va a dañar —respondió muy asustada.

Le aseguré que lo que había escuchado era una mentira y lentamente regresó a la silla.

Ese tipo de interferencia mental no es raro. Por eso siempre explico a las personas en consejería que la mente en un centro de control. Si no pierden el control de sus mentes, no perderán el control durante la sesión. No me preocupa si los pensamientos negativos o condenatorios vienen de un altavoz en la pared, de sus propios recuerdos o del abismo del infierno. La única forma en que tales pensamientos pueden tomar el control es que los crean. Para ayudarles a conservar el control mental, les pido que me cuenten lo que pasa en sus mentes. Quiero que ellos saquen los pensamientos engañosos a la luz. En cuanto las mentiras quedan expuestas. El poder del diablo se quebranta.

A veces las personas pueden ser renuentes a hablar por dos razones. Primero, si piensan que no les creerán, no te lo dirán. Si un cliente oye voces, los consejeros seculares y muchos consejeros cristianos no consideran las voces demoníacas. Todos sabemos lo que ocurre enseguida. Al paciente se le da un calificativo psicológico

y una receta médica. Al comprender esto, la persona en problemas puede contar lo que les ha ocurrido a ellos, pero serán renuentes a contar lo que les ocurre en su interior. Segundo, esas voces pueden ser intimidantes. Pueden ser amenazas de dañar al paciente, al consejero o a los familiares y amigos del paciente.

Por eso debes mirar cuidadosamente al paciente a los ojos durante la consejería. Si se ponen escurridizos, o vidriosos, o recorren
el salón, detén lo que estás haciendo y pídeles que te cuenten lo
que pasa en su interior. Si no prestas atención, perderás el control
sobre la sesión. Cuando veo que la persona lucha de veras, puedo
hacerles salir a dar un paseo. Quiero que sepan que tienen que hacer una decisión y que pueden ejercer su voluntad.

Las personas altamente subjetivas tiene un pensamiento y ac-
túan según ese pensamiento. Viven como si no tuvieran voluntad.
Les digo «Si tienes un pensamiento, cuéntame». Para algunas personas esto es revolucionario. Las personas altamente subjetivas son
las más difíciles de ayudar, porque nunca han asumido realmente
la responsabilidad por sus pensamientos.

A fin de ayudar a conservar el control durante la sesión de
consejería, los *Pasos hacia la libertad* comienzan con una oración y
declaración muy específica. Si las personas a quienes ayudas han
hecho una declaración de fe en Dios, Satanás no puede tocarlos
porque no tiene autoridad sobre ellos.

Nunca toco a la persona en una cita de liberación y te advierto
que tú tampoco lo hagas. Esto es difícil para mí porque por naturaleza soy bueno para dar abrazos. Pero mientras la persona no
sea libre, las fuerzas demoníacas en ellas, serán repelidas por el
Espíritu Santo que está en ti. Típicamente no podrás acercarte demasiado a una persona endemoniada. Yo le toqué el brazo a una
mujer para llamarle la atención y ella después me dijo que sintió
como si la hubieran violado.

Nunca trato de refrenar físicamente a una persona, porque las
armas de nuestra milicia no son carnales (2 Corintios 10:3, 4). Si salen
corriendo de mi oficina, los dejo ir. Espero, oro, e invariablemente
vuelven, normalmente en cinco minutos. No voy a hacer violencia a
sus mentes ni trataré de controlarlos. Son libres de irse o quedarse.

Si una persona a la que estás tratando de ayudar ha estado activamente comprometida en el satanismo, prepárate para una gran oposición. El paso 2 tiene renuncias especiales para quienes han adorado a Satanás. Todo lo que hacen es la antítesis del cristianismo, porque Satanás es el anticristo. Puede requerir varias horas pasar a través de tales renuncias. La resolución de los conflictos espirituales no es el único paso hacia la libertad que necesitan las víctimas de abusos rituales. Pablo dice: "Limpiémonos de toda contaminación de carne y de espíritu, perfeccionando la santidad en el temor de Dios" (2 Corintios 7:1). La reedificación de los conceptos fracturados de Dios y de sus conceptos de sí, lleva tiempo, necesita mucho amor y aceptación y el apoyo de una comunidad cristiana comprensiva. Pablo resume este ministerio en 2 Corintios 4:1-4:

> «Por lo cual, teniendo nosotros este ministerio según la misericordia que hemos recibido, no desmayamos. Antes bien renunciamos a lo oculto y vergonzoso, no andando con astucia, ni adulterando la palabra de Dios, sino por la manifestación de la verdad recomendándonos a toda conciencia humana delante de Dios. Pero si nuestro evangelio está aún encubierto, entre los que se pierden está encubierto; en los cuales el dios de este siglo cegó el entendimiento de los incrédulos, para que no les resplandezca la luz del evangelio de la gloria de Cristo, el cual es la imagen de Dios».

4. Guíalos a través de los pasos hacia la libertad

Hace años llegué a creer que el proceso de someterse a Dios y resistir al diablo no puede ser complicado. Creo que Dios hizo a algunos de nosotros inteligentes y a otros de nosotros no tan inteligentes; pero no creo que su gracia esté disponible solo para los inteligentes. Los que piensan que son inteligentes debieran hacer que el plan de la vida cristiana sea tan sencillo que hasta la más simple de las criaturas de Dios pueda entrar en ella.

Piénsalo de esta forma, imagina que estás perdido, sin esperanzas en un laberinto. ¿Desearías un laberintólogo que te explicara todas las complicaciones del laberinto y te enseñara habilidades para sobrevivir en el laberinto? ¿Desearías que un predicador legalista sin remedio te llamara estúpido por perderte en el laberinto? No. Creo que desearías conocer el camino, la verdad y la vida. Los caminos para volver a Dios pueden ser así de numerosos. Hay millones de caminos para pecar, pero uno de ellos ya vale por todos los pecados. Puedes haber sufrido abusos de un millar de maneras diferentes, pero por tu salud necesitas perdonar al abusador.

De la misma manera, hay uno solo que te libra: Cristo. Los pasos hacia la libertad no te liberan; son solo un instrumento que puede ser bien o mal usado. Lo que te libera es la respuesta que das a Cristo en tu repentimiento y fe. Muchas personas pueden seguir los pasos y lo hacen por su propia cuenta. El proceso es exclusivo para cada persona, porque quien está orando es uno que necesita la ayuda y esa persona ora al único que puede ayudarle.

En el caso de las citas de liberación, a menudo incluimos un compañero de oración (muchas veces hacemos esto con el propósito de dar preparación a otros). Necesariamente suelo tratar a solas con la persona que estoy aconsejando y la verdad aún las hace libres. Sin embargo, siempre trato que haya una tercera parte presente cuando la persona que aconsejo es del otro sexo.

Al comenzar la sesión, la persona tiene una copia de los Pasos, al igual que yo. A medida que avanzamos, explico lo que va a hacer y por qué lo hace. Trato de pasar los siete pasos con cada persona en una sola sesión.

Quizás la persona no necesite pasar por cada paso, pero prefiero hacerlo por amor a ellos. Hago que lean cada oración y afirmación doctrinal en voz alta. Con optimismo ellos conversarán de cualquier oposición mental o incomodidad física. Cuando lo hacen, les doy las gracias por habérmelo contado. Una vez reconocidas estas cosas, simplemente avanzo. En la mayoría de los casos hay muy poca oposición, si la hay, esto ocurre en los primeros dos pasos.

El más importante de los pasos es el que trata la falta de perdón. Cada persona que he aconsejado, tiene que perdonar a una o a varias personas. Creo que la falta de perdón ofrece a Satanás la puerta de acceso más ancha de la iglesia. Si no podemos ayudar a que una persona perdone de corazón, no podemos ayudar a que esa persona sea libre del pasado. Alguien dijo: «Perdonar es liberar a un cautivo, solo para comprender que el cautivo eras tú mismo».

Cuando estas personas oran y le piden a Dios que les muestre a quien deben perdonar, es seguro que Dios les revelará nombre en su mente. A veces alguna persona ha dicho: «Bueno, no hay ninguno». En este caso le digo: «¿Podría decirme los nombres que le vienen a la mente en este momento?». Sin excepción, mencionan varios nombres y yo los anoto. No es raro que la persona con quien hablo se sorprenda ante algunos nombres que le vienen a la memoria (y no es raro que recuerden cosas dolorosas mientras están en el proceso de perdonar).

Les explico lo que es el perdón y el modo de hacerlo. Los puntos esenciales están destacados en los Pasos. Luego entrego la lista de nombres que anoté y pregunto si están dispuestos a perdonar a tales personas. El perdón de otras personas es principalmente una cuestión entre ellos y su Padre celestial. La reconciliación con las personas perdonadas puede ser o no un resultado.

Se encuentra muy poca oposición durante los pasos cuatro a seis. En el paso seis siempre trato con el pecado sexual en forma separada. Es sorprendente la parte importante que tiene el pecado sexual en la esclavitud humana (si usted está activo ayudando a otros, le animo a que lea *Una vía de escape* [Editorial Unilit] para que entienda cómo ayudar a que otros sean sexualmente libres).

En la mayoría de los casos, la completa liberación no se produce antes de la declaración final y oración en el paso siete. Cuando han terminado, generalmente le pido a la persona que se siente cómodamente y cierre los ojos. Entonces pregunto: «¿Qué oye en su mente? ¿Está en silencio?» Después de una pausa, generalmente responden con una sonrisa de alivio: «Nada. Por fin hay silencio en mi mente». A los que han tenido dificultades para leer la afirmación del paso dos, les pido que lo lean de nuevo. Apenas pueden creer la facilidad con que ahora pueden leerlo y entender la verdad. El rostro de muchas personas suele cambiar tan marcadamente que los animo a mirarse en un espejo.

Una cosa es lograr la libertad en Cristo y otra permanecer libre. Pablo dice en Gálatas 5:1: «*Estad, pues, firmes en la libertad con que Cristo nos hizo libres, y no estéis otra vez sujetos al yugo de esclavitud».* Los pasos incluyen varias sugerencias que ayudarán a las personas a conservar su libertad en Cristo (También hemos preparado un devocionario de 21 días titulado *Caminando con libertad* (Editorial Unilit), que recomendamos lo trabajen en forma completa. Cada tercer día repiten uno de los pasos. Esto ayuda a reforzar lo que han hecho).

Circunstancias especiales para buscar liberación

Muchas veces me han preguntado si los niños pequeños pueden se atacados. La respuesta es sí. Si te preocupan tus hijos, te invito a leer *La seducción de nuestros hijos* (Editorial Unilit) o *Protección espiritual para sus hijos* (Editorial Unilit)). El segundo libro tiene pasos graduados por edades para niños; lo escribí con Pete y Sue Vander Hook. Pete es pastor de la Iglesia Evangélica Libre; él y Sue parecían estar haciéndolo todo bien, cuando repentinamente sus hijos comenzaron a sufrir graves ataques espirituales. Al buscar una respuesta acerca de los ataques a sus hijos llegaron a la libertad de ellos mismos y de muchos otros en su iglesia.

Debo mencionar dos libros más. *Cómo guiar a los adolescentes hacia la libertad en Cristo* (Unilit), del que soy autor con Rich Miller. Es para padres y ministros juveniles. Los pasos para la liberación de tu iglesia, tu matrimonio, y los pasos graduados para nuestra edad, se encuentran en un volumen titulado *Ministering the Steps to Freedom in Christ* (Regal Books). Cada paso se puede fotocopiar para uso en la iglesia o para un ministerio privado.

He recibido varios llamados de personas que dicen que sus hogares están plagados de espíritus malignos. Generalmente este tipo de conflictos espirituales es más de naturaleza personal que geográfica, pero a veces puede haber problemas en un hogar, como resultado de actividades malas que allí se practicaban. Si la casa o lugar te pertenecen, renuncia a toda actividad que haya habido antes de comprar la propiedad y conságrala al Señor. Hacer esto es ser buen mayordomo de lo que Dios ha encomendado a tu cuidado.

Palabras finales
de estímulo

Q UERIDO LECTOR CRISTIANO: Estamos involucrados en una guerra en que venceremos. Tu nombre está escrito en el Libro de la Vida del Cordero y ya se obtuvo la victoria. Tu libertad en Cristo y la libertad de las personas que están bajo tu ministerio ya se ha logrado. Todo lo que necesitas es tomar posesión de ella y ser un buen administrador de lo que Dios te ha encomendado.

Quiero terminar con otro animador caso de victoria en Jesús. Cindy había asistido a una escuela cristiana y se casó con un excelente cristiano, pero una serie de problemas les impidió consumar su matrimonio. Primero, había una infección en los órganos femeninos de Cindy. Antes que eso pudiera ser solucionado, ella comenzó a tener horribles recuerdos de cuando su padre la violó siendo pequeña. Se sometió a una intensa consejería, pero no pudo obtener una victoria real. Entonces comenzó a recordar experiencias adicionales de abuso y cayó en un pozo emocional.

Desesperada, Cindy voló a Los Ángeles y llegó inesperadamente a mi puerta. Tuve la oportunidad de pasar seis horas con ella en una larga sesión vespertina. Luego ella regresó. Seis semanas después recibí la siguiente carta:

Estimado Neil:

Quiero darle las gracias por haber tenido la bondad y disponibilidad para aconsejarme hace algunas semanas. Puedo decir que Dios realmente ha hecho una milagrosa sanidad en mí.

Toda mi vida ha sido de intensos conflictos interiores y sufrimientos físicos, emocionales y mentales. He vivido con miedos constantes, pesadillas constantes, continuas torturas de voces interiores y temor obsesivo por la muerte. Aunque soy una cristiana consagrada, obediente, estaba convencida que Cristo me rechazaría en las puertas del cielo.

Hace un año y medio que me di cuenta que no podía controlar mi vida. Busqué consejería y Dios proveyó personas que me ministraran e instruyeran en su verdad. Logré algo de fortaleza a medida que aprendí a reclamar mi posición en Cristo como hija de Dios. Mis ojos se abrieron a la batalla en que estaba comprometida.

El verano pasado, Dios me permitió recordar el horrible abuso ritual sufrido en el pasado y la batalla se hizo mucho más intensa. Tenía que pasar varias horas, día y noche leyendo la Palabra de Dios, en oración y meditación. Directamente enfrentada y resistiendo al enemigo. Después de dos meses en que dormí muy poco y virtualmente no tuve paz ni reposo, estaba segura que solo Cristo me podría librar de ese infierno interior.

Antes de viajar a Los Ángeles para verlo, Dios me animó con diversos pasajes de la Escritura: Salmo 11:7; Miqueas 7:7, 8; Job 23:10. Nuestra reunión de consejería fue un instrumento vital que Dios utilizó en el proceso de sanarme. Después de varias horas de revivir los horrores de mi pasado y de perdonar a 22 personas que habían abusado sexualmente de mí, finalmente fui liberada de la esclavitud de Satanás. Gracias a Dios que vino y derrotó a Satanás en la cruz (Hebreos 2:14, 15).

Neil, ¡estoy muy feliz de ser libre y de tener una mente sana! Ya no tengo que ocultar el infierno interior con una fachada de cristiana feliz. Dios me dio Isaías 51:3 como un cuadro de lo que ha hecho en mí: *«Ciertamente consolará Jehová a Sion; consolará todas sus soledades, y cambiará su desierto en paraíso, y su soledad en huerto de Jehová; se hallará en ella alegría y gozo, alabanza y voces de canto».*

Con amor,
Cindy

¿Te has encontrado con el que rompe las cadenas? ¡Jesucristo te hará libre!

APÉNDICE

¡AYUDA ADICIONAL!

Inventario Personal Confidencial

I. *Información personal*

Nombre _____

Teléfono _____

Dirección _____

Iglesia (donde es miembro o asiste) _____

_____

Escuelas donde estudió _____

_____

Estudios completados (el más alto);
grados académicos obtenidos _____

Estado civil _____

¿Primer matrimonio / divorcio? _____

Vocación:
    Presente _____
    Pasada _____

II. *Historia familiar*

A. Religión

1. Hasta donde llegan sus conocimientos, ¿ha estado alguno de sus padres, abuelos o bisabuelos involucrado en prácticas ocultistas, sectarias o en religiones no cristianas? Por favor, use la lista de control espiritual no cristiana (ver pp. 198-199) e indique hasta qué punto estuvieron involucrados.

2. Explique brevemente la experiencia cristiana de sus padres (¿eran cristianos y profesaban el cristianismo?)

B. Estado matrimonial

1. Sus padres, ¿están casados o divorciados en la actualidad? Explique

2. ¿Hubo una sensación de seguridad y armonía en su hogar durante los primeros doce años de su vida?

3. ¿Era su padre el jefe evidente del hogar, o había una inversión de roles en que la madre gobernaba el hogar? Explique

4. ¿Cómo trataba su padre a su madre?

5. Hasta donde alcanza su conocimiento, ¿alguno de sus padres o abuelos estuvo comprometido en un adulterio?

C. Salud

1. ¿Hay algún problema de adicción en su familia? (alcohol, drogas, u otros)

2. ¿Hay antecedentes de enfermedades mentales?

3. ¿Hay antecedentes de las siguientes enfermedades en su familia? (Encierre en un círculo)

tuberculosis (TBC)

diabetes

úlceras

enfermedad del corazón

cáncer

problemas glandulares

otras

4. ¿Cómo describiría la preocupación de la familia por:
a) la dieta

b) el ejercicio

c) el descanso

D. ¿Eran sus padres estrictos o tolerantes?

III. Antecedentes personales de salud
   A. Física
   1. Describa sus hábitos alimenticios (adicción a los alimentos poco nutritivos, come regular o esporádicamente, dieta balanceada, etc.)

   2. ¿Tiene adicciones o deseos difíciles de controlar? (caramelos, drogas, alcohol, alimentos en general, otros)

   3. ¿Está usted tomando medicinas en el presente por razones físicas o psicológicas?

4. ¿Tiene problemas para dormir? ¿Sufre de pesadillas o perturbaciones constantes?

5. Su programa actual ¿le deja períodos regulares de descanso y relajación?

6. ¿Es usted adoptado?

7. ¿Ha sido castigado físicamente o molestado sexualmente? Explique.

B. Mental

1. ¿Con cuál de las siguientes molestias ha luchado en el pasado o lucha en el presente? (por favor marque)

☐ Ilusiones   ☐ Complejo de inferioridad

☐ Preocupaciones   ☐ Fantasías

☐ Inseguridad   ☐ Pensamientos compulsivos

☐ Dolores de cabeza   ☐ Pensamientos lujuriosos

☐ Sensación de incapacidad   ☐ Dudas

☐ Pensamientos obsesivos   ☐ Pensamientos blasfemos

☐ Vértigos

2. ¿Pasa mucho tiempo deseando ser otra persona o con la fantasía de ser otra persona? ¿Se imagina que vive en otro tiempo, en otro lugar, o bajo diferentes circunstancias? Explique

3. ¿Cuántas horas por semana mira televisión? Haga una lista de sus cinco programas favoritos.

4. ¿Cuántas horas dedica semanalmente a la lectura? ¿Qué lee principalmente? (diarios, revistas, libros, otro).

5. ¿Se considera optimista o pesimista? (tiene la tendencia a ver lo bueno o lo malo en las personas y en la vida)

6. ¿Ha pensado que quizás se esté deprimiendo? ¿Tiene temor de esa posibilidad?

7. ¿Tiene regularmente lectura y meditación en la Biblia? ¿Dónde y cuándo, y en qué medida?

8. ¿Encuentra difícil orar mentalmente? Explique

9. Cuando asiste a la iglesia o a otros ministerios cristianos, ¿se siente plagado de pensamientos sucios, celos u otro tipo de hostigamiento mental? Explique

10. ¿Escucha mucha música? ¿Qué tipo de música es la que más disfruta?

C. Emocional

1. ¿Con cuál de las siguientes emociones usted lucha más? (encierre con un círculo)

frustración   enojo

ansiedad	depresión
amargura	odio
indignidad	temor de la muerte
temor de perder la mente	temor de ser dañado
miedo a los hombres	miedo al fracaso
miedo a Satanás	

2. ¿Cuáles de las emociones de la lista de arriba usted considera pecaminosas? ¿Por qué?

3. Acerca de sus emociones, positivas o negativas, ¿cuál de las siguientes lo describe mejor? (por favor, marque).

❑ Expreso rápidamente mis emociones

❑ Expreso algunas de mis emociones, pero no todas

❑ Reconozco mis emociones, pero me reservo la expresión de ellas

❑ Tiendo a suprimir las emociones

❑ Encuentro más seguro no expresar lo que siento

❑ Tiendo a desechar lo que siento puesto que no puedo confiar en mis sentimientos

❑ Las niego consciente o inconscientemente; es demasiado penoso tratarlas

4. ¿Conoce en la actualidad a alguien con quién sería emocionalmente honesto (usted le diría a esa persona cómo siente exactamente acerca de sí, de su vida y sobre otras personas)?

5. ¿Qué importancia tiene que seamos emocionalmente honestos delante de Dios? ¿Siente que lo es? Explique.

IV. Antecedentes espirituales

   A. Si muriera esta noche, ¿sabe dónde pasaría la eternidad?

   B. Supongamos que muere esta noche y comparece ante Dios
      en el cielo, y Él le pregunta: «¿Con qué derecho debo de-
      jarte entrar en mi presencia?» ¿Cómo le responderías?

   C. Primera de Juan 5:11,12 dice: «...*Dios nos ha dado vida
      eterna; y esta vida está en su Hijo. El que tiene al Hijo, tie-
      ne la vida; el que no tiene al Hijo de Dios no tiene la vida*»
      1. ¿Tiene usted al Hijo de Dios?

      2. ¿Cuándo lo recibió? (Juan 1:12)

      3. ¿Cómo sabe que lo ha recibido?

   D. ¿Está usted plagado de dudas acerca de su salvación?

   E. ¿Disfruta en la actualidad de comunión con otros creyen-
      tes? Si es así, ¿dónde y cuándo?

   F. ¿Está usted bajo la autoridad de una iglesia local donde se
      enseña la Biblia? ¿La apoya regularmente con su tiempo,
      talento y dinero? Si no es así, ¿por qué no?

Notas

Capítulo 1. No tienes que vivir en las tinieblas

1. Conversación con el doctor Paul Hiebert, que enseña en Trinity Evangelical Divinity School, Deerfield, Illinois.

Capítulo 3. Tienes derecho de ser libre

1. Neil Anderson, *Living Free in Christ* (Ventura, California: Regal Books, 1993).

Capítulo 4. Puedes ganar la batalla por tu mente

1. F. F. Bruce, *Commentary on the Book of Acts* (Grand Rapids, Michigan: Eerdmans, 1954), p. 114

2. Ernst Haenchen, *The Act of the Apostles* (Filadelfia: Westminster Press, 1971), p. 237.

3. Lutero, *Table Talk*, IV, 5097, citado por el Padre Luois Coulange, (seudónimo Joseph Tourmell), *The Life of the Devil* (Londres: Alfred A. Knopf, 1929), pp. 147, 148.

4. Coulange (Tourmell), pp. 150ss.

5. David Powlison, *Power Encounters: Reclaiming Spiritual Warfare* (Grand Rapids, Michigan: Baker, 1995), p. 135.

6. Thomas Brooks, *Precious Remedies Against Satan's Devices* (Carlisle, Pennsylvania: Banner of Truth, 1984).

Capítulo 6. Jesús te tiene cubierto

1. Jessie Penn-Lewis, *War on the Saints*, 9ª edición (Nueva York: Thomas E. Lowe, Ltda., 1973).

2. Theodore Epp, *Praying with Authority* (Lincoln, NE.: Back to the Bible Broadcast, 1965), p. 98.

3. C. Fred Dickason, *Demon Possession and the Christian* (Chicago: Moody Press, 1987), p. 255.

Capítulo 7. Manipulación de espíritus
1. C. S. Lewis, *The Screwtape Letters* (publicado en la década del 60 como *Cartas a un diablo novato*) (Old Tappan, NJ: Fleming H. Revell, 1978).
2. Según cita de Michael Scanlan, T.O.R., y Randall J. Cirner, *Deliverance from Evil Spirits* (Ann Arbor, MI: Servant Books, 1980), p. 16.
3. citado por Everett Ferguson, *Demonology of the Early Christian World,* Symposium Series, vol. 12 (Nueva York: Edwin Mellen Press, 1984), p. 118.

Capítulo 8. La seducción del conocimiento y el poder
1. Neil T. Anderson y Steve Russo, *The Seduction of Our Children* (Eugene, Oregon: Harvest House, 1991), pp. 34, 39.

Capítulo 11. El peligro del engaño
1. Según cita de Martin Wells Knapp, *Impressions* (Wheaton, Il.: Tyndale House, 1984), p. 14-15.

Capítulo 12. El peligro de perder el control
1. Merrill Unger, *What Demons Can Do to Saints* (Chicago: Moody Press, 1977), p. 51.
2. Ibid.

Índice temático